高等学校国家级特色专业——车辆工程专业系列教材

汽车可靠性工程基础

主　编◎刘　俊

副主编◎徐小军　程真英

主　审◎钱立军

合肥工業大學出版社

内容简介

本书共分九章，主要内容包括：车辆可靠性研究的理论基础、可靠性设计、可靠性试验、可靠性分析、失效分析、汽车电子系统可靠性分析、可靠性管理等。本书力求全面地阐述汽车可靠性研究的理论、技术及方法，努力反映该领域研究发展的最新成果。

本书为高等院校汽车类专业的汽车可靠性设计课程及可靠性研究的基础教材，同时也可作为汽车行业技术人员的参考书。

图书在版编目(CIP)数据

汽车可靠性工程基础/刘俊主编. —合肥：合肥工业大学出版社，2011.2(2019.1 重印)
ISBN 978-7-5650-0356-1

Ⅰ.①汽… Ⅱ.①刘… Ⅲ.①汽车—可靠性理论—高等学校—教材 Ⅳ.①U461.7

中国版本图书馆 CIP 数据核字(2011)第 018358 号

汽车可靠性工程基础

主编 刘 俊　　　　责任编辑 汤礼广

出　版	合肥工业大学出版社	版　次	2011 年 2 月第 1 版
地　址	合肥市屯溪路 193 号	印　次	2019 年 1 月第 4 次印刷
邮　编	230009	开　本	787 毫米×1092 毫米　1/16
电　话	总 编 室：0551-62903038	印　张	14.5
	市场营销部：0551-62903198	字　数	352 千字
网　址	www.hfutpress.com.cn	印　刷	安徽昶颉包装印务有限责任公司
E-mail	hfutpress@163.com	发　行	全国新华书店

ISBN 978-7-5650-0356-1　　　　定价：28.00 元

《高等学校国家级特色专业——车辆工程专业系列教材》审读委员会

《高等学校国家级特色专业——车辆工程专业系列教材》编委会

本系列教材在编写过程中，曾得到以下学校和企业给予各种形式的支持及无私的帮助，在此对它们谨致以真诚的谢意！

清华大学
湖南大学
北京工业大学
西南交通大学
同济大学
山东理工大学
辽宁工业大学
福州大学
厦门理工学院
长安大学
湖北汽车工业学院
安徽工业大学
安徽工程大学
奇瑞汽车股份有限公司
北京理工大学
武汉理工大学
吉林大学
华东交通大学
重庆理工大学
兰州交通大学
大连交通大学
河南科技大学
江苏大学
西华大学
合肥工业大学
安徽理工大学
安徽江淮汽车集团有限公司

《高等学校国家级特色专业——车辆工程专业系列教材》编委会

序

在我国经济发展转型升级与全面提高国际竞争力的关键时期，培养和造就一大批创新能力强，适应我国经济和社会发展需要的工程技术型人才是增强我国核心竞争力、建设创新型国家、走新型工业化道路的必要条件。“高等工科教育回归工程”和“强化能力导向原则”等基于按社会需求培养人才和教学需要改革的教育理念，是《中华人民共和国高等教育法》提出的“高等教育教学改革务必根据不同类型、不同层次高等学校自身实际”要求和《高等学校本科教学质量与教学改革工程项目管理暂行办法》所坚持的“分类指导、注重特色”原则的创新成果和实践载体。

高等学校应按照“质量工程”的要求对人才培养目标进行合理定位，对教学过程进行科学创新，发挥自身优势，形成各自特色，从而满足社会对多样化的人才需求。人才培养目标的差异性，要求教学内容、教学方法和教材建设具有针对性。《中华人民共和国高等教育法》明确规定：“高等学校根据教学需要，自主制订教学计划、选编教材、组织实施教学活动。”教育部实施本科教育、教学“质量工程”，鼓励和支持高等学校在教学理念等方面进行创新，以形成有利于多样化人才成长的培养体系，满足国家和社会对紧缺人才的需要。

合肥工业大学车辆工程专业于2007年经教育部审批被列为国家级特色专业建设点。也就在同一时间，合肥工业大学成立了《高等学校国家级特色专业——车辆工程专业系列教材》编审委员会，以“打造特色精品教材，促进专业教育发展”的理念规划出版“高等学校汽车类特色专业规划教材”，抓紧对“质量工程”中所要求的“重点规划、建设多样基础教程和专业课程教材，促进高等学校教学内容更新、教材建设多样化”工作的落实。

在教材选题开始设计时，编审委员会便贯彻教育部关于人才培养适应行业经济和社会发展需要的精神，要求突出教材建设与办学定位、教学目标的一致性和适应性。最终确立了教材编写的指导思想：加强工程意识的培养、加强理论与实践的结合、加强实践教学和工程训练，培养在汽车行业第一线从事车辆研发、试验、营销及管理等实际工作和能解决实际问题的高等应用型人才。

本系列教材在编写过程中，既严格遵守学科体系的知识构成和教材编写的一般规律，又针对本科人才培养目标和与之相适应的教学特点，科学安排知识内容，注重解决现行教材中部分内容陈旧、特色不明显和学生自主学习无趣等问题，充分体现了"工程基础厚、工作作风实、创业能力强"的合肥工业大学人才培养特色及对国家级特色专业教材的内涵和尺度的准确把握。

本系列教材的出版是所有参与该项工作的人们集体智慧的结晶，也是高等学校进行教学改革、落实"质量工程"要求的成果，相信随着教学改革的深入推进，该系列教材会不断得到丰富和完善。

中国高等学校教学指导委员会委员
中国机械工业教育协会高校教学委员会车辆专业组副组长 陈朝阳

前　言

可靠性工程技术是一门多知识交叉的综合性学科，该研究起源于20世纪40年代，首先从电子和航空工业领域发展起来，后来广泛应用于航天、化工、机械、汽车等其他领域，为工业领域各产品或系统的可靠性提供了巨大的帮助。

在汽车领域，汽车可靠性是用户最关心的性能之一，同时也是各汽车生产厂家提高产品品质与竞争力的关键要素之一。为了适应中国现代汽车工业迅猛发展的需要，不少设置汽车专业的大专院校，都将“汽车可靠性设计”作为不可缺少的专业课程，然而，国内外有关这方面的适用书籍和参考资料却并不多，基于此，我们特编写本书。

本书力求全面地阐述汽车可靠性研究的理论、技术及方法，努力反映该领域研究发展的最新成果。全书共分九章，主要内容包括：车辆可靠性研究的理论基础、可靠性设计、可靠性试验、可靠性分析、失效分析、汽车电子系统可靠性分析、可靠性管理等。每章还设有“内容提要”和“本章小结”栏目，目的是让读者对各章内容有一个提纲挈领式的了解和进行总结性地回顾；同时为了便于读者理解和巩固所学知识，本书还提供了一定数量的思考题与练习题。

本书主要针对高等院校理工科专业的本科生及研究生而编写，是汽车类专业关于可靠性研究的基础教材，同时也可作为汽车行业技术人员的参考书。

本书由刘俊担任主编，由徐小军和程真英担任副主编。其中刘俊编写第一章、第五章、第七章、第八章；徐小军编写第三章、第六章；程真英编写第二章、第四章、第九章。全书由刘俊统稿，由合肥工业大学钱立军教授主审。

在本书编写过程中，编者参阅和借签了很多资料，在此对原著作者表示真诚的感谢。

由于编者的水平有限，疏漏和错误之处在所难免，欢迎广大读者批评指正。

编　者

目 录

第一章　绪　论

第一节　引　言

在日常生活中，如果一个产品"结实"、"耐用"、"很少出故障"，即使用的持久性和性能的稳定性都很好，则说明该产品的可靠性好、质量好。相反，如果一个产品"不结实"、"不耐用"、"经常出故障"，即使用的持久性和性能的稳定性都不好，则说明该产品的可靠性差、质量不好。具体到汽车行业，用户对汽车性能的要求，对产品是否先进、好坏，却有很多评价指标：汽车的可靠性、燃油经济性、动力性、可维修性、通过性、平顺性、售价等。其中汽车可靠性是最基本，也是最重要的指标之一。

可靠性理论及工程是近二三十年发展起来的一门综合性的新兴学科，它以产品的可靠性及寿命特征作为研究对象，涉及基础科学、技术科学和管理科学，现应用于机械、汽车、电子及化工等各个领域。

第二节　可靠性研究的发展历史及现状

"可靠性"这一名词是在第二次世界大战期间由美国提出的。当时，美国的雷达系统屡出故障，尤其是在太平洋战争期间，美国向远东运送的装置中，有70%的航空用电子装置、60%的海军用电子装置都发生了故障。于是，美国从1943年开始正式投入可靠性研究工作。当初美国把主要精力用于解决电子设备中真空管的质量问题，因为真空管是发生故障的关键，最后终于生产出可靠性高的真空管。尽管当时零件质量提高了，但装置的故障并没有消除。因为随着装置的复杂化，仅零件无故障还不够，还必须考虑整个系统的可靠性。

美国的可靠性系统研究工作是从1950年开始的。特别是在朝鲜战场上，美国由于武器系统常出现故障，于是促使其进行系统可靠性的研究。在1952年，美国成立了"国防部电子设备可靠性顾问委员会(AGREE)"，1957年发表了军用电子设备的可靠性研究报告，内容包括生产、试制时的可靠性测定法、标准规范的编制，它的研究范围极广，其基本设想今天仍在使用。

1969年7月美国阿波罗11号登月成功，显示出其可靠性工程研究已取得了卓越成就。

日本从1951年开始接受可靠性思想，1956年引进可靠性技术。1958年日本科学技术协会设立了可靠性研究委员会，开始普及有关可靠性方面的工作。1960年日本成立了可靠性及质量控制专门小组。1970年日本在制定国家标准中规定了可靠性专业术语，并在国铁新干线、电报电话会社的电话网、航空公司的运行与安全管理以及在飞机、电子仪器、推土机等制造业的各领域内，大力开展了可靠性研究。

1969年日本汽车行业以退货问题为转机，对可靠性更加关注，并时时关注着汽车可靠性理论的发展趋势。

我国关于可靠性理论的研究是从20世纪60年代末开始的。

1965年，在著名科学家钱学森的建议下，原七机部成立了可靠性质量管理研究所，进行了开拓性的工作；1978年，国防系统召开第一次可靠性会议；1979年，中国电子学会成立可靠性与质量管理学会；1982年，国家标准局成立全国产品可靠性与维修性标准化技术委员会，相继制定了一系列国家标准，使我国可靠性研究蓬勃开展起来；1984年，国家标准局颁布了《电子设备可靠性设计手册》。

20世纪90年代原机械电子工业部提出了"以科技为先导，以质量为主线"的发展模式，可靠性质量管理取得了较大成绩。可靠性研究引入我国后，汽车行业也开始了相关工作。1983年6月第一汽车制造厂首次举办了"汽车可靠性理论学习班"；1983年8月中国汽车工业公司在天津召开了汽车可靠性工作会议，会上拟定了开展汽车可靠性理论的研究课题，11月又举办了"汽车可靠性基础知识学习班"。

第三节　汽车可靠性研究的重要性

1. 企业生存的需要

世界各国的汽车生产企业，由于竞争压力，越来越重视汽车可靠性问题。国内的汽车市场同样存在着激烈的竞争，如今已由过去的卖方市场变为买方市场。汽车可靠性差不仅使汽车失去了原有的使用价值，而且也使企业失去了信誉，从而失去营销市场，因此提高汽车的可靠性也是为了企业生存的需要。国际上许多汽车企业的倒闭，无不与汽车质量因素有关。

2. 用户的需要

用户对汽车的需求是多方面的，往往也是十分苛刻的。就消费心态而言，既希望价格便宜，又希望具有优越的性能和可靠性。面对眼花缭乱的各款汽车，他们总是在价格、性能、可靠性之间抉择，绝大多数的用户会把汽车可靠性作为首要因素考虑，因为谁都不希望把自己刚买不久的新车开往修理厂。

3. 现代汽车技术发展的需要

随着经济和技术的高速发展，人们对汽车舒适性要求越来越高，使得汽车的结构变得越来越复杂，汽车的零件数逐渐增加，由过去的1万个左右，猛增到如今10万个以上，且有继续增加的趋势。众所周知，零件的质量决定了整车的质量。由于每个零件的可靠性并不是百分之百的，随着汽车零件数的增加，如果仍然维持零件原来的质量水平，那么整车的总体质量就会下降；如果维持原来的整车可靠性水平，就必须提高零件的可靠性水平。

4. 军事战备的需要

在战场上，汽车、坦克的可靠性及运行状况，往往决定着战争的胜负。例如，我国幅员辽阔，高原与平原，沿海与内地，南方与北疆，各地的地理条件和气候条件相差很大，因此，需要汽车具有良好的适应性和可靠性，这样才能利于战备的需要。

第四节　汽车可靠性研究的主要内容

1. 统计控制

包括汽车产品质量管理及抽样捡查等内容，运用数理统计方法来控制质量，设法将产品质量的事后检查和处理移到整个生产过程的事前控制中去，其目标主要是如何制造出故障少而又不易损坏的产品。

2. 汽车可靠性试验、数据分析与预测

主要包括汽车、总成和零部件的加速、强化试验及数据整理，汽车可靠性情报技术，汽车可靠性数据的收集及对数据作统计分析和技术分析，汽车可靠性预测等。

3. 汽车可靠性设计与最优化

主要包括汽车可靠性设计和优化设计，它比常规设计更深入、更精确、更符合实际。

4. 汽车可维修性与更新理论

包括汽车状态的转移与有效度、可靠度，汽车更新理论，最佳维修周期的确定等，目的是使汽车发生故障后如何尽快修理好，从而保证汽车系统的功能。

5. 汽车可靠性物理(或称失效物理)

主要研究损伤机理和缺陷检测等。通过所建立的物理、化学及数学模型等，研究以理论化分析为基础的失效分析方法。它是汽车可靠性理论的一个重要领域，在某种意义上，它是决定产品最终可靠性的一门技术。随着新材料、新零件的不断出现，它将经常地作为一种古老而新颖的技术被提出来，启发人们去研究、去探索。这部分内容有失效模式、影响与危害度分析、故障树分析、可靠性物理模型等。

6. 汽车可靠性管理技术

主要内容有汽车可靠性管理、汽车可靠性经济效益、汽车可靠性规范与条款等。

第二章　汽车可靠性工程理论基础

内容提要：本章主要介绍汽车可靠性的基本概念，其主要特征量的含义及其估计方法，汽车可靠性工程中常见的失效分布等。

第一节　引　言

一个产品的质量好坏不仅仅是指该产品的性能指标能否满足使用要求，还应考虑该产品在日后使用过程中保持其性能指标的能力，即可靠性指标。在各项性能指标都满足人们使用要求的前提下，产品的可靠性越高，则该产品的质量越好。对用户而言，产品的可靠性关系到该产品的使用寿命及在使用过程中为维护需付出的代价；对生产厂家和销售商而言，即使该产品的性能指标很高，如果它保持该性能指标的能力较差，容易失效或者经常发生故障，那么该产品也不会有市场，从而影响到厂家和销售商的信誉与利益。因此，研究产品保持其性能指标的能力，即可靠性问题，与实现产品的性能指标一样重要。

要研究汽车等产品的可靠性，首先要明确可靠性的基本概念，描述产品可靠性的一些主要特征量的含义及其估计方法，如可靠度、平均寿命、失效率等。

第二节　可靠性基本概念

一、可靠性的定义

根据国家标准 GB3187—1982《可靠性基本名词术语及定义》，可靠性是指“产品在规定条件下和规定时间内完成规定功能的能力”，常以概率（即可能性）表示。从可靠性的定义来看，可靠性主要包括四大要素，即“产品”、“规定条件”、“规定时间”和“规定功能”。

“产品”是指要考察的研究对象，如零件、部件、仪器或系统等。本书着重研究的是汽车系统及其零部件和车配的电子元器件等。

“规定条件”是指产品在正常运行或使用过程中可能遇到的使用条件、环境条件和贮存条件，如载荷、温度、振动、环境湿度、含尘量及维护保养等。“规定条件”不同，同种产品完成其“规定功能”的能力也不同，即可靠性不同。因此，产品的可靠性是与“规定条件”密切相关的，脱离“规定条件”来谈产品的可靠性是没有意义的。

“规定时间”是指产品的工作时间。一般情况下，产品考察的工作时间不同，完成其“规定功能”的能力也不尽相同。因此产品的可靠性一般会随着规定时间的变化而相应变化，即产品的可靠性应是时间的函数，离开“规定时间”讨论可靠性也是不可能的。“规定时间”可以用时间单位表示，也可以用与时间成比例的循环次数、行驶里程等表示。例如：考察开关的可靠性一般用“次数”表示规定时间，而对汽车一般用“行驶里程数”表示。

产品的可靠性与“规定功能”也密切相关。“规定功能”一般由产品的功能和功能参数组成。功能参数是根据产品的功能和用途以及对产品提出的各种要求而制定的某些指标。如：承载能力、工作精度、工作寿命、机械特性、运动特性、动力特性和经济性等。产品丧失其规定的功能称为失效，对可修复产品也常称为故障。研究产品可靠性时，应明确其需要维持的功能及功能参数，即“规定功能”。

二、可靠性常用的三大指标

狭义的可靠性仅指产品在规定条件下和规定时间内完成规定功能的能力，它无法反映可修复产品的维修性。而广义可靠性，又称为有效性，除了包含狭义可靠性方面的内容之外，还包含产品的维修性。产品的维修性，是指在规定的维护修理使用条件下，产品在执行任务期间某一时刻处于良好状态的能力。

此外，产品在长期的贮存过程中，其零部件会因为内部材料的磨损、腐蚀、老化等因素而导致产品失效，因此还应考虑产品的贮存性能。在可靠性工程中，常以产品的贮存寿命来反映产品的贮存性能，即产品在规定的贮存条件下，产品从开始贮存到丧失其规定功能的时间。

狭义可靠性、维修性、广义可靠性、有效性和贮存寿命之间的相互关系，可由图 2－1 表示。

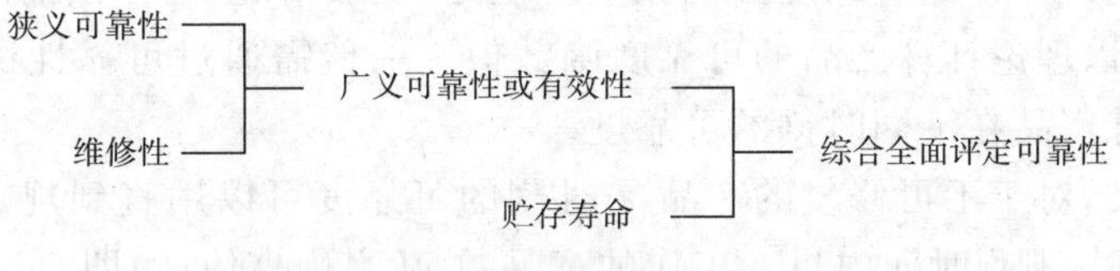

图 2－1　可靠性各指标的相互关系

狭义可靠性、有效性和贮存寿命 3 个指标综合起来，全面描述了产品寿命期内的性能稳定性，是可靠性工程中常用的三大指标。本书将主要研究汽车产品的狭义可靠性问题。

第三节　可靠性的主要特征量

度量产品可靠性的量值称为可靠性特征量，常用的有可靠度、累积失效概率、失效率、平均寿命及可靠寿命等。

一、不可修复产品与可修复产品

产品一般分为不可修复产品和可修复产品。不可修复产品是指不能修复，或者所花费的修复费用在经济上不合算的产品。可修复产品，顾名思义，是指发生故障后，经过合理的维修，仍能恢复其规定功能的产品。

在可靠性工程中,可修复产品和不可修复产品的“寿命”定义并不完全一致。对于不可修复产品,其寿命是指产品发生失效前的实际工作时间。而对于可修复的产品,产品的寿命是指相邻两次故障间的工作时间,一般也称为无故障工作时间。显然,每个产品的寿命是客观存在的,但只有在产品使用(或试验)失效或发生故障后才能确切知道。因此,产品的寿命可以看作是一个随机变量。研究产品可靠性的特征量,就是要研究产品寿命这个随机变量的分布规律。

二、可靠度与不可靠度

1. 可靠度

可靠度是产品可靠性最重要的定量指标之一。可靠度是指产品在规定条件下和规定时间内,完成规定功能的概率。它是时间的函数,一般表示为 $R(t)$,故又可称为可靠度函数。

设产品寿命为随机变量 T,则产品在规定时间 t 时刻的可靠度为

$$R(t)=P(T>t) \tag{2-1}$$

显然,若规定时间 $t=0$,则产品寿命大于 0 的概率为 1,则 $R(0)=1$;若规定时间足够长 $t\to\infty$,则所有产品都会失效,产品的可靠度 $R(\infty)=0$。故可靠度的取值范围为:$0\leqslant R(t)\leqslant 1$。即在开始使用时,全部产品都是正常的;只要工作时间足够长,全部产品都会失效。产品可靠度的分布函数如图 2-2 所示。

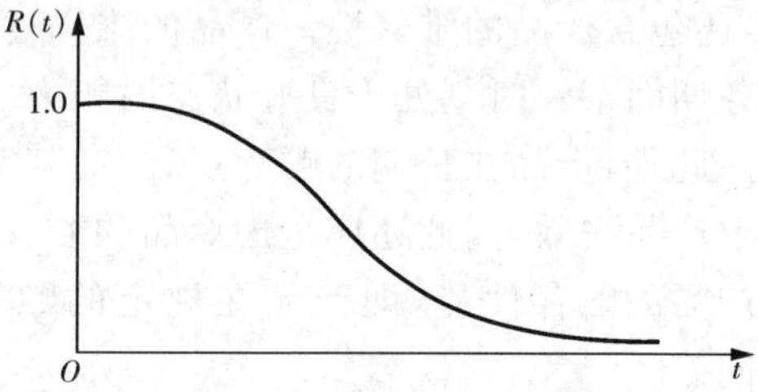

图 2-2 可靠度的分布函数

如果已知某产品的寿命分布函数,则可根据可靠度的定义理论计算得到可靠度的函数值。但是,一般情况下,产品的理论寿命分布是很难获得的,因此难以理论计算产品的可靠度函数值。一般需通过可靠性试验中获得的有限个观测样本来估计产品在不同时刻的可靠度。

根据概率定义,对于不可修复的产品,t 时刻的可靠度可以用直到规定时间 t 还没有失效的产品数 $N_s(t)$ 与观测时间内投入工作的产品数 N 之比来估计,即

$$\hat{R}(t)=\frac{N_s(t)}{N}=1-\frac{N_f(t)}{N} \tag{2-2}$$

式中:$N_f(t)$为 t 时刻已经失效的产品数,即失效数或故障数。

对于可修复的产品,t 时刻可靠度可以用产品的无故障工作时间达到或超过规定时间 t 的次数 $N_s(t)$与观测时间内无故障工作的总次数 N 之比来估计,即

$$\hat{R}(t)=\frac{N_s(t)}{N} \tag{2-3}$$

需要注意的是,若在观测时间内,产品的最后一次无故障工作时间不超过规定的时间 t,则无法确定该产品最后一次无故障工作时间是否大于或等于 t,故此时在计算产品无故障工作总次数时,不予记入。

2. 不可靠度

不可靠度也叫累积失效概率,是指产品在规定条件下和规定时间内未完成规定功能的

概率，一般用符号 $F(t)$ 表示。它的概念与可靠度相反，即产品寿命小于规定时间 t 的概率：

$$F(t)=P(T<t) \tag{2-4}$$

当规定时间 $t=0$ 时，即刚开始时，产品发生失效的概率为 $F(0)=0$；随着工作时间的延长，产品发生失效的概率逐渐增大，当 $t\to\infty$，则所有产品都会失效，产品的不可靠度 $F(\infty)=1$。不可靠度的分布函数如图 2-3 所示。

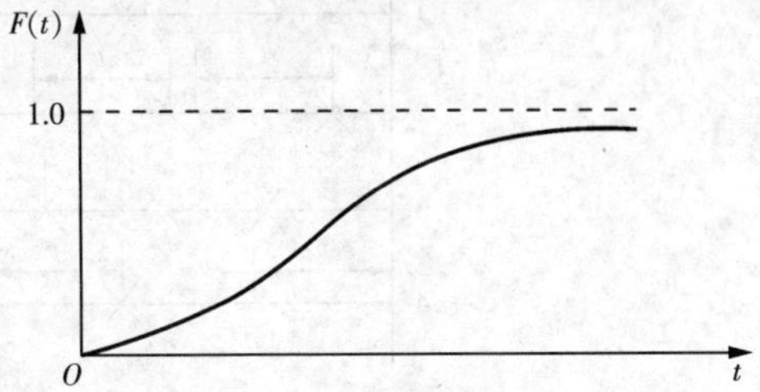

图 2-3　不可靠度的分布函数

由于完成规定功能与末完成规定功能是对立事件，按概率互补定理，可得

$$F(t)=1-R(t) \tag{2-5}$$

与可靠度一样，产品的不可靠度也可通过可靠性试验中获得的有限个观测样本估计得到，其估计公式为

$$\hat{F}(t)=\frac{N_f(t)}{N}=1-\hat{R}(t) \tag{2-6}$$

对于不可修复产品，$N_f(t)$ 为 t 时刻已经失效的产品数，N 为观测时间内投入工作或试验的产品数；对于可修复产品，$N_f(t)$ 为产品的无故障工作时间小于规定时间 t 的次数，N 为观测时间内产品无故障工作的总次数。

【例 2-1】　某零件 50 个在恒定载荷下运行，其失效时的运行时间及其各时间段的失效数如表 2-1 所示，求该零件工作到 100 h 和 500 h 的可靠度与不可靠度。

表 2-1　某零件的失效观测情况

运行时间/h	0～50	50～100	100～200	200～300	300～400	400～500
失效数/个	9	7	8	3	3	0

解：根据表 2-1 的观测数据，可以算出 $t=100$ h 时可靠度与不可靠度的估计值为

$$\hat{R}(100)=\frac{N_s(100)}{N}=\frac{50-16}{50}\approx 0.68$$

$$\hat{F}(100)=\frac{N_f(100)}{N}=\frac{16}{50}\approx 0.32$$

$t=500$ h 时可靠度与不可靠度的估计值为

$$\hat{R}(500)=\frac{N_s(500)}{N}=\frac{50-30}{50}\approx 0.4$$

$$\hat{F}(500)=1-\hat{R}(500)=0.6$$

【例 2-2】　在某观测时间内对 4 个可修复产品进行试验，试验结果如图 2-4 所示。图

中“×”为产品出现故障的时间点，t 为规定时间，求该产品的可靠度与不可靠度估计值。

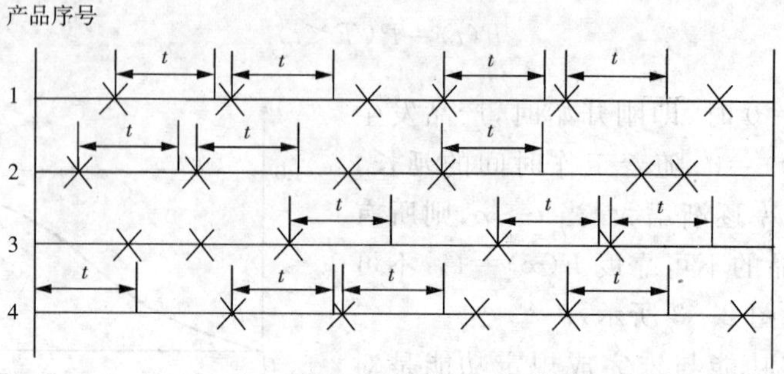

图 2-4　4 个可修复产品的试验情况

解：由图 2-4 统计可得：$N=23$，$N_s(t)=14$，$N_f(t)=9$，则该产品的可靠度与不可靠度估计值分别为

$$\hat{R}(t)=\frac{N_s(t)}{N}\approx\frac{14}{23}=0.609$$

$$\hat{F}(t)=\frac{N_f(t)}{N}\approx\frac{9}{23}=0.391$$

由于产品 3 的最后一次无故障工作时间超出了规定时间 t，则在计算次数 N 和 $N_s(t)$ 时应将其包含在内。

三、失效概率密度

失效概率密度反映的是不可靠度（即累积失效概率）随时间的变化率，记作 $f(t)$。它表示产品寿命落在 t 时刻附近单位时间内的概率，即产品在单位时间内失效的概率，其表达式为

$$f(t)=\frac{\mathrm{d}F(t)}{\mathrm{d}t}=F'(t) \tag{2-7}$$

它与可靠度、不可靠度之间的关系如图 2-5 所示。

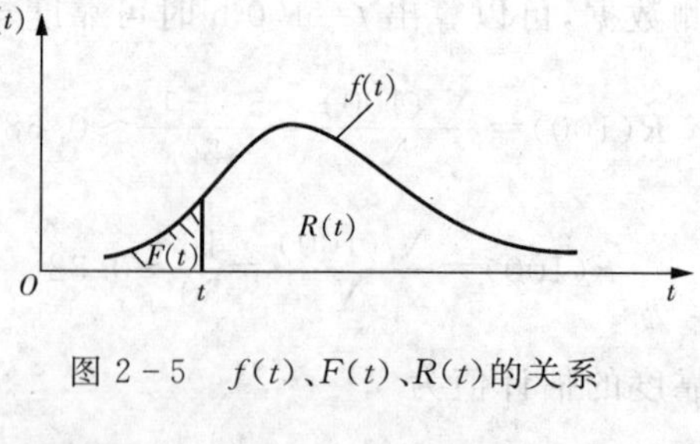

图 2-5　$f(t)$、$F(t)$、$R(t)$的关系

即有

$$F(t)=\int_0^t f(t)\mathrm{d}t \tag{2-8}$$

$$R(t)=\int_t^\infty f(t)\mathrm{d}t \tag{2-9}$$

根据失效概率密度的定义，可推导得失效概率密度的样本估计公式

$$\hat{f}(t)=\frac{F(t+\Delta t)-F(t)}{\Delta t}=\left[\frac{N_f(t+\Delta t)}{N}-\frac{N_f(t)}{N}\right]/\Delta t=\frac{1}{N}\cdot\frac{\Delta N_f(t)}{\Delta t} \tag{2-10}$$

式中：$\Delta N_f(t)$为$(t,t+\Delta t)$时间间隔内失效的产品数。

四、失效率

失效率是指工作到某时刻 t 尚未失效的产品，在 t 时刻后单位时间内发生失效的概率。它也是时间的函数，一般用符号 $\lambda(t)$表示，称为失效率函数，有时也称为故障率函数。

按此定义，失效率是指在时刻 t 尚未失效的产品，在$(t,t+\Delta t)$的单位时间内发生失效的条件概率，即

$$\lambda(t)=\lim_{\Delta t\to 0}\frac{1}{\Delta t}P(t<T<t+\Delta t\,|\,T>t) \tag{2-11}$$

它反映 t 时刻失效的速率，又称为瞬时失效率。

根据条件概率公式可以推导出失效率 $\lambda(t)$与可靠度 $R(t)$、不可靠度 $F(t)$和失效概率密度 $f(t)$之间的关系：

$$\lambda(t)=\frac{f(t)}{R(t)}=\frac{F'(t)}{R(t)}=-\frac{R'(t)}{R(t)} \tag{2-12}$$

失效率也可以由 t 时刻单位时间内产品的失效数与工作到该时刻尚未失效的产品数 $N_s(t)$之比估计得到，即

$$\hat{\lambda}(t)=\frac{1}{N_s(t)}\cdot\frac{\Delta N_f(t)}{\Delta t} \tag{2-13}$$

失效率的常用单位有%/h、%/kh、菲特（Fit）等，其中菲特为失效率的基本单位，$1\text{Fit}=10^{-9}/\text{h}$。

产品的失效率函数一般有三种基本类型，分别为早期失效型、偶然失效型和耗损失效型。它们反映了产品在整个寿命期不同阶段失效率的情况，具典型形态如图 2－6 所示，因其形如“浴盆”，故通常形象地被称为“浴盆曲线”。它可分为三个以下特征区。

1. 早期失效期

失效率随产品工作时间的延长而递减。产品刚投入使用时，由于设计、制造、贮存及运输等过程中形成的缺陷，或因调试、跑合、起动不当等因素，失效率较高。但随着工作时间的延长，这些因素对未失效产品的影响逐渐消失，失效率下降较快，最后趋于稳定。

2. 偶然失效期

失效率低且稳定，近似为常数。这个阶段失效的主要原因有非预期的过载、误操作、意外的天灾以及一些不清楚的偶然因素，故称为偶然失效期。这段时期是产品能正常有效工作的时间，即产品的有效寿命。显然，偶然失效期越长，则产品能正常工作的时间越长。为降低偶然失效期的失效率并延长产品的有效寿命，应注意提高产品的质量，精心使用及维护。

3. 耗损失效期

产品失效率随工作时间延长而递增。随着工作时间的不断延长，产品受到老化、疲劳、

磨损、蠕变和腐蚀等耗损因素的影响,失效率显著上升,故称为耗损失效期。针对耗损失效的原因,应加强检查、监控,预测耗损开始的时间,提前维修,以延长有效寿命。但是,若修复费用大而延长寿命不多,则应当报废。

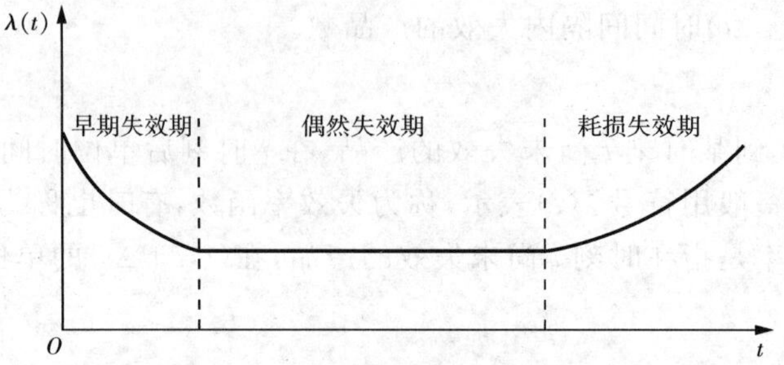

图 2-6　典型失效率曲线

【例 2-3】　有 500 只晶体管,工作到 1 000 h 时已失效 50 只,在 1 000～1 005 h 时又失效 1 只,求该产品在 1 000 h 时的失效概率密度和失效率。

解:依题意,在 $t=1\,000$ h 时,

$$N=500,\Delta t=5\text{ h},\Delta N_{\mathrm{f}}(t)=1,N_{\mathrm{s}}(t)=500-50=450$$

则该产品在 1 000 h 时的失效概率密度 $f(t)$和失效率 $\lambda(t)$分别为

$$\hat{F}(t)=\frac{1}{N}\cdot\frac{\Delta N_{\mathrm{f}}(t)}{\Delta t}=\frac{1}{500}\cdot\frac{1}{5}=0.04\%/\text{h}$$

$$\hat{\lambda}(t)=\frac{1}{N_{\mathrm{s}}(t)}\cdot\frac{\Delta N_{\mathrm{f}}(t)}{\Delta t}=\frac{1}{450}\cdot\frac{1}{5}\approx 0.044\%/\text{h}$$

由本题可以看出,虽然失效概率密度 $f(t)$和失效率 $\lambda(t)$反映的都是单位时间内产品的失效速度,但两者所考察的对象不同。失效概率密度 $f(t)$考察所有投入运行的产品 N 的失效速度,而失效率 $\lambda(t)$则反映在时刻 t 尚未失效的产品 $N_{\mathrm{s}}(t)$的失效速度。

五、产品的寿命指标

在可靠性工程中,还有一系列与产品寿命相关的指标,如平均寿命、可靠寿命、中位寿命、特征寿命以及更换寿命等。

1. 平均寿命

平均寿命即产品寿命的平均值,一般记为 θ。它是产品寿命这个随机变量 T 的数学期望,即

$$\theta=E(T)=\int_0^\infty tf(t)\mathrm{d}t=\int_0^\infty t\mathrm{d}F(t)=-\int_0^\infty t\mathrm{d}R(t)=-tR(t)\Big|_0^\infty+\int_0^\infty R(t)\mathrm{d}t \tag{2-14}$$

由于$\lim\limits_{t\to\infty}tR(t)=0$,且$\lim\limits_{t\to 0}tR(t)=0$,所以有

$$\theta=\int_0^\infty R(t)\mathrm{d}t \tag{2-15}$$

对于不可修复产品(或系统),θ 指的是产品失效前的平均寿命,记为 MTTF(Mean

Time To Failure)。对于可修复产品(或系统),则 θ 指的是产品平均无故障工作时间,记为 MTBF(Mean Time Between Failures)。

平均寿命的估计值为

$$\theta=\frac{\text{所有产品的总工作时间}}{\text{总失效数}}=\frac{T}{N_f} \tag{2-16}$$

2. 可靠寿命、中位寿命、特征寿命、更换寿命

当可靠度 $R=R_0$ 时,对应的时间 t_0 则为可靠寿命,见图 2-7 所示。一般地,预先给定 $R_0=0.99$,$R_0=0.95$,$R_0=0.90$ 等,从而可以确定对应的可靠寿命 $t_{0.99}$,$t_{0.95}$,$t_{0.90}$。只要产品的使用时间 t 小于可靠寿命,则该产品的可靠度就不会低于要求的可靠度 R_0。

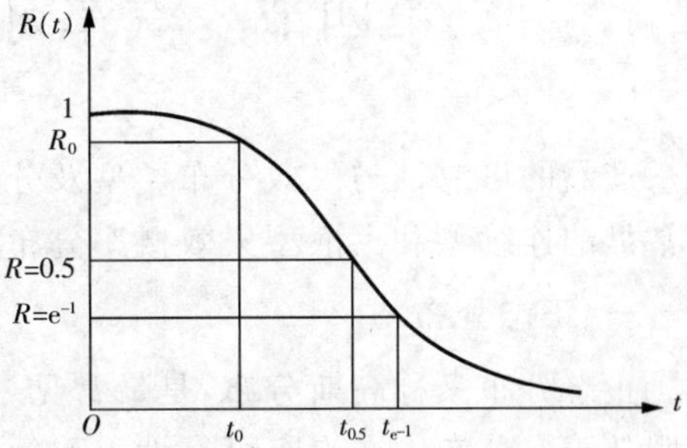

图 2-7　可靠寿命、中位寿命与特征寿命

当 $R=0.5$ 时的可靠寿命 $t_{0.5}$ 被称为产品的中位寿命。当 $R=e^{-1}=0.37$ 时的可靠寿命 $t_{e^{-1}}$ 被称为产品的特征寿命。显然,中位寿命、特征寿命都是产品可靠寿命在特定可靠度时的寿命值。

如果事先给定 λ 的值,那么,根据式(2-12)可求出相应时间 t 的值,则称此 t 值为更换寿命,记为 t_λ。更换寿命为更换元器件或零件提供了可靠的依据。当元器件或零件使用到更换寿命 t_λ 时,则应当加以更换。

针对各种可靠性特征量,我们可以用图 2-8 来描述它们之间的关系。

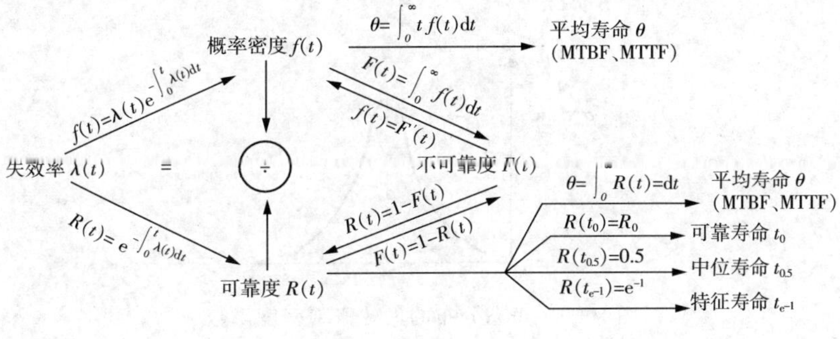

图 2-8　可靠性特征量的关系图

可靠性特征量关系图中,失效率与概率密度函数、可靠度的关系式具体推导过程如下。由于

$$\lambda(t)=\frac{f(t)}{R(t)}=-\frac{R'(t)}{R(t)}$$

上式两边在$(0,t)$区间上求积分,则有

$$\int_0^t \lambda(t)\,dt=-\int_0^t \frac{1}{R(t)}d[R(t)]=-\ln[R(t)]$$

所以

$$R(t)=\mathrm{e}^{-\int_0^t \lambda(t)\mathrm{d}t}$$

由此可得

$$f(t)\lambda(t)R(t)=\lambda(t)\mathrm{e}^{-\int_0^t \lambda(t)\mathrm{d}t}$$

第四节　汽车可靠性工程中的常见分布

产品的可靠性与失效分布类型及分布函数密切相关，本节将主要介绍汽车可靠性工程中常见的连续型和离散型失效概率分布函数。

一、正态分布

正态分布又称高斯分布，是最常见、应用最广泛的分布函数，很多自然现象都服从或近似服从正态分布。在汽车可靠性工程领域，正态分布主要用来描述汽车零部件及金属材料的应力强度分布、疲劳寿命分布以及因磨损、老化等引起的失效分布。车配电子元器件因耗损或工作时间延长而引起的失效分布，也可认为是正态分布。对于整车系统来讲，如果影响系统某个功能参数的独立因素很多，且不存在哪个因素起决定性作用时，一般也可采用正态分布来描述。

正态分布可表示为 $N(\mu,\sigma)$，它是一种对称分布，如图 2－9 所示。其失效概率密度函数 $f(t)$ 为

$$f(t)=\frac{1}{\sigma\sqrt{2\pi}}\exp[-\frac{(t-\mu)^2}{2\sigma^2}],-\infty<t<+\infty \tag{2-17}$$

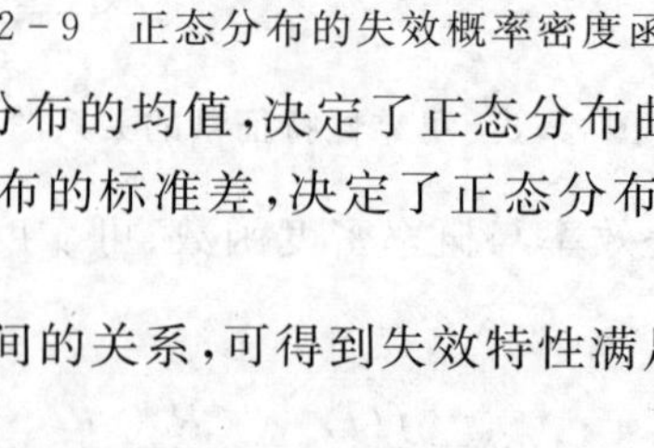

图 2－9　正态分布的失效概率密度函数

由图 2－9 可见，μ 为正态分布的均值，决定了正态分布曲线的位置，表征随机变量寿命 T 分布的中心位置；σ 为正态分布的标准差，决定了正态分布的形状，表征产品寿命 T 相对于中心趋势分布的离散程度。

根据可靠性各个特征量之间的关系，可得到失效特性满足正态分布的产品的可靠度、不可靠度以及失效率函数：

$$R(t)=\frac{1}{\sigma\sqrt{2\pi}}\int_t^{\infty}\exp[-\frac{(t-\mu)^2}{2\sigma^2}]\mathrm{d}t$$

$$F(t)=\frac{1}{\sigma\sqrt{2\pi}}\int_{-\infty}^{t}\exp[-\frac{(t-\mu)^2}{2\sigma^2}]\mathrm{d}t$$

$$\lambda(t)=\frac{f(t)}{R(t)}=\exp[-\frac{(t-\mu)^2}{2\sigma^2}]\Big/\int_t^{\infty}\exp[-\frac{(t-\mu)^2}{2\sigma^2}]\mathrm{d}t$$

图 2-10、图 2-11、图 2-12 所示分别为正态分布的可靠度函数、不可靠度函数以及失效率函数。

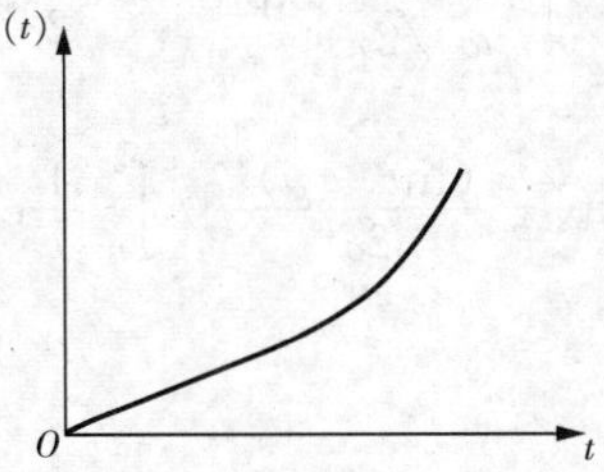

图 2-12　正态分布的失效率函数

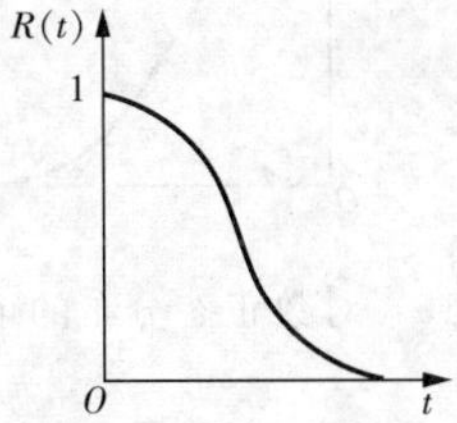

图 2-10　正态分布的可靠度函数

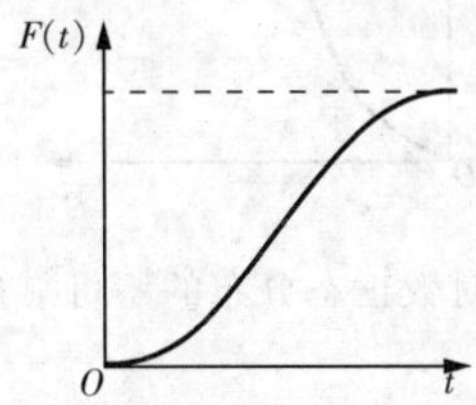

图 2-11　正态分布的不可靠度函数

二、对数正态分布

若随机变量 T 的对数 $\ln T$ 服从正态分布，则 T 就服从对数正态分布。对数正态分布很早就用于疲劳试验，至今仍是材料或零部件寿命的一种主要分布模型。它主要用来描述材料或零部件的疲劳寿命、疲劳强度、因裂纹的增长及腐蚀深度的增大等引起的失效分布。它不仅适用于产品的寿命分布，也适用于产品的维修时间分布。

对数正态分布的失效概率密度函数为

$$f(t)=\frac{1}{t\sigma\sqrt{2\pi}}\exp[-\frac{(lnt-\mu)^2}{2\sigma^2}] \tag{2-18}$$

式中：μ 为对数正态分布的对数均值；σ 为对数正态分布的对数标准差。其图形如图 2-13 所示，是偏态分布而且是单峰的。

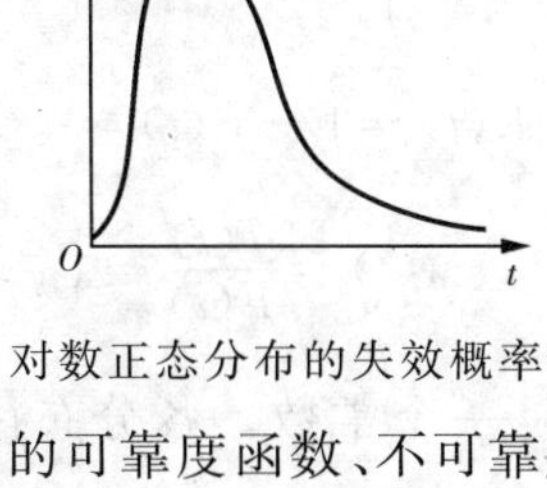

图 2-13　对数正态分布的失效概率密度函数

同样可推导得到对数正态分布的可靠度函数、不可靠度函数和失效率函数，其图形如图

2 - 14、图 2 - 15、图 2 - 16 所示。

$$R(t)=\int_{t}^{\infty}\frac{1}{t\sigma\sqrt{2\pi}}\exp[-\frac{(\ln t-\mu)^{2}}{2\sigma^{2}}]\mathrm{d}t$$

$$F(t)=\int_{0}^{t}\frac{1}{t\sigma\sqrt{2\pi}}\exp[-\frac{(\ln t-\mu)^{2}}{2\sigma^{2}}]\mathrm{d}t$$

$$\lambda(t)=\frac{f(t)}{R(t)}=\frac{1}{t}\exp[-\frac{(\ln t-\mu)^{2}}{2\sigma^{2}}]/\int_{t}^{\infty}\frac{1}{t}\exp[-\frac{(\ln t-\mu)^{2}}{2\sigma^{2}}]\mathrm{d}t$$

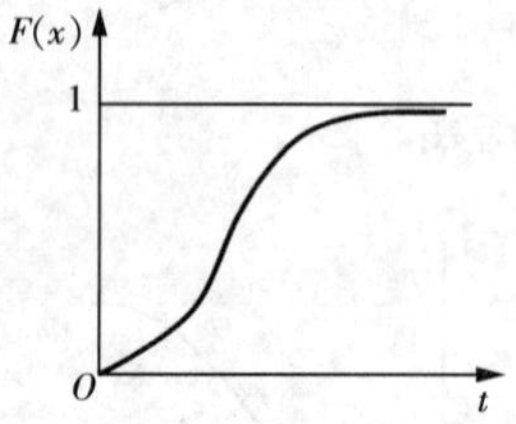

图 2 - 14　对数正态分布的不可靠度函数

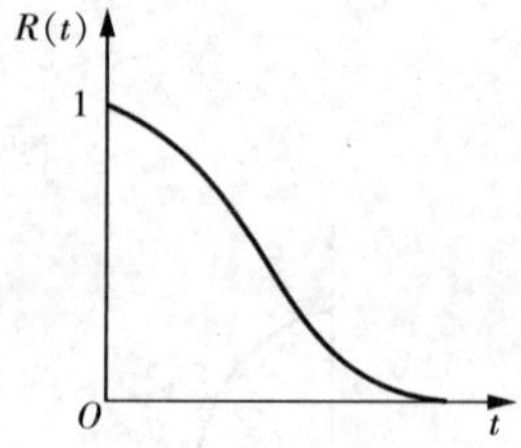

图 2 - 15　对数正态分布的可靠度函数

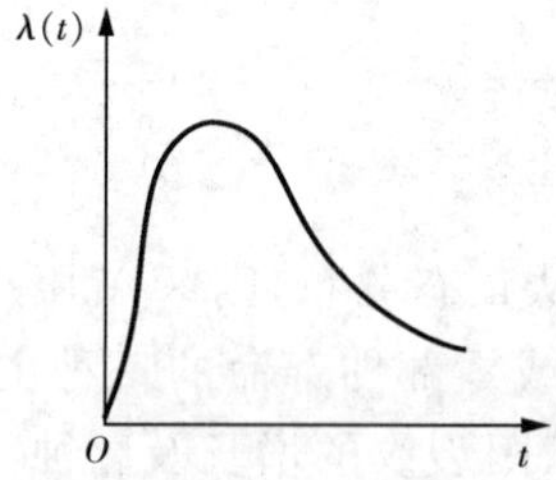

图 2 - 16　对数正态分布的失效率函数

三、指数分布

在可靠性理论中，指数分布也是较常见的失效分布类型之一，适合于失效率为常数的情况。它不但在电子元器件的偶然失效期普遍使用，而且也可以近似地作为高可靠性的复杂部件、机器或系统的失效分布模型，尤其在部件或整机可靠性计算中得到了广泛应用。

指数分布的失效概率密度函数、分布函数、可靠度函数以及失效率函数分别为

$$f(t)=\lambda\mathrm{e}^{-\lambda t}(t\geqslant 0)$$

$$F(t)=\int_{0}^{t}\lambda\mathrm{e}^{-\lambda t}\mathrm{d}t=1-\mathrm{e}^{-\lambda t}$$

$$R(t)=1-F(t)=\mathrm{e}^{-\lambda t}$$

$$\lambda(t)=\frac{f(t)}{F(t)}=\lambda \tag{2-19}$$

式中：λ 为指数分布的失效率，它是一个常数。各分布函数的图形如图 2 - 17、图 2 - 18、图 2 - 19和图 2 - 20 所示。

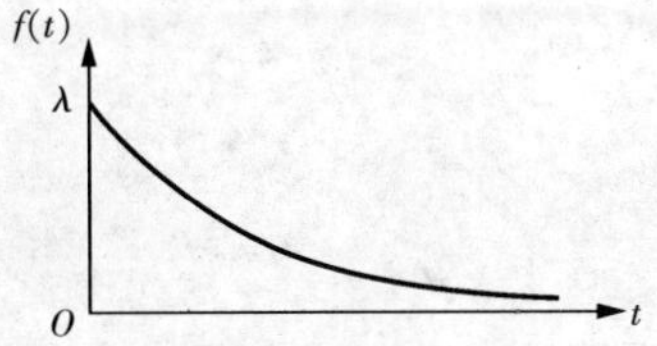

图 2 - 17　指数分布的失效概率密度函数

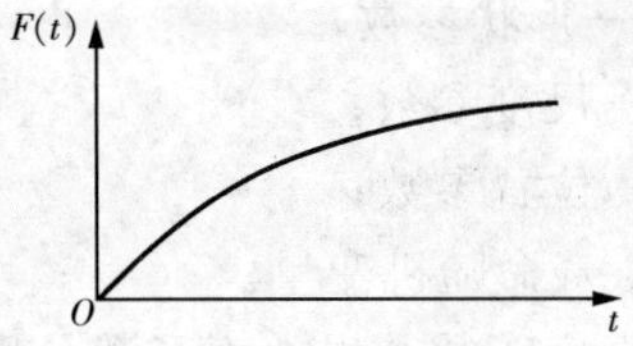

图 2 - 18　指数分布的不可靠度函数

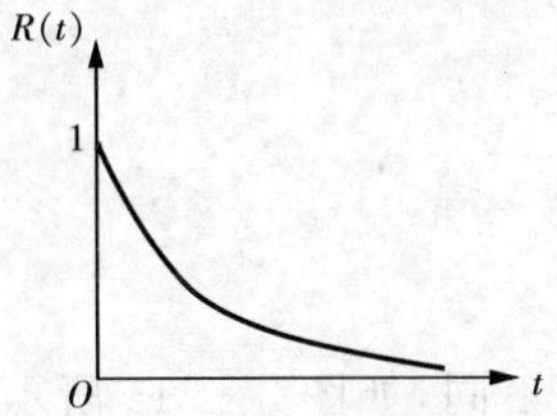

图 2 - 19　指数分布的可靠度函数

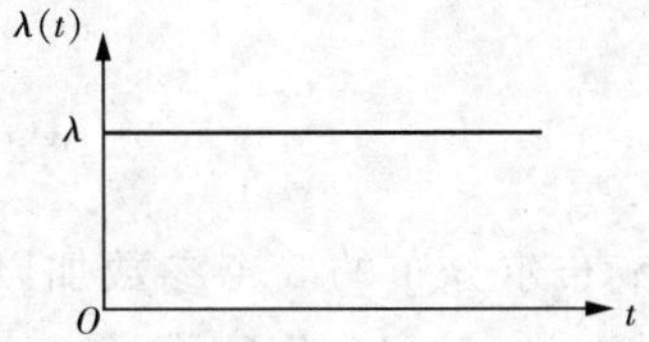

图 2 - 20　指数分布的失效率函数

根据指数分布的失效分布函数，可以推导服从指数分布产品的平均寿命，得

$$\theta=\int_0^{\infty}R(t)\,\mathrm{d}t=\frac{1}{\lambda}$$

对应可靠度为 R_0 的可靠寿命 t_0：

$$t_0=-\frac{1}{\lambda}\ln R_0$$

指数分布的一个重要特点是可靠度与起始时间无关，这种特性被称为“无记忆性”。即服从指数分布失效的产品，若已正常工作过一段时间 t_0，其可靠度与已工作过的时间 t_0 长短无关，就好象一个新产品刚开始工作一样。这一点可以由下式证明得到：

$$P(T>t_0+t\mid T>t_0)=\frac{P(T>t_0+t)}{P(T>t_0)}=\frac{\mathrm{e}^{-\lambda(t_0+t)}}{\mathrm{e}^{-\lambda t_0}}=\mathrm{e}^{-\lambda t}=P(T>t)$$

四、威布尔分布

威布尔分布是一簇分布的类型，它最初用于材料的疲劳试验。当威布尔分布中的参数不同时，它可以变为指数分布、瑞利分布和正态分布，因此对各种类型试验数据的拟合能力强，可以用来描述汽车零部件的全寿命过程分布，因而在汽车可靠性领域得到了广泛应用。汽车零部件的疲劳强度、疲劳寿命、磨损寿命、腐蚀寿命以及由许多单元组成的系统寿命都服从威布尔分布，特别是因某一局部失效或故障所引起的全局机能停止的元件、设备或系统等的寿命分布。在车辆可靠性研究中，若无法确定产品的失效属于某种分布，通常可以采用威布尔分布来描述。

威布尔分布的失效概率密度函数和不可靠度函数分别为

$$f(t)=\frac{m}{\eta}\left(\frac{t-\delta}{\eta}\right)^{\beta-1}\exp\left[-\left(\frac{t-\delta}{\eta}\right)^{m}\right]\quad(\delta\leqslant t;m,\eta>0)\qquad(2-20)$$

$$F(t)=1-\exp\left[-\left(\frac{t-\delta}{\eta}\right)^{m}\right]$$

式中：m——形状参数；

η——尺度参数；

δ——位置参数；

t——寿命随机变量。

其可靠度函数和失效率函数分别为

$$R(t)=\exp\left[-\left(\frac{t-\delta}{\eta}\right)^{m}\right]$$

$$\lambda(t)=\frac{m}{\eta}\left(\frac{t-\delta}{\eta}\right)^{m-1}$$

下面就威布尔分布的 3 个参数加以说明。

(1) 形状参数 m。m 值不同，$f(t)$曲线的基本形状不同，如图 2-21a 所示。在尺度参数 η 和位置参数 δ 一定的情况下，当 $m<1$ 时，曲线以纵轴为渐近线；当 $m=1$ 时，曲线服从指数分布；当 $m>1$ 时，曲线为单峰曲线；当 $m=3\sim4$ 时，曲线与正态分布很相似。

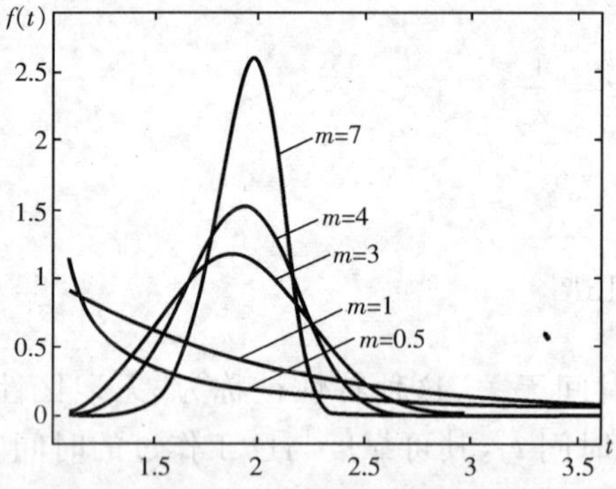

a) 不同 m 值的失效概率密度(η=1,δ=1)

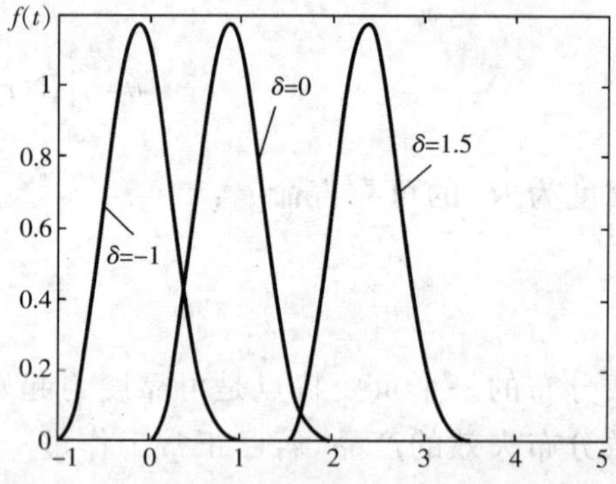

b) 不同 δ 值的失效概率密度(m=3,η=1)

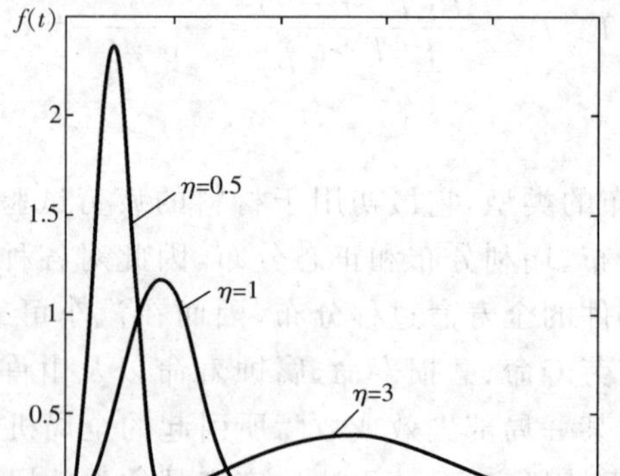

c) 不同 η 值的失效概率密度(m=3,δ=0)

图 2-21 威布尔分布各个参数说明示意图

(2) 位置参数 δ。在其他参数一定的情况下，它决定了分布的起始点，如图 2-21b 所示。由失效概率密度函数可以看出，产品在时间 δ 之前 100% 正常，不失效，失效是在 δ 之后开始的。当 $\delta>0$ 时，一般认为威布尔分布存在最小安全寿命。

(3) 尺度参数 η。如图 2-21c 所示，η 值的大小不影响分布的基本形状，但 η 的不同会影响分布曲线的分散性及跨度。

五、二项分布

在一批产品中，假设次品率为 p，则正品率为 $q=1-p$。从中抽检 n 件，抽得的次品数 X 为随机变量，若 $X=x$ 的概率满足下列公式，则称为 X 服从二项分布，记作 $X\sim B(n,p)$。

$$P(X=x)=C_n^x q^{n-x} p^x=\frac{n!}{x!\ (n-x)!}q^{n-x}p^x \tag{2-21}$$

式中：x——抽得的次品数($x=0,1,2,\cdots,n$)。

抽得的次品数不大于 k 次的累积失效概率为

$$P(X\leqslant k)=\sum_{x=0}^{k} C_n^x q^{n-x} p^x$$

二项分布的数学期望和方差分别为

$$E(X)=np,D(X)=np(1-p)$$

二项分布是一种离散型的分布，参数 n、p 是二项分布中两个独立的分布参数。二项分布的使用范围较广，但计算较为繁琐。为了方便使用，一般制有二项分布数表。

在汽车可靠性研究中，可以从广义角度理解二项分布的各个参数。若进行 n 次独立试验，在一次试验中只有两种可能结果，事件发生的概率为 p，不发生的概率为 $q=1-p$，事件发生次数为 x 的概率则服从二项分布。这里所说的发生与不发生可以理解为次品与正品，正常与故障，开与关，是与否，成功与失败，优与劣，修与不修等等，只要是互为对立的属性，满足 $p+q=1$，都可使用二项分布来研究、分析问题。

六、泊松分布

泊松分布是二项分布的特例，若它的数学期望 $np\to\lambda$($\lambda>0$ 为常数，$p\to 0$，$n\to\infty$)，二项分布的极限为

$$P(X=x)=\lim_{n\to\infty}C_n^x q^{n-x} p^x=\frac{\lambda^x \mathrm{e}^{-\lambda}}{x!} \quad (x=0,1,2,\cdots) \tag{2-22}$$

这就是以 λ 为参数的泊松分布，记作 $X\sim P(\lambda)$。

服从泊松分布的累积失效概率函数为

$$P(X\leqslant k)=\sum_{x=0}^{k}\frac{\lambda^x \mathrm{e}^{-\lambda}}{x!} \quad (x=0,1,2,\cdots) \tag{2-23}$$

其数学期望和方差分别为

$$E(X)=\lambda,\quad D(X)=\lambda \tag{2-24}$$

泊松分布通常用来描述大量试验中小概率事件的分布情况，如汽车零件的废品数、电路板上元件故障等，都可认为其服从或近似服从泊松分布。

七、多项分布

多项分布是二项分布的推广。二项分布对应的是一次随机实验只有两种可能结果的情况，而多项分布对应的是具有多种可能结果的随机实验。设某随机实验有 k 个可能结果，出现的概率分别是 $p_1,p_2,\cdots,p_k$，那么在 n 次随机实验中，各个结果出现的次数 $X_1,X_2,\cdots,X_k$ 都是随机变量，则 $X_1=n_1$ 次，$X_2=n_2$ 次，…，$X_k=n_k$ 次的概率 P 为

$$P(X_1=n_1,X_2=n_2,\cdots,X_k=n_k)=\frac{n!}{n_1!\ n_2!\ \cdots n_k!}p_1{}^{n_1}p_2{}^{n_2}\cdots p_k{}^{n_k}$$

式中，$\sum_{i=1}^{k}n_i=n,0\leqslant p_i\leqslant 1,\sum_{i=1}^{k}p_i=1$，则称 k 维随机变量 $(X_1,X_2,\cdots,X_k)$ 服从多项分布，一般记为 $M(n,p_1,p_2,\cdots,p_k)$。

设 k 维随机变量 $(X_1,X_2,\cdots,X_k)$ 服从多项分布 $M(n,p_1,p_2,\cdots,p_k)$，则它关于第 i 个分量的边缘分布为

$$P(X_i=n_i)=\frac{n!}{n_i!\ (n-n_i)!}p_i{}^{n_i}(1-p_i)^{(n-n_i)},i=1,2,\cdots,k$$

由此可见，多项分布的各个分量服从二项分布。

由相关文献可知，服从多项分布 $M(n,p_1,\cdots,p_k)$ 的 k 维随机变量 $(X_1,X_2,\cdots,X_k)$，其数学期望

$$E(X_1,X_2,\cdots,X_k)=(np_1,np_2,\cdots,np_k)$$

随机变量的协方差阵

$$B_{k\times k}=(b_{ij})$$

其中，$b_{ii}=np_iq_i,q_i=1-p_i,b_{ij}=np_ip_j(i\neq j)$。

根据多项分布的定义及特点，在产品可靠性试验或失效分析中，如果可能出现的结果不只两种，且相互独立，则可以考虑采用多项分布对其研究。

八、贝塔分布

在复杂系统可靠性综合评估方法研究中，利用贝塔(β,*beta*)分布来近似区间(0,1)上的各种概率分布是一种常用的工程方法。

贝塔分布 $\beta(p,q)$ 的概率密度分布函数是

$$f(x)=\frac{1}{\beta(p,q)}x^{p-1}(1-x)^{q-1}\qquad(0<x<1,p>0,q>0)$$

这里的变量 x 仅能出现于 0 到 1 之间，p、q 是两个大于 0 的参数。$\beta(p,q)$ 的含义是

$$\beta(p,q)=\int_0^1 x^{p-1}\ (1-x)^{q-1}\mathrm{d}x$$

图 2-22 给出了 $p=3,q=6$ 时的贝塔分布函数的形状。

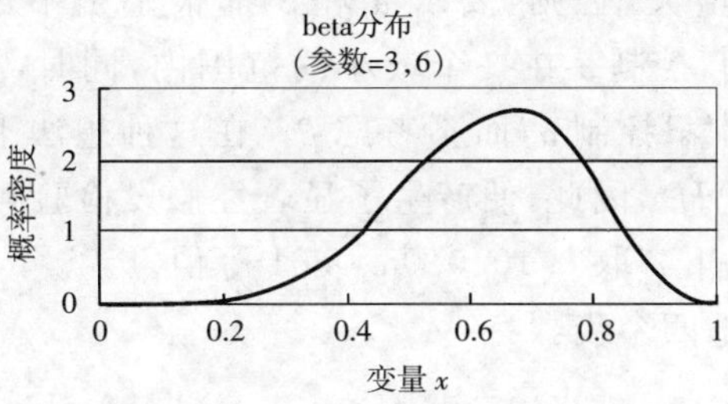

图 2-22　贝塔分布的曲线形状($p=3,q=6$)

设随机变量 x 服从 $\beta(p,q)$，则它的数学期望与方差分别为

$$E(x)=\frac{p}{p+q}$$

$$D(x)=\frac{pq}{(p+q)^2(p+q+1)}$$

第五节　假设检验

统计假设检验是数理统计的一个重要分支，在可靠性研究中有重要应用。例如，前面讨论的各种参数估计方法，都在某一特定的寿命分布情况下才能使用，故在采用这些方法之前，首先应根据试验数据，对整车、总成或系统以及零部件的失效分布作出鉴定，这就需要用假设检验的方法来予以解决。

统计假设检验问题的一般提法是，在给定备择假设 H_1 下，对原假设 H_0 作出判断。若拒绝原假设 H_0，就意味着接受备择假设 H_1，否则，就接受原假设 H_0，通常，称这类检验问题为 H_0 对 H_1 的检验问题。

在 H_0 对 H_1 的检验问题中，要作出某种判断，就必须从样本($x_1,x_2,\cdots,x_n$)出发，并构造一个合适的统计量，然后，制定某一规则。这样一来，只要得到样本的观察值($x_1,x_2,\cdots,x_n$)，就可据此对 H_0 和 H_1 作出拒绝或接受的判断。

然而，即使假设 H_0 实际上是对的，由于我们作出判断的依据是一个样本，因而仍有可能拒绝 H_0，把犯这种错误的概率记为 α，即

$$P\{拒绝\ H_0 \mid H_0\ 为真\}=\alpha$$

这种错误称为第一类错误。

相对应地，也有可能在 H_0 不真的情况下，接受假设 H_0，其发生的概率称为犯第二类错误的概率，记为 β，即有

$$P\{接收\ H_0 \mid H_0\ 不真\}=\beta$$

不犯第二类错误的概率 $1-\beta$，称为检验的功效，用 g 表示。当两个方法犯第一类错误的概率都不超过 α，而其中一个检验方法的功效比另一个检验方法的功效大时，称此检验方法比另一个有效。

除非样本容量 n 无限增大，否则，要求 α 和 β 都很小是不可能的。因此 *Neyman* 和 *Pearson* 提出一个折衷原则：控制 α 在一个较小的范围内，同时，尽量使 g 达到最大。在实际应用中，为简单起见，通常只控制 α，而不考虑 β。在这种想法下，寻找检验规则中的临界值时，只涉及 H_0，而不涉及 H_1，因此，便产生了显著性假设检验问题。其中的 α 称为显著性水平，为保护 H_0，一般情况下 α 取 0.10、0.05、0.01 等值。

假设检验一般可分如下四个步骤：

(1)建立假设

根据具体问题的要求，建立原假设 H_0 和备择假设 H_1。假设检验一般是有把握的，经验的结论做原假设，而把关心的结论作为备择假设。在选择原假设时，要考虑便于在原假设成立的条件下求检验统计量的分布。

(2)选取合适的检验统计量 $T(X)=T(x_l,x_2,\cdots,x_n)$

选取的检验统计量应与原假设有关，同时在原假设 H_0 成立的条件下知道统计量的抽样分布。抽样分布应不含未知参数。根据原假设和备择假设确定检验规则。

(3)指定显著性水平 α

在原假设 H_0 成立的条件下，由抽样分布的分位点表求出临界值。

(4)判断

由子样观察值计算检验统计量的观察值。根据检验规则，对假设作出判断。

假设检验中的关键是选取合适的检验统计量。找到检验统计量，确定检验规则后，检验方法就确定了。实际应用时，检验方法确定后，根据子样观察值计算检验统计量观察值，由指定显著性水平，查分位点表得到临界值，比较这两个值即可对原假设 H_0 做接受或拒绝的判断。

确定检验规则，实际上是对原假设 H_0 定出接受和拒绝的范围，接受原假设 H_0 的范围称为接受域，拒绝原假设 H_0 的范围称为拒绝域。因为显著性检验控制犯第一类错误的概率不超过 α，故拒绝域是一个概率为 α 的小概率区域，而接受域是概率为 $1-\alpha$ 的大概率区域。当根据子样观察值计算的检验统计量观察值落入拒绝域而做出拒绝 H_0 的判断时，该结论是有把握的。因为 H_0 成立时，统计量观察值落入拒绝域的概率 α 是小概率事件，在一次试验中，小概率事件实际上是不可能事件，故拒绝 H_0 有充分理由。当检验统计量观察值落入接受域时，即观察值落入大概率区域时，说明试验结果与假设 H_0 没有矛盾，不能拒绝 H_0。但根据大概率事件在一次试验中出现的结果而作出接受原假设 H_0 的判决并非绝对正确，在假设检验中，接受原假设 H_0 不能误解为原假设 H_0 一定正确。

假设检验主要包括参数的假设检验问题和各种分布的拟合检验问题。考虑到本书特点及篇幅，我们仅讨论后者。

一、χ^2 检验

χ^2 检验是在总体分布为未知时，根据其 n 个观察值$(x_l,x_2,\cdots,x_n)$，来检验总体的分布函数 $F(x)$是否等于 $F_0(x)$，即

$$H_0:F(x)=F_0(x)$$

的一种方法。为寻找检验用的统计量，首先将总体 X 的取值范围分为 k 个区间$(a_0,a_1]$，$(a_1,a_2]$，$\cdots$，$(a_{k-1},a_k]$。要求 a_i 是分布函数 $F_0(x)$的连续点，a_0 和 a_k 可分别取 $-\infty$ 和 $+\infty$，如记

$$p_i=F_0(a_i)-F_0(a_{i-1}),i=1,2,\cdots,k$$

则 p_i 代表总体 X 落入第 i 个区间的概率(要求 $p_i>0$)。如样本容量为 n,则 np_i 是随机变量 X 落入$(a_{i-1},a_i]$的理论频数。若 n 个观察值中落入$(a_{i-1},a_i]$的实际频数为 f_i,则当 H_0 成立时,$(f_i-np_i)^2$ 虽有差异,但这种差异并不会显著,因而这些量的和可用来检验假设 H_0成立与否。基于这种想法,Pearson 使用统计量

$$\chi^2=\sum_{i=1}^{k}\frac{(f_i-np_i)^2}{np_i}$$

并且证明,若 n 充分大($n>50$),则不论总体属于什么分布,统计量总是近似地服从自由度为 $k-r-1$ 的 χ^2 分布。其中,r 是被估计参数的个数。

因此,如果在假设 H_0下求得的 χ^2 数值满足

$$\chi^2>\chi^2_\alpha(k-r-1)$$

则在显著度水平 α 下拒绝 H_0;若上式中的不等号反向,就接受 H_0。

二、K 检验

若 H_0与前一节相同,其中 $F_0(x)$是完全确定的连续型分布面数,则 *KOJIMOTOPOB* 提出的检验统计量为

$$D_n=\sup_{-\infty<x<\infty}|F_n(x)-F_0(x)|$$

其中,$F_n(x)$是容量为 n 的样本的样本分布函数,即

$$F_n(x)=\begin{cases}0 & x\leqslant X_{(1)}\\ \dfrac{i}{n} & X_{(i)}\leqslant x<X_{(i+1)}\\ 1 & x\geqslant X_{(n)}\end{cases}$$

这里,$X_{(1)}\leqslant X_{(2)}\leqslant\cdots\leqslant X_{(n)}$是样本$(X_1,X_2,\cdots,X_n)$的次序统计量。

由于 $F_n(x)$和 $F_0(x)$都是 x 的单调非降函数,所以偏差$|F_n(x)-F_0(x)|$的上确界可在 n 个点的 $X_{(i)}$处找到,也即求

$$\delta_i=\max\left\{F_0(X_{(i)})-\frac{i-1}{n},\frac{i}{n},-F_0(X_{(i)})\right\}$$

而此 n 个 δ_i 中最大的一个,即检验统计量 D_n 的值。

如果 $F_n(x)$和 $F_0(x)$相当接近,则 D_n 不应很大。因此,K 检验的拒绝域为

$$D_n>D_{n,\alpha}$$

式中,α 为给定的显著性水平,在 $F_0(x)$为连续分布的条件下,对不同的 α 和 n,$D_{n,\alpha}$可由相关文献查到。

三、似然比检验

该检验法是一种考虑具体备择假设的功效较高的方法。设总体 X 是具有未知位置参

数 a 和尺度参数 b 的连续型随机变量，$f(x;a,b)$ 是其概率密度函数，考虑检验问题

$$H_0: f(x;a,b)=f_0(x;a,b)$$

$$H_1: f(x;a,b)=f_1(x;a,b)$$

为检验 H_0 和 H_1 何者成立，从总体 X 中取一容量为 n 的样本 $(X_1, X_2, \cdots X_n)$，Lehmann 提出用极大似然比

$$\lambda=\frac{\max\limits_{a,b}\prod\limits_{i=1}^{n} f_1(X_i;a,b)}{\max\limits_{a,b}\prod\limits_{i=1}^{n} f_0(X_i;a,b)}=\frac{\prod\limits_{i=1}^{n} f_1(X_i;\hat{a},\hat{b})}{\prod\limits_{i=1}^{n} f_0(X_i;\hat{a},\hat{b})}$$

作为检验统计量。其中，$\hat{a}$、$\hat{b}$ 分别为未知参数 a、b 的极大似然估计。根据极大似然原理，当 λ 取值较大时，说明分子部分出现可能性大，因而拒绝 H_0，接受 H_1；反之，转而接受 H_0，拒绝 H_1。由此可知，检验规则为

$\lambda > K$ 时，拒绝 H_0

$\lambda \leqslant K$ 时，接受 H_0

四、几种分布假设检验方法之比较

1. 概率纸检验

显然，概率纸可用来确定总体的分布是否属于某种类型。此方法简单、方便、直观，但只能定性地分析。对于数据理想地接近一条直线，或完全不符合所假设的分布，此方法是行之有效的。而在其他场合，判断是不精确的，结果往往因人而异。

2. χ^2 检验

该检验法不管总体是离散型还是连续型随机变量，总体分布中的参数是已知还是未知，是完全样本还是截尾样本，都可使用。因而，其使用范围广。由于 χ^2 检验法是在 n 无限增大时推导出来的，所以具体使用时，须注意 n 要足够大（$n\geqslant 50$），以及 np_i 不太小（每一个 $np_i > 5$，最好 >10）这两个条件；否则，应适当地合并区间。

另外，χ^2 检验法要求在 H_0 下 $F_0(x)$ 的形式及其参数都为已知，否则，需先用极大似然法估计参数，然后才能进行检验。因此，对似然方程为超越方程的威布尔分布等，由于计算上的困难，影响了极大似然法在这些分布的参数估计中的使用，因而也限制了 χ^2 检验法的

应用范围。

3. K 检验

K 检验法适用于完全确定的且为连续型的分布函数。该方法在某种程度上克服了 χ^2 检验功效低的缺点，但它一定要已知 $F_0(x)$ 的参数才能使用。否则，若未知参数用其无偏估计量代替的话，那么要检验的假设及检验统计量等均会发生相应的改变。

4. 似然比检验

虽然 K 检验比 χ^2 检验功效高，但由于这两种检验方法均未考虑备择假设，所以，它们的功效都不够理想。相比之下，极大似然比检验方法由于考虑了具体的备择假设，因而功效较高。有人曾在 20 个样本数据的情况下，对下述假设

$$H_0: f_0(x;\mu,\sigma^2)=\frac{1}{\sqrt{2\pi\sigma}}\exp\left[-\frac{(x-\mu)^2}{2\sigma^2}\right]$$

$$H_1: f(x;a,b)=\frac{1}{b}\exp\left[-\frac{x-a}{b}\right]$$

的 χ^2 检验、K 检验和极大似然比检验法的功效，进行过计算比较。结果发现，若 α 取 0.05，则三者的功效分别为 0.29、0.61 和 0.96。

但是，在极大似然比检验法中，对给定的显著性水平 α，要求临界值 K，则必须知道统计量 λ 的取样分布。这是困难的，而且无一般的结论，只能针对具体的 $f_0(x;a,b)$）和 $f_1(x;a,b)$ 予以解决，因而其局限性也大，不像 χ^2 检验和 K 检验那样使用范围广。

本章小结

本章主要介绍了可靠性的基本概念，阐述了可靠性主要特征量的含义、估计方法及各特征量之间的关系，还介绍了汽车可靠性工程中的一些常见失效分布的概率密度函数、可靠度、不可靠度以及失效率等函数特性，并明确了各分布函数的应用场合。

思考与练习

2-1　试比较下列各对概念有无区别，如有区别，则说明各自的意义。

(1) 系统的可靠性与系统的可靠度；

(2) 系统的失效概率密度与系统的失效率；

(3) 平均寿命与平均故障间隔。

2-2　对 100 个某种产品进行寿命试验，在 $t=200$ h 以前没有失效，而在 200～205 h 之间有 3 个失效，到 1 000 h 前共有 51 个失效，1 000～1 005 h 又有两个失效，分别求出 $t=200$ h 和 $t=1\,000$ h 时，产品的失效率和失效概率密度。

2-3　某仪器的寿命服从指数分布，且失效率 $\lambda=0.01$/kh，求该仪器工作到可靠度为 95%时的时间。

2-4　设产品的失效率函数为

$$\lambda(t)=\begin{cases}0, & 0\leqslant t<\mu\\ \lambda, & t\geqslant\mu\end{cases}$$

求该产品的失效概率密度函数和平均寿命。

2-5　某元件的失效时间服从 $\mu=5,\sigma=1$ 的正态分布，求 150 h 的元件可靠度和失效率。

2-6　取 6 只指示灯泡进行寿命试验，寿命分别为 4 000 h、9 000 h、11 000 h、17 500 h、44 000 h、53 500 h，求 MTTF。若灯泡寿命服从指数分布（即 λ=常数），求 λ、$R(5\,000)$ 及产品的特征寿命。

2-7　次品率为 10%的产品，每 20 个装一箱，求一箱中有次品 0 个、1 个、2 个、不超过 3 个的概率。

2-8　某种电子设备共18台，从开始使用到10台发生失效试验结束。10台失效的时间分别为16 h、29 h、50 h、68 h、100 h、130 h、140 h、190 h、210 h、270 h，试估计这18台电子设备的平均寿命。

2-9　已知某机械零件的疲劳寿命服从对数正态分布，且$\mu=4.5$，$\sigma=1$，求该零件在$t=110$ h时的可靠度及失效率。

2-10　对50台仪器进行现场考查，在$t=1\,000$ h以前有1台仪器失效，在1 000～3 000 h之间有1台失效，在3 000～5 000 h之间有两台失效，在5 000～7 000 h之间有两台失效，分别求1 000 h、3 000 h及3 000～7 000 h的可靠度和不可靠度估计值。

2-11　零件寿命试验如下6.21、7.5、5、6.8、9.61、8.54、8.04、9.09、11.45、10.31(kh)，用χ^2检验法检验失效概率是否服从正态分布，并估计平均寿命、标准差。($\alpha=0.1$)。

2-12　将250个元件进行加速寿命试验，每100小时测试一次，直至全部失效为止(其数据见下表)。试问这批产品的寿命是否服从指数分布。

时间区间/h	失效数	时间区间/h	失效数	时间区间/h	失效数	时间区间/h	失效数
0～100	39	301～400	33	601～700	12	901～1000	2
101～200	58	401～500	25	701～800	6		
201～300	47	501～600	22	801～900	6		

第三章　汽车可靠性试验

内容提要：本章介绍汽车可靠性试验的常见类型、试验要素、试验原理和数据处理方法。在介绍加速寿命试验、可靠性增长试验、抽样试验和试验场试验的4种最常用的可靠性试验技术中，重点讨论加速寿命试验加速原理、建模和试验数据处理；可靠性增长模型和数据处理；常用抽样方案及设计原理。

第一节　引　言

一、汽车可靠性试验的目的和意义

汽车可靠性试验是为了提高或保证汽车的可靠性及评价、验证汽车的可靠性，而进行的关于汽车故障及其影响的各种试验的统称。汽车可靠性试验是取得汽车可靠性数据的最主要方法，通过对汽车进行可靠性的试验，一是提供使用可靠度函数进行定量分析的基础；二是为汽车研究、设计提供可靠性资料；三是可以通过对失效样品进行分析，找出其失效原因和薄弱环节，通过改进设计等措施来提高汽车可靠性。因此，汽车可靠性试验既是汽车可靠性评价的手段，又是保证其可靠性水平的重要措施。

可靠性试验是汽车研发、生产过程的一个不可缺少的环节。在研发、生产的不同阶段，进行可靠性试验有不同的目的。在设计、试制阶段，通过可靠性试验发现材料、工艺、设计和环境适应性等方面的缺陷，及时反馈到设计中，以便采取改正措施。在产品定型前，通过可靠性鉴定试验评估和考核产品是否符合设计要求，是否适合大批量生产。在批量生产过程中，有效的可靠性试验是质量控制的手段。对批量产品和外加工产品需进行可靠性验证试验，考核是否符合合同质量标准。在生产研发的全过程中，对可靠性试验时失效产品的失效机理进行分析和理论研究，可改进设计，提高产品的固有可靠性水平；其次，通过可靠性试验储备、积累了大量的有关可靠性的资料和经验，为新产品研发提供基础。

二、汽车可靠性试验的分类

1. 按试验目的分类

根据汽车可靠性试验目的的不同，可将可靠性试验分为以可靠性增长为目标的工程试验和以可靠性评价为目标的统计试验两大类。

(1) 工程试验

工程试验的目的在于暴露汽车整车、总成或零部件的可靠性缺陷,以便采取措施加以改进或排除。这种试验一般由承制方进行,以样机为受试对象。工程试验包括环境应力筛选试验和可靠性增长试验。

环境应力筛选试验是指为发现和排除不良零部件、工艺缺陷和防止出现早期失效,在环境应力下所做的一系列试验。典型的应力为随机振动、温度循环和电应力。

为暴露产品的薄弱环节,并证明改进措施能防止薄弱环节故障再现(或出现概率低于允许值)而进行的一系列试验,称之为可靠性增长试验。

环境应力筛选试验与可靠性增长试验的区别在于:前者是对批生产的产品进行100%的试验,暴露产品在现场使用中可能出现的早期故障,并用剔除的方法淘汰有缺陷的产品,以便提高交付产品的使用可靠性;后者是对未定型产品抽样试验,暴露未定型产品因设计、工艺原因造成的缺陷,并用改进设计、提高工艺的方法消除缺陷,以便提高产品的固有可靠性。

(2) 统计试验

这类试验都是用统计的方法进行的,是以获得可靠性寿命或参数为试验目的,常见的试验类型有:可靠性鉴定试验、可靠性验收试验、可靠性测定试验和耐久性试验等。由于这类试验一般要通过试验获得产品的寿命,通常又称之为寿命试验。

① 可靠性鉴定试验为确定产品与设计要求的一致性,由订购方用有代表性的产品在规定条件下所作的试验,并以此作为批准定型的依据。可靠性验收试验用已交付或可交付的产品在规定下所做的试验,其目的是确定产品是否符合规定的可靠性要求,不是在于暴露产品的可靠性缺陷。

可靠性鉴定试验与可靠性验收试验的共同点是确定产品的可靠性参数是否达到要求,而且必须有用户的参与和监督。因而统称为可靠性验证试验。可靠性鉴定试验与可靠性验收试验的区别在于:前者是在定型前,用有代表性的产品进行试验;后者是定型后,用批生产的产品进行试验。

② 可靠性测定试验是承制方为了解产品目前达到的可靠性水平而进行的试验。可靠性测定试验一般是为产品提供可靠性信息,如确定产品的寿命分布类型及参数,确定产品的可靠性特征值,确定产品的安全余量、环境适应性及耐久性等数据。在试验方法上与可靠性鉴定试验相似,但比较灵活。最大的区别是勿需用户的参与和监督,也不能作为批准定型的依据。

③ 耐久性试验

产品的耐久性试验也是一种可靠性试验,是为测定产品在规定使用和维修条件下的使用寿命而进行的试验,它既可以是测定试验也可以是验证试验。由于耐久性试验要获得产品的全寿命(即非截尾的)数据,通常需要很长的时间,一般采用加速的方法进行。

2. 按试验场所分类

根据试验场所的不同,可靠性试验可分为:实际道路可靠性试验、试验场可靠性试验、特殊地区可靠性试验和实验室试验。

(1) 实际道路可靠性试验

实际道路可靠性试验是指在选定的典型实际道路行驶试验条件下进行的可靠性验证或

测定试验。这类试验最真实反映实际的工作环境和工况,试验结果最为可信。缺点是耗资巨大,试验周期过长,重复性差,并且不利于损坏件的维修、更换和试验资料的整理。

(2) 特殊环境可靠性试验

为评定汽车产品在各种恶劣环境条件下的性能及其稳定性而进行的试验,如高原试验、寒冷冰雪试验、盐雾试验及暴晒试验等。

(3) 试验场可靠性试验

试验场试验着眼于模拟汽车在实际使用中所遇到的最恶劣情况,即那些引起疲劳损伤的主要因素。试验场试验通过适当的设计试车场的道路路面,编排汽车行驶过程,可望获得能够反映实际情况的加速疲劳寿命。试车场试验既能为试验室试验提供原始数据,又能够用来验证试验产品的设计、制造以及试验室试验结果的合理性,并用于判断产品在实际使用环境中是否具有足够的寿命。然而随着国际竞争的日益加剧,汽车可靠性的试车场试验也显得花费时间过长、试验成本过高,而且常常由于司机、环境和试验跑道等因素的变化而得出不一致的试验结果。因此工程师们更多地利用试验进程更快、重复性更好的室内道路模拟试验。

(4) 实验室试验

实验室实验是指模拟实际使用条件或在规定的工作及环境条件下进行的可靠性试验。如汽车的各种台架试验和室内道路模拟试验等。

台架模拟试验是使实际工作状态在试验室再现的一种试验方法。模拟试验的优点如下:在条件稳定的情况下获得数据,寿命分布明确;加速或强制老化试验能很快地做出可靠性评价;比整车试验经济;条件相同,可以对同类产品进行比较。

室内道路模拟试验是借助于电液伺服道路模拟试验台进行的一种模拟实际路况的可靠性试验。它不仅可以对整车,也可以对汽车零部件进行可靠性试验。尽管试验场试验技术已经大大缩短进行车辆可靠性试验所需要的时间,但是利用电液伺服道路模拟试验台进行道路模拟试验还可以在此基础上更进一步明显缩短试验时间,而且重复性好。因此,在大型汽车企业的产品开发与研究过程中,越来越重视发挥电液伺服道路模拟试验台的作用。

实验室试验的优点是:

① 试验条件可控,且不受外界环境影响。

② 试验可重复进行、分解进行,有利于寻找故障原因,有利于可靠性增长。

③ 若试验条件模拟真实,则可靠性的验证结果可以做到真实可信。

④ 可利用加速手段进一步明显缩短试验时间。

实验室试验的缺点是:

① 受试验技术和设备的限制,对使用过程的综合环境难以模拟,目前只能部分模拟或单项模拟。

② 当产品庞大、复杂时,往往无法进行系统级的可靠性试验,需进行分解试验,然后再综合评价出系统的可靠性。这不仅增加了评价的难度,而且影响评价的准确度。

3. 按试验单元分类

根据不同的试验单元,可将可靠性试验分为系统级、分系统级、装置级和零部件级等。

从可靠性验证的角度看,在有条件的情况下,应尽可能进行高级别的可靠性验证试验。其优点是结果真实可信,勿需综合评价。只有在无法进行或不能充分进行系统级的可靠性验证试验时，才允许分解为级别更低的可靠性验证试验，然后综合评估系统的可靠性。

从可靠性增长的角度看，低级别的可靠性增长试验具有方便、灵活、发现问题早、利于改进产品及缩短研制周期等优点。但分系统之间、部件之间的协调性、匹配性问题却难以暴露。为此，在有条件的情况下，应适当进行高级别的可靠性增长试验。环境应力筛选试验应从低级别到高级别，逐级进行，重点放在低级别。

4. 按试验方法分类

按试验的方法可靠性试验可分为模拟试验和激发试验。

(1) 模拟试验

模拟试验通过对产品进行使用环境模拟来验证或测定其可靠性，以可靠性评价为目标。模拟试验从单环境因素发展到综合环境因素，从常规应力发展到高于使用环境的加速应力。寿命试验、加速寿命试验、耐久性试验和实验室内道路模拟试验等都属于这一类。

(2) 激发试验

激发试验不以环境的真实性模拟为目标，而是通过恶化环境（强化环境）来进行试验，以提高试验效率，降低消耗。这类试验一般不以可靠性评价为目标，而是采用加速应力环境快速激发产品潜在缺陷，使其以故障形式表现出来，通过故障原因分析、失效模式分析和改进措施消除缺陷，达到可靠性增长的目的。可靠性强化试验如高加速寿命试验和高加速应力筛选属于这一类。

5. 按试验样本大小分类

按试验样本大小可靠性试验可分为全数试验与抽样试验。

(1) 全数试验

是指对关键指标和项目进行 100％的测试或检查。这种试验所得的数据较为精确，可靠性水平高，缺点是工作量大。

(2) 抽样试验

抽样试验就是从产品批次中抽取部分子样进行试验，然后由子样可靠性水平推断总体的可靠性水平。抽样试验是保证产品质量和可靠性水平的重要手段，其优点是可缩短试验时间和减少试验样本数。

在实际可靠性试验中，为了进一步缩短试验时间，抽样试验又常常采用截尾试验的方式。截尾试验是指事先规定试验失效数或试验时间的试验方法。到达规定时间停止试验的叫定时截尾又叫Ⅰ型截尾试验，到达试验失效数停止试验的叫定数截尾又叫Ⅱ型截尾试验。

三、可靠性试验要素

任何可靠性试验一般包括试验目的、试验类型（如增长试验还是评价试验、加速试验还是常规试验等）、工作和环境条件、试验样本数、试验时间和失效判定等几个要素。试验类型通常取决于试验目的，如以可靠性增长为目的的只能是筛选试验或可靠性增长试验。不同的工作和环境条件，意味着产品将承受不同的应力。通常相关的应力包括热应力、机械应力和电应力等，根据是模拟试验还是激发试验确定不同的试验环境条件。试验时间与受试样品数是相互影响的，如基于失效数确定试验时间或基于试验时间确定失效数。失效判定是可靠性试验的重要因素，同一试验因关心的故障不同，失效判据不同，试验结论就不同。

1. 试验工作和环境条件

制定合理的可靠性工作和环境条件，是进行室内可靠性试验的前提。对模拟试验，应尽可能模拟实际使用现场环境和运行条件。对激发试验，应选择易激发实际工作中可能发生故障的应力条件。

制定可靠性试验条件的基本方法是根据产品的任务剖面（或组合任务剖面）绘制试验剖面。任务剖面是对产品在规定内所要经历的全部重要事件和状态的一种描述。一个产品可能执行多种任务，因此任务剖面可以是多个。可靠性试验剖面是各种试验应力参数与等效任务时间的关系图，它是对具有多个任务剖面产品的多个任务剖面、环境剖面和工作应力剖面的合成，是形象化的试验条件。

为了使合成的试验剖面尽可能模拟现场使用的实际应力，应尽可能使用实测应力作为综合应力试验条件的基础。实测应力是根据产品在现场使用中执行典型任务剖面时，在产品的安装位置处测得的数据，经分析处理后得到的应力。如果得不到实测应力，可以根据相似产品执行相似任务，在相似位置测得的应力，经分析处理得到，或者参考同类产品有关标准、公式确定。

2. 试验时间

假设失效率为常数，则总累计试验时间 T 可由表 3－1 算得。这里累计试验时间是参加测试的所有单元的试验时间之和。由累计试验时间 T 通过下式可算得平均失效时间：

$$\text{MTTF}=\frac{T}{r} \tag{3-1}$$

式中：r——试验的总失效单元数。

表 3－1　累计试验时间 T 的计算（常数失效率）

数据	试验时间 T
全数试验	$\sum_{i=1}^{n} t_i;r=n$
Ⅰ型截尾	$\sum_{i=1}^{n} t_i+(n-r)t_*$
Ⅱ型截尾	$\sum_{i=1}^{n} t_i+(n-r)t_r$
Ⅰ型 k 个多截尾	$\sum_{i=1}^{n} t_i+(n-r-k)t_*$
Ⅱ型 k 个多截尾	$\sum_{i=1}^{n} t_i^{+}+(n-r-k)t_r$
Ⅰ型替换	nt_*
Ⅱ型替换	nt_r

注：t_i 为失效时间；t_i^{+} 为失效时间或截尾时间；t_* 为型截尾试验时间；t_r 为第 r 个失效时间（Ⅱ型截尾试验）；n 为总试验单元数；k 多截尾的个数。

对Ⅱ型截尾试验，平均试验时间与试验单元总数、失效数和失效时间分布有关。假设一次只有一个单元参加试验，失效后换另一个新的试验，则平均试验时间为 $r\times$MTTF。在常数失效率时，假设 n 个单元同时试验，观测有 r 个失效，则平均试验时间为

$$\text{MTTF}\times\left(\frac{1}{n}+\frac{1}{n-1}+\cdots+\frac{1}{n-r+1}\right) \tag{3-2}$$

因为假设$Y_i = t_i - t_{i-1}$为失效间隔时间，显然第 r 个单元失效时刻$t_r = \sum_{i=1}^{r} Y_i$。对恒定失效率的情况，Y_i相互独立且服从参数为$(n-i+1)/\text{MTTF}$ 的指数分布，因此平均试验时间 $E(t_r) = \sum_{i=1}^{r} E(Y_i) = \sum_{i=1}^{r} \text{MTTF}/(n-i+1)$ ，即得。在 n 个单元同时试验时，假设失效的单元立即被替换，在观测有 r 个失效时，平均试验时间为 $r\text{MTTF}/n$。这种试验总共需要试验 $n+r-1$ 个单元，由于最后一个单元不要替换。由以上分析可知，增加试验单元数(样本数)可以减少试验时间。

对Ⅰ型截尾试验，试验时间指定为t^*，失效数个随机变量。在常数失效率时，参加试验单元数为 n，则期望失效数为 $n(1-e^{-t^*/\text{MTTF}})$。因为单个单元的失效概率为 $p=1-e^{-t^*/\text{MTTF}}$，n 个试验单元在时间t^*内的失效数可看作是均值为 np 的二项分布。在 n 个单元同时试验，对失效的单元立即替换时，期望失效数为nt^*/MTTF。因为一直有 n 个单元在试验，下一次失效时间是参数为 n/MTTF 的指数分布，因此在时间t^*内的失效数可看作是均值为nt^*/MTTF 的泊松分布。

3. 失效判据

判定产品是否失效的界限称之为失效判据。对于成败型产品，界限是明显的。对于性能型产品，界限就比较模糊。这需要综合考虑性能参数的分布规律、使用方的要求、研制方的技术水平等因素。

失效判据的确定不能简单搬用产品的出厂技术参数，更不能主观臆断。正确的做法是通过 FMEA 或 FMECA，找出能引起产品失效的关键技术参数，并摸清其分布规律，再根据量化明确、能够检测和既要满足用户需求，又要兼顾生成方能力的原则，合理确定关键技术参数的范围。

由于各种原因，对复杂系统进行系统级的可靠性试验往往是不充分的，甚至是不可能的。客观上又需要对各级产品进行可靠性试验，因而需将系统级的失效判据逐级分解到试验单元。失效判据的分解需要了解各级产品间的内在的关系。一般常用故障树分析方法，自上而下逐级分解，并进行必要的计算和试验，以便界定试验单元的失效判据。

注：故障和失效两个概念一般可以互用，有的文献称可修系统全部或部分功能丧失为故障，称不可修系统为失效。

第二节　加速寿命试验

一、加速寿命试验的目的

现代产品的可靠性越来越高，开发的周期越来越短，用传统的正常使用条件下的寿命试验方法，来评价产品的可靠性往往不现实。为此，人们利用各种手段来缩短试验时间，以便快速发现产品的缺陷，评价其可靠性。

加速寿命试验简单地说就是利用各种手段缩短产品寿命或加速其老化，以快速获得试验数据，并利用这些数据建模和分析得出产品正常使用时的寿命或性能的试验方法。汽车工业中，常见的加速试验有整车的试验场道路强化试验和整车及零部件的实验室加速试验。

二、加速试验的加速方法

加速试验的方法主要有 3 种：增加试验样本数、提高利用率和提高试验应力水平。

1. 增加试验样本数

由前面的讨论可知，增加试验样本数可以缩短试验时间。例如对Ⅱ型截尾试验，常数失效率情况，n 个单元同时试验，观测有 r 个失效和 r 个单元同时试验，观测有 r 个失效的试验时间之比：

$$f_{r,n}=\frac{\text{MTTF}\times\left(\frac{1}{n}+\frac{1}{n-1}+\cdots+\frac{1}{n-r+1}\right)}{\text{MTTF}\times\left(\frac{1}{r}+\frac{1}{r-1}+\cdots+\frac{1}{1}\right)}=\frac{\frac{1}{n}+\frac{1}{n-1}+\cdots+\frac{1}{n-r+1}}{\frac{1}{r}+\frac{1}{r-1}+\cdots+\frac{1}{2}} \tag{3-3}$$

节省时间的百分比为 $100(1-f_{r,n})$。对有替换的情况，$f_{r,n}=\frac{r}{n}$。

2. 提高产品利用率

假设提高利用率没有引起新的失效模式，失效只是由循环次数引起的。定义：

x_n＝正常应力下的单位时间内的循环次数；

x_s＝加速应力下的单位时间内的循环次数；

t_n＝正常应力下的试验时间；

t_s＝加速应力下的试验时间。

由于相同的循环次数引起相同的失效，所以有 $x_n t_n=x_s t_x$，或者

$$t_s=\frac{x_n}{x_s}t_n \text{ 和 } R_n(t_n)=R_s(t_s)=R_s\left(\frac{x_n}{x_s}t_n\right)$$

对威布尔分布，由上式可得

$$R_n(t_n)=\exp\left[-\left(\frac{t_n}{\eta_n}\right)^{m_n}\right]=R_s(t_s)=\exp\left[-\left(\frac{t_s}{\eta_s}\right)^{m_s}\right]=\exp\left[-\left(\frac{x_n t_n}{x_s\eta_s}\right)^{m_s}\right] \tag{3-4}$$

由假设，在加速循环次数下，威布尔形状参数不变，只有特征寿命变化，因此

$$m_n=m_s=m \tag{3-5}$$

$$\eta_n=\frac{x_s}{x_n}\eta_s \tag{3-6}$$

对指数分布，以 MTTF 代替 η 可得 $\text{MTTF}_n=x_s\text{MTTF}_s/x_n$。

【例 3-1】　某一汽车部件在加速试验时每小时循环 100 次，相应的寿命分布为形状参数为 2.5，特征寿命为 1 000 h 的威布尔分布。如果正常应力下每小时循环 5 次，求其特征寿命和可靠度。

解：$\eta_n=\frac{x_s}{x_n}\eta_s=\frac{100}{5}\times 1\,000=20\,000\text{ h}$

$$R_n(t)=\exp\left[-\left(\frac{t}{20\,000}\right)^{2.5}\right]$$

3. 提高试验应力

在加速寿命试验中,通过提高试验应力加速产品失效的办法来实现加速,有以下基本假定:

● 不引入新的失效模式,高应力和正常应力的失效机理不变,改变应力水平不改变失效分布族,而仅仅改变分布参数。

● 产品的残余寿命仅依赖于当时的累积失效部分与当时的应力水平,而与累积方式无关。

● 存在有规律的加速过程。

加速试验的注意事项:

(1) 加速应力的选择必须满足基本假定,应力水平选取要把握失效机理不变的原则,不能过高,在试验的过程中不断地进行判定和修改;为实现必要的加速,也不能选择得过低。

(2) 在试验允许的情况下应力水平应尽可能分散,间隔对本次试验应尽量保持对数等间隔,为保证加速模型拟合精度应力水平级数应不少于 4 级。

(3) 样品应在同一批产品中随机选取,分组时低应力水平下的产品数不应少于高应力水平下的产品数,但一般每一组(每一应力水平下)样品数均不宜少于 5 个。

(4) 试验时间要做到每一应力水平下有 50%以上样品失效,至少也要有 30%以上失效。在要求计算寿命时,必须保证每一组有 3 个以上失效,否则无法进行统计。

加速寿命试验分析的关键是如何由高应力下的寿命通过合理的外推,导出正常应力下的寿命。一般地,应考虑以下几个关键步骤:

(1) 产品失效分布的选择。

(2) 应力寿命关系模型的选择。

(3) 参数的估计。

(4) 得出需要的可靠性信息。

加速寿命分析的第一步就是选择合适的寿命分布。常见寿命分布的有指数分布、威布尔分布和对数正态分布等等。

在确定了合适的寿命分布之后,第二步就是选择或拟合合适的应力寿命关系模型。也就是寿命特征与应力的关系曲线。如对威布尔分布可选择特征寿命或形状参数。

在确定了寿命分布和应力寿命关系模型之后,剩下就是结合不同应力加载方式的折算公式,选择合适的参数估计方法进行参数估计。常用估计方法有图估计法、最小二乘法和最大似然估计等。在获得寿命分布和应力寿命关系之后,就可以导出其他可靠性参数。

三、应力寿命关系

应力寿命关系可从大量的试验数据拟合或由故障物理导出。常用的应力寿命关系有阿伦尼斯模型、广义艾林模型、逆幂律模型和损伤累积模型等。

1. 阿伦尼斯模型

阿伦尼斯模型广泛用于温度应力的情形,表示产品的性能参数退化的速率 $r(t)$ 是温度应力 $T(t)$ 函数,其方程为

$$r(t)=\frac{\mathrm{d}X}{\mathrm{d}t}=A\mathrm{e}^{-\frac{\Delta E}{kT(t)}} \tag{3-7}$$

式中：X——性能退化量；

A——频数因子；

ΔE——激活能；

k——波耳兹曼常数；

$T(t)$——绝对温度。

当 $T(t)$ 为常数 T 时，产品经过时间 t 的试验使产品性能从初始值 X_0 变化到 X，于是

$$X-X_0=Ate^{-\frac{\Delta E}{kT}} \tag{3-8}$$

当性能退化量 X 一旦达到某规定的极限值 X_{sp} 时，则认为该产品故障，此时产品的试验时间 t 就是其寿命 L。对上式两边取对数，有

$$\ln L=\ln(X_{sp}-X_0)-\ln A+\frac{\Delta E}{kT} \tag{3-9}$$

令 $a=\ln(X_{sp}-X_0)-\ln A$，$b=\dfrac{\Delta E}{k}$，有

$$\ln L=a+\frac{b}{T} \tag{3-10}$$

此式一般称为阿伦尼斯方程。

设 L_1 = 应力 T_1 下的寿命，L_2 = 加速应力 T_2 下的寿命，则加速系数为

$$AF=\frac{L_1}{L_2}=\exp\left[-b\left(\frac{1}{T_2}-\frac{1}{T_1}\right)\right] \tag{3-11}$$

由此，常数 b 可由测得不同的应力下的寿命算得，即

$$b=\frac{\ln AF}{1/T_2-1/T_2} \tag{3-12}$$

2. 逆幂律模型

逆幂律模型适合温度以外的应力，如机械疲劳等。产品退化率 $r(t)$ 是应力 $s(t)$ 的 α 次幂函数：

$$r(t)=\frac{dX}{dt}=As(t)^{\alpha} \tag{3-13}$$

式中：A 为常数。当 $s(t)$ 为常数 s 时，类似于阿伦尼斯方程的线性化幂律关系为

$$\ln L=a+b\ln s \tag{3-14}$$

式中：s——应力；

L——寿命；

a、b——待定参数，它们的估计可从加速试验数据获得。

设 L_1 = 应力 s_1 下的寿命，L_2 = 加速应力 s_2 下的寿命，则加速系数为

$$AF=\frac{L_1}{L_2}=\left(\frac{s_1}{s_2}\right)^{b}=\left(\frac{s_2}{s_1}\right)^{\alpha} \tag{3-15}$$

3. 广义艾林模型

广义艾林模型描述产品的故障是由两种应力造成的：一种是温度应力 T，另一种是温度以外的应力 $s(t)$。其退化率 $r(t)$ 方程为

$$r(t)=\frac{\mathrm{d}X}{\mathrm{d}t}=ATe^{-\frac{b}{T}}s(t)^{\alpha} \tag{3-16}$$

当性能退化量 X 达到规定的极限 X_{sp} 时，产品故障。在 $r(t)$ 为常数时，产品寿命 L 与 X_{sp} 间的关系为

$$X_{sp}-X_0=ATe^{-\frac{b}{T}}s(t)^{\alpha}L \tag{3-17}$$

设 L_1＝应力 s_1 下的寿命，L_2＝加速应力 s_2 下的寿命，则加速系数为

$$AF=\frac{L_1}{L_2}=\left(\frac{s_1}{s_2}\right)^b\exp\left[-b\left(\frac{1}{T_2}-\frac{1}{T_1}\right)\right] \tag{3-18}$$

4. 损伤累积模型

累积损伤模型用于描述元件性能在施加交变应力时的退化过程。在这类模型中广为采用的是线性损伤累积模型，即迈因纳模型：

$$\sum\frac{t_i}{L_i}=1 \tag{3-19}$$

式中：t_i——应力水平 s_i 下的试验时间；

L_i——应力水平 s_i 下的期望寿命。

设 L_i＝应力 s_i 下的寿命，t_i＝应力水平 s_i 下的试验时间，$i=1,2$，则

$$\frac{t_1}{L_1}+\frac{t_2}{L_2}=1 \tag{3-20}$$

由此可以由一个应力水平下的寿命推出另一应力水平下的寿命，例如：

$$L_1=\frac{t_1}{1-\dfrac{t_2}{L_2}} \tag{3-21}$$

四、应力的加载

根据应力随时间的变化关系，应力分为恒应力和时变应力。其中以恒应力加速试验最为常见，因为这种试验实现容易，控制简单，数据处理方便，外推比时变加速方式精确。常见的时变应力加载方式有：步进应力、斜坡应力、循环应力、序进应力和随机应力。时变加速试验的优点是产生失效更快速。

1. 恒应力加载

恒应力加载即在试验过程中施加恒定的应力，因此产品性能退化率 $r(t)$ 是常数 r，于是当退化量达到极限值 X_{sp}，产品发生故障时，产品寿命 L 与 X_{sp} 间的关系为

$$X_{sp}-X_0=rL \tag{3-22}$$

前面导出的应力寿命方程都是针对这种情况的。

在恒应力加载时，高低应力下的分布关系。设：t_n＝正常应力下的失效时间，t_s＝加速应力下的失效时间。有

$$t_n = AF \times t_s \tag{3-23}$$

这里 AF 称为加速系数。由失效等效原则，有

$$Pr\{T_n < t_n\} = F_n(t_n) = Pr\{T_s < t_s\} = F_s\left(\frac{t_n}{AF}\right) \tag{3-24}$$

$$f_n(t) = \frac{d}{dt}F_s\left(\frac{t}{AF}\right) = \frac{1}{AF}f_s\left(\frac{t}{AF}\right) \tag{3-25}$$

$$\lambda_n(t) = \frac{\frac{1}{AF}f_s\left(\frac{t}{AF}\right)}{1 - F_s\left(\frac{t}{AF}\right)} = \frac{1}{AF}\lambda_s\left(\frac{t}{AF}\right) \tag{3-26}$$

式中：$F_n(t_n)$、$f_n(t)$和 $\lambda_n(t)$分别为试验的产品实际使用条件下失效的概率分布、概率密度和失效率。由此可知，恒应力加速试验保持指数分别不变。

对威布尔分布，由加速试验的基本假定，有

$$F_s(t) = 1 - \exp\left[-\left(\frac{t}{\eta_s}\right)^{m_s}\right] \tag{3-27}$$

$$F_n(t) = 1 - \exp\left[-\left(\frac{t}{AF\eta_s}\right)^{m_s}\right] \tag{3-28}$$

或

$$\eta_n = AF\eta_s \quad , \quad m_n = m_s$$

$$\lambda_n(t) = \frac{1}{AF}\frac{m}{\eta_s}\left(\frac{t}{AF\eta_s}\right)^{m-1} = \frac{1}{AFm}\lambda_s(t) \tag{3-29}$$

2. 时变应力加载

对时变应力的加载方式，产品性能退化率 $r(t)$是时变的，于是当退化量达到极限值 X_{sp}时，产品发生故障时，产品寿命为 L，则

$$X_{sp} - X_0 = \int_0^L r(t)\,dt \tag{3-30}$$

对步进加载即分段恒定的阶梯形应力，设 t_i 时间应力段内的恒定退化率为 r_i，于是当退化量达到极限值 X_{sp}时，产品发生故障，则

$$X_{sp} - X_0 = \sum_i r_i t_i \tag{3-31}$$

对序进加载即以 $S(t) = ct$ 形式线性增长的应力，于是当退化量达到极限值 X_{sp}，产品发生故障时，产品寿命为 L，则

$$X_{sp} - X_0 = \int_0^L r(t)\,dt \tag{3-32}$$

假定 $r(t)=\dfrac{\mathrm{d}X}{\mathrm{d}t}=A(ct)^{\alpha}$，则退化量为

$$\int_0^L r(t)\,\mathrm{d}t=\int_0^L A(S(t))^{\alpha}\mathrm{d}t=\int_0^L A(ct)^{\alpha}\mathrm{d}t=\frac{AS(L)^{\alpha}L}{\alpha+1} \tag{3-33}$$

另一方面，在实际正常工作应力 S_{n} 下，寿命终止时的退化量为 $X_{\mathrm{sp}}-X_0=AS_{\mathrm{n}}^{\alpha}L_{\mathrm{n}}$，由失效时退化量相等的等效原则，有

$$L_{\mathrm{n}}=AF\times L=\left(\frac{S(L)}{S_{\mathrm{n}}}\right)^{\alpha}\frac{L}{\alpha+1} \tag{3-34}$$

对循环应力和随机应力，一般应用迈因纳模型进行等效处理。

五、时间折算

由于时变应力下测得的失效数据一般不是其寿命，需要进行相应的折算以换算成寿命数据。折算的依据是前面提到的加速试验的基本假定Ⅰ和Ⅱ。其中假定Ⅱ一般称作加速损伤模型，是 Nelson 根据失效物理提出的。它的具体涵义是：产品在应力水平 S_i 下工作 τ_i 时间的累积失效概率 $F_i(\tau_i)$ 等于此产品在应力水平 S_j 下工作 τ_{ij} 的累积失效概率 $F_i(\tau_{ij})$，即

$$F_i(\tau_i)=F_j(\tau_{ij}),\ i\neq j \tag{3-35}$$

由此可获得时间折算关系：产品在应力水平 S_i 下工作 τ_i 时间等于在应力水平 S_j 下工作 τ_{ij} 时间。

以指数分布寿命 $F_i(t)=1-\exp\{-t/\theta_i\}$ 和步进加速为例。根据加速试验的基本假定Ⅰ和Ⅱ，有

$$\tau_{ij}=\frac{\theta_j}{\theta_i}\tau_i=\tau_i\times AF(S_i,S_j) \tag{3-36}$$

式中 $AF(S_i,S_j)$ 为加速函数，它与应力水平 S_i 和 S_j 有关。当 $j>i$ 时，折算公式改写成

$$\tau_{ij}=\frac{\theta_j}{\theta_{j-1}}\times\frac{\theta_{j-1}}{\theta_{j-2}}\times\cdots\frac{\theta_{i+1}}{\theta_i}\tau_i \tag{3-37}$$

由此式可发现，把 τ_i 折算到 S_{i+1} 下的时间，接着再折算到 S_{i+2} 下的时间，最后再折算到 S_j 下的时间，其结果与直接从 S_i 折算到 S_j 的结果是一致的。这表明折算“与累积方式无关”。

有了时间折算公式就可以对步进加速试验数据折算，使其成为寿命数据。设 n 个产品在 k 个加速应力水平下分别失效 $r_1,r_2,\cdots,r_k$ 个，而在 S_i 下 r_i 个失效的时间为

$$t_{i1}\leqslant t_{i2}\leqslant\cdots\leqslant t_{ir_i}\leqslant\tau_i,\quad i=1,2,\cdots,k$$

τ_i 表示在 S_i 下的试验截尾时间，对定数转换步加试验 $t_{ir_i}=\tau_i$。由于在 S_i 下的失效时间 t_{ij} 并没有计算产品在 $S_1,S_2,\cdots,S_{i-1}$ 下的工作时间 $\tau_1,\tau_2,\cdots,\tau_{i-1}$，把这些工作时间全部折算到 S_i 下的等效时间 t_i^*，于是有

$$t_i^*=\tau_{1i}+\tau_{2i}+\cdots+\tau_{i-1,i}=\sum_{j=1}^{i-1}\frac{\theta_i}{\theta_j}\tau_j \tag{3-38}$$

由此，S_i 下的寿命数据为 $t_{ij}+t_i^*$，$j=1,2,\cdots,r_i$。有了寿命数据，剩下的就可以应用通常的数据统计方法进行分析，其与恒应力加速试验完全相同。

六、加速寿命试验的数据处理

加速寿命试验数据统计方法最常用的方法有：图估计法和最大似然法。

1. 图估计法

(1) 理论基础

图估计法是在只知道样品失效时间和个数的情况下，对总体进行推断的非参数化方法。现代图估计法已利用计算机取代人工直接在概率纸上描点，但图示目测对数据性状检测和剔出异常值仍有不可替代的作用。

图估计法的理论基础是次序统计量及其分布的理论。假设从同一失效概率为 $F(t)$ 密度为 $f(t)$ 的总体抽取 $n=30$ 的样本进行可靠性试验，试验结果获得 30 个不同的寿命数据，对数据按数值大小进行排序如下：

$$t_1,t_2,t_3,\cdots,t_{29},t_{30};t_i<t_{i+1}$$

则 t_i 称为次序统计量，i 叫做秩。

同样的试验进行 m 次，试验结果如图 3-1 所示。失效时间是个随机变量，显然第 i 阶次序统计量 t_i 是个随机变量，记其密度函数为 $\varphi(t_i)$，则

$$\varphi(t_i)=\frac{n!}{(i-1)!\ 1!\ (n-i)!}F(t_i)^{i-1}\cdot f(t_i)\cdot[1-F(t_i)]^{n-i} \tag{3-39}$$

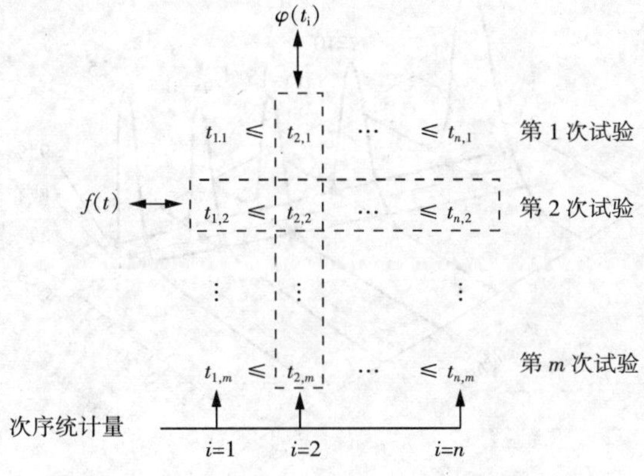

图 3-1　每批容量为 n 的样品，进行 m 批次试验的次序统计量

如令上式中的 $F(t_i)=u$，上式右端可化为

$$\varphi(u)=\frac{n!}{(i-1)!\ (n-i)!}\cdot u^{i-1}\cdot(1-u)^{n-i} \tag{3-40}$$

这是参数 $a=i$ 和 $b=n-i+1$ 的 β 分布，如图 3-2 所示。

在图估计法中，描点 $(t_i,F(t_i))$ 拟合中取 β 分布中哪一点呢？常用的有：

均值
$$u_m=\frac{i}{n+1} \tag{3-41}$$

中位数
$$u_{\text{median}} \approx \frac{i-0.3}{n+0.4} \tag{3-42}$$

众数
$$u_{\text{mode}} = \frac{i-1}{n-1} \tag{3-43}$$

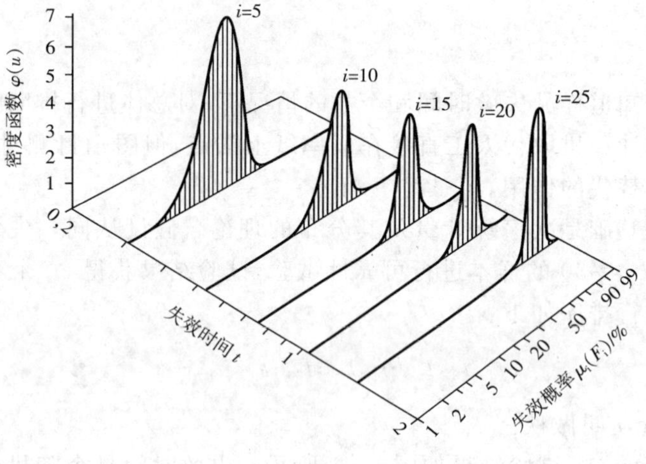

图 3-2　次序统计量的 β 分布

实践中常用中位数。置信区间可用 β 分布的其他分位点进行拟合，如置信概率 90％的置信区间，可用 5％和 95％的分位点进行拟合，如图 3-3 所示。

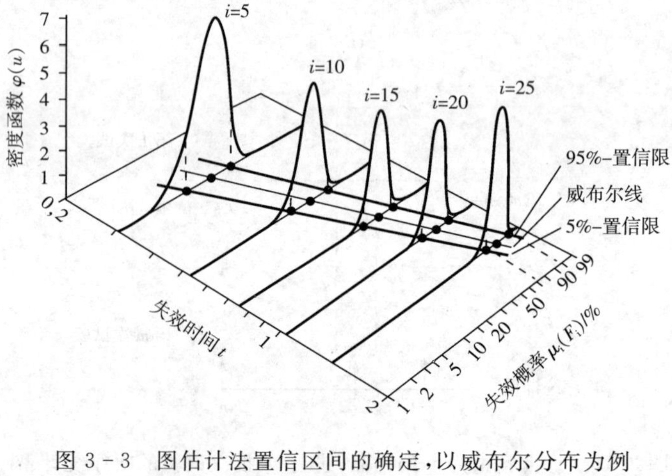

图 3-3　图估计法置信区间的确定，以威布尔分布为例

(2) 图估计法的计算步骤(完全子样，非截尾数据)——以威布尔分布为例

① 对试验数据进行排序，$t_1 < t_2 < \cdots < t_n$，$i=1,\cdots,n$。

② 利用公式 $u_{\text{median}}(t_i) \approx \dfrac{i-0.3}{n+0.4}$，计算中位数。

③ 在想拟合的分布概率纸上描点(t_i，$u_{\text{uedian}}(t_i)$)，进行最小二乘拟合，拟合的斜率就是形状参数 m 利用拟合的直线求得 $B_{63.2}$ 即特征寿命 η。

④ 利用图表或 η 分布求得分位点的方法，求置信区间，或利用以下近似式求特征寿命和形状参数的置信区间：

$$\eta_{\min}=\eta_{5\%}\approx\eta\cdot\left(1-\frac{1}{9n}+1.645\sqrt{\frac{1}{9n}}\right)^{-3/m} \tag{3-44}$$

$$\eta_{\max}=\eta_{95\%}\approx\eta\cdot\left(1-\frac{9}{9n}-1.645\sqrt{\frac{1}{9n}}\right)^{-3/m} \tag{3-45}$$

$$m_{\min}=m_{5\%}\approx\frac{m}{1+\sqrt{\frac{1.4}{n}}} \tag{3-46}$$

$$m_{\max}=m_{95\%}\approx m\cdot\left(1+\sqrt{\frac{1.4}{n}}\right) \tag{3-47}$$

⑤ 在每一应力水平下，利用上述方法分别进行拟合和求得特征寿命 $\eta_i(i=1,\cdots,k)$ 和形状参数 $m_i(i=1,\cdots,k)$，如拟合的直线相交，形状参数相差较大，说明失效机理发生变化，加速应力选择不合理，须重新选择应力重复试验；如拟合的直线近似平行，进行下一步。

⑥ 形状参数的估计 m，假设在 k 级应力 S_i，$(i=1,\cdots,k)$ 下分别求得形状参数为 $m_i(i=1,\cdots,k)$，可用加权平均求得形状参数 m 的估计：

$$b=\frac{n_1m_1+n_2m_2+\cdots+n_km_k}{n_1+n_2+\cdots+n_k} \tag{3-48}$$

⑦ 加速模型中的系数 a 与 b 的估计

为方便起见，假设在应力水平 S_i，$(i=1,\cdots,k)$ 求得的特征寿命为 η_i，利用最小二乘法拟合加速方程：

$$\ln\eta_i=a+b\cdot\varphi(S_i) \tag{3-49}$$

可求得 a 和 b 的估计值。

⑧ 求正常应力水平 S_0 下分布参数和可靠性指标

首先用加速方程求得对应正常应力水平 S_0 下的特征寿命 η_0，有特征寿命 η_0 和形状参数 m，分布就已确定，因此可求得任意可靠度参数。

(3) 非完全子样，截尾数据的图估计法

截尾数据的图估计法与非截尾数据的处理唯一不同之处是，次序统计量的秩以平均秩代替，其他按非截尾方法计算。

平均秩的计算方法如下：

$$j(0)=0 \tag{3-50}$$

$$j(t_i)=j(t_{j-1})+[n_f(t_j)\cdot N(t_j)] \tag{3-51}$$

$$N(t_j)=\frac{n+1-j(t_j-1)}{1+\text{余下的样品数}}=\frac{n+1-j(t_j-1)}{1+(n-t_j\text{ 时刻包括 }t_j\text{ 时刻前面的样品数})} \tag{3-52}$$

式中：$n_f(t_j)$——t_j 时刻失效的样品数。

2. 最大似然法

(1) 最大似然法原理

设总体的分布密度为 $f(t;\eta,m)$，则截尾样本 $(T_{1:n},T_{2:n},\cdots,T_{r:n})$ 的密度为

$$L(t_1,t_2,\cdots,t_r;\eta,m)=\frac{n!}{(n-r)!}\cdot(1-F(t_r;\eta,m))^{n-r}\prod_{i=1}^{r}f(t_i;\eta,m) \quad (3-53)$$

式中：$T_{i:n}(i=1,\cdots,r)$为第 i 个样品试验时间。

最大似然估计法就是通过样本求得分布参数的估计$\hat{\eta}$和$\hat{m}$，使得上式的样本密度函数(似然函数)取得最大值。为方便计算，常取似然函数的对数，然后对待求参数分别求一阶偏导数，令其等于零得到方程组，解方程组即得到参数估计。似然法得到的估计在许多情况下具有各种优良性质，它是目前得到广泛应用的一种估计方法。

(2) 寿命试验数据最大似然估计的计算步骤——以威布尔分布为例

假设截尾时间为 t，如 n 个样品在时间 τ 内失效 r 个，所得失效数据为

$$t_1<t_2<\cdots<t_r\leqslant\tau$$

如产品的寿命分布为威布尔分布 $W(\eta,m)$，估计 η 和 m 的似然函数为

$$L(\eta,m)=\frac{n!}{(n-r)!}\prod_{j=1}^{r}\frac{m}{\eta^m}t_j^{m-1}\exp\left[-\left(\frac{t_j}{\eta}\right)^m\right]\left\{\exp\left[-\left(\frac{\tau}{\eta}\right)^m\right]\right\}^{n-r} \quad (3-54)$$

对数似然函数为

$$\ln L(\eta,m)=\ln\frac{n!}{(n-r)!}+r\ln m-mr\ln\eta+(m-1)\sum_{j=1}^{r}$$

$$\ln t_j-\sum\frac{r}{j=1}\left(\frac{t_j}{\eta}\right)^m-(n-r)\left(\frac{\tau}{\eta}\right)^m \quad (3-55)$$

似然方程为

$$\frac{\partial\ln L}{\partial m}=\frac{r}{m}-r\ln\eta+\sum_{j=1}^{r}\ln t_j-\sum_{j=1}^{r}\left(\frac{t_j}{\eta}\right)^m\ln\frac{t_j}{\eta}-(n-r)\left(\frac{\tau}{\eta}\right)^m\ln\frac{\tau}{\eta}=0 \quad (3-56)$$

$$\frac{\partial\ln L}{\partial\eta}=-\frac{mr}{\eta}+\frac{m}{\eta}\sum_{j=1}^{r}\left(\frac{t_j}{\eta}\right)^m+(n-r)\frac{m}{\eta}\left(\frac{\tau}{\eta}\right)^m=0 \quad (3-57)$$

有以上两方程，可迭代求解得到 η 和 m 的估计值$\hat{\eta}$和$\hat{m}$。

对于定数截尾寿命试验数据，只要将以上各式中的 τ 换成第 r 个失效时间 t_r 即可求得定数截尾时 η 和 m 的估计值$\hat{\eta}$和$\hat{m}$。

(3) 恒加速试验数据的最大似然估计计算步骤(以威布尔分布为例)

假设有 n_i 个产品在加速应力水平 S_i 下进行加速试验，到事先规定的截尾时间 τ_i 时停止试验，在$[0,\tau_i]$内失效 r_i 个产品，失效时间分别为

$$t_{i1}<t_{i2}<\cdots<t_{ir}\leqslant\tau_i,\quad i=1,2,\cdots,k$$

利用这些数据要求共同的 m 值和加速方程中的参数 a,b 的最大似然估计，令 $\varphi_i=\varphi(S_i)$，由加速方程知

$$\ln\eta_i=a+b\varphi_i \quad (3-58)$$

$$\eta_i=e^{-a+b\varphi_i},\quad i=1,2,\cdots,k \quad (3-59)$$

$$\frac{\partial \eta_i}{\partial a}=\eta_i,\quad \frac{\partial \eta_i}{\partial b}=\varphi_i \eta_i \tag{3-60}$$

求 m,a,b 的对数似然函数为

$$\ln L(a,b,m)=\sum_{i=1}^{k}\left[\ln\frac{n_i!}{(n_i-r_i)!}+r_i\ln m-mr_i\ln\eta_i+(m-1)\sum_{j=1}^{r_i}\ln t_{ij}\right]$$
$$-\sum_{i=1}^{k}\left[\sum_{j=1}^{r_i}\left(\frac{t_{ij}}{\eta_i}\right)^m+(n_i-r_i)\left(\frac{\tau_i}{\eta_i}\right)^m\right] \tag{3-61}$$

令 $n*=\sum_{i=1}^{k} r_i$，由对数似然函数一阶偏导数：

$$\begin{cases}\dfrac{\partial \ln L}{\partial a}=0\\[2ex] \dfrac{\partial \ln L}{\partial b}=0\\[2ex] \dfrac{\partial \ln L}{\partial m}=0\end{cases} \tag{3-62}$$

可得到方程组：

$$\begin{cases}\dfrac{n*}{m}+\displaystyle\sum_{i=1}^{k}\left[\sum_{j=1}^{r_i}\ln t_{ij}-\sum_{j=1}^{r_i}\left(\frac{t_{ij}}{\eta_i}\right)^m\ln t_{ij}-(n_i-r_i)\left(\frac{t_i}{\eta_i}\right)^m\ln\tau_i\right]=0\\ \displaystyle\sum_{i=1}^{k}\left\{\left[\sum_{j=1}^{r_i}\left(\frac{t_{ij}}{\eta_i}\right)^m+(n_i-r_i)\left(\frac{t_i}{\eta_i}\right)^m\right]-r_i\right\}=0\\ \displaystyle\sum_{i=1}^{k}\varphi_i\left\{\left[\sum_{j=1}^{r_i}\left(\frac{t_{ij}}{\eta_i}\right)^m+(n_i-r_i)\left(\frac{t_i}{\eta_i}\right)^m\right]-r_i\right\}=0\end{cases} \tag{3-63}$$

将 $\eta_i=e^{-a+b\varphi_i}$ 代入，解此三个超越方程组，即可得参数 m、a 和 b 的最大似然估计。此方程组对初值比较敏感，用图估计法的结果，作为输入，可防止陷入局部最优解。据此，可编程序求解。

第三节　可靠性增长试验

可靠性增长试验是通过有计划地在规定的环境应力下激发故障、分析故障，采取有效改进措施，促使产品固有可靠性增长而进行的试验。规定的环境应力可以是产品工作的实际环境应力、模拟环境应力或加速变化的环境应力。试验一般安排在工程研制基本完成之后和可靠性鉴定试验之前。作为工程试验的可靠性增长试验，其任务是在有限的资源下，采取合理的方法和步骤来达到预期的可靠性增长目标。试验本身并不能提高产品的可靠性，只有采取了有效地纠正措施来防止产品在现场工作期间出现重复的故障之后，产品的可靠性才能真正提高。

一、可靠性增长试验过程

可靠性增长试验是一个试验——分析——改进——试验(TAAF)逐渐达到预定可靠性目标的过程,见图3-4所示。在这一试验过程中,可靠性水平是变化的,因此不能用通常的可靠性验证试验的方法来进行可靠性的动态评估,需要建立特定的增长模型来进行描述。增长模型提供了在跟踪过程评价当前可靠性水平,和在试验后评估产品达到的可靠性水平的工具,并且能够估算达到可靠性增长目标所需的时间,从而使可靠性增长过程做到有目标、有计划。

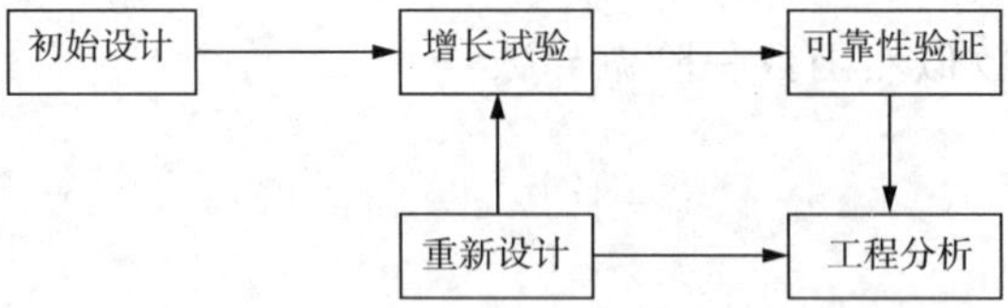

图3-4　可靠性增长试验过程

可靠性增长试验过程一般包括以下步骤:

1. 制定计划

增长计划的制定需要规定和估算增长试验的目标、增长规律和试验所需的资源。其核心是制定计划曲线,计划曲线制定包括初始可靠性水平和增长目标的确定、试验时间和增长率的确定等。计划曲线是可靠性增长试验的基准,是随后对试验进行控制的依据。制定计划曲线之前必须选定描述增长过程的增长模型,常用的有Duane模型和AMSAA模型。

2. 可靠性状态跟踪和试验控制

在TAAF试验全过程中要实施可靠性跟踪,所谓的跟踪主要就是利用增长跟踪曲线与计划增长曲线对比来对试验进行监控,根据跟踪的结果采取必要措施对增长过程控制。当实际增长过程远优于或远劣于计划增长过程,则需要采取重大决策。

3. 中间评审

为了保证可靠性增长试验成功,对于总试验时间较长而又缺少可靠性增长试验实际经验的研制项目,在制定增长试验计划时可安排一次或几次中间评审。中间评审的主要内容有:到目前为止实际增长过程是否符合计划增长曲线,当前产品的可靠性评估,试验设备是否满足要求,故障记录是否完整以及故障分析、纠正工作是否符合进度要求等。

4. 产品可靠性最终评估

TAAF试验结束后要对产品最终达到的可靠性水平作出评估,以确定可靠性增长的目标是否实现。可靠性评估主要是对瞬时$MTBF_i$进行点估计及置信区间估计。用Duane模型只能对$MTBF_i$进行点估计,而用AMSAA模型既能进行点估计,又能进行区间估计。

5. 归档和总结

试验完成后,要做好可靠性增长试验资料、数据的清理归档,以及试验的总结,尤其是实际增长规律的总结。要妥善保管试件,建立活的故障档案。要将故障纠正措施以设计图纸、资料及工艺文件的形式固定下来。

二、Duane 模型

1. Duane 模型

Duane 模型是美国通用电气公司发动机与电机部门工程师 J. T. Duane 根据实践经验总结出来的可靠性增长模型。1964 年 Duane 通过观察发现在可靠性增长过程中，累计故障率的对数与试验时间的对数近似线性关系。据此建立的可靠性增长数学模型称之为 Duane 模型，利用此模型可预测在可靠性增长的试验—分析—改进—试验过程中的 MTBF。Duane 模型假定产品的失效过程为指数分布即恒失效率。

设 T 为累计试验时间，$n(T)$ 为累计故障数，则 $n(T)/T$ 为累计故障率，$T/n(T)$ 为累计平均故障时间 $\mathrm{MTBF_c}$，由图 3-5 中近似线性关系，有

$$\ln\left[\frac{T}{n(T)}\right]=a+b\ln T \tag{3-64}$$

于是

$$\mathrm{MTBF_c}=\frac{T}{n(T)}=\mathrm{e}^{a+b\ln T}=\mathrm{e}^{a}T^{b}=kT^{b} \tag{3-65}$$

式中，b 称之为增长率，典型的增长率范围在 0.3～0.6 之间。

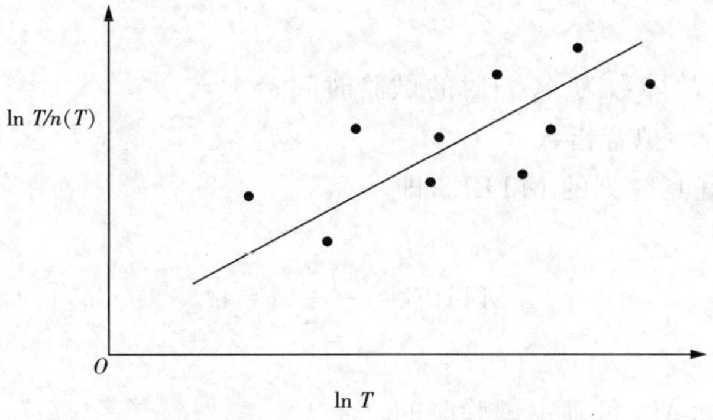

图 3-5　Duane 增长曲线

从上式可得

$$n(T)=\left(\frac{1}{k}\right)\times T^{1-b} \tag{3-66}$$

对此式关于时间求导，可得瞬时故障率：

$$\frac{\mathrm{d}n(T)}{\mathrm{d}T}\lambda(T)=\frac{1-b}{k}T^{-b} \tag{3-67}$$

瞬时故障率 $\lambda(T)$ 的倒数，称之为瞬时平均故障时间 MTBF_i，于是

$$\mathrm{MTBF}_i=k\frac{T^{b}}{1-b}=\frac{\mathrm{MTBF_c}}{1-b} \tag{3-68}$$

2. 模型参数估计

要使用模型必须先估计模型参数 a 和 b。参数估计的方法与加速寿命试验的参数估计方法相同，常用的有图估计法、最小二乘估计和最大似然估计等。

以最小二乘估计为例，在$(\ln T, \ln[T/n(T)])$双对数坐标上，模型参数 a 和 b 的最小二乘估计为

$$\hat{b}=\frac{\sum_{i=1}^{n} x_i y_i-\bar{x}\sum_{i=1}^{n} y_i}{\sum_{i=1}^{n} x_i^2-n\bar{x}^2} \tag{3-69}$$

$$\hat{a}=\bar{y}-\hat{b}\bar{x} \tag{3-70}$$

$$r^2=\frac{\sum_{i=1}^{n}(y_i-\hat{a}-\hat{b}x_i)^2}{\sum_{i=1}^{n}(y_i-\bar{y})^2} \tag{3-71}$$

式中：$\bar{x}=\frac{\sum_{i=1}^{n} x_i}{n}$；

$\bar{y}=\frac{\sum_{i=1}^{n} y_i}{n}$；

$x_i=\ln t_i$；

$y_i=\ln\left[\frac{t_i}{n(t_i)}\right]$；

t_i＝试验到累计故障数为 $n(t_i)$时的试验时间；

r^2＝判别系数，r＝拟合指数。

由增长模型，可知在任意时刻的 MTBF_i，即

$$\mathrm{MTBF}_i=\frac{kT^{\hat{b}}}{1-\hat{b}}, k=\mathrm{e}^a \tag{3-72}$$

同样地，给定增长目标 M_{obj}可确定试验时间 T：

$$T=\left[\frac{(1-\hat{b})M_{\mathrm{obj}}}{k}\right]^{1-\hat{b}} \tag{3-73}$$

三、AMSAA 模型

1. AMSAA 模型

AMSAA 是美军装备系统分析中心(Army Material System Analysis Activity)的缩写。AMSAA 模型是该中心在 Duane 模型的基础上提出来的。它可看作是 Duane 模型的概率解释。由于 AMSAA 模型考虑了随机现象，因而能对产品的可靠性进行置信区间估计。这为可靠性增长试验代替可靠性鉴定试验提供了条件。

AMSAA 模型认为在可靠性增长过程中，累计故障数 $N(t)$是一个非齐次泊松过程，其故障强度函数为

$$\lambda(t)=abt^{b-1} \tag{3-74}$$

式中：$a>0$ 称为尺度参数；$b>0$ 称为形状参数。显然当 $b<1$ 时，产品的可靠性是增长的。

积分故障强度函数 $\lambda(t)$ 可得泊松过程的均值函数，即平均累计故障数：

$$n(t)=E(N(t))=\int_0^t \lambda(t)\mathrm{d}x=\int_0^t abtx^{b-1}\mathrm{d}x=at^b \tag{3-75}$$

式中：$\dfrac{n(t)}{t}$——累计故障率；

$\dfrac{t}{n(t)}$——累计故障间隔时间 $\mathrm{MTBF_c}$；

$\dfrac{1}{\lambda(t)}$——瞬时故障间隔时间 MTBF_i。

于是

$$\mathrm{MTBF_c}=\frac{1}{at^{b-1}} \tag{3-76}$$

$$\mathrm{MTBF}_i=\frac{1}{abt^{b-1}}=\frac{\mathrm{MTBF_c}}{b} \tag{3-77}$$

2. AMSAA 模型的统计分析

假设增长试验过程观测到的故障时刻序列为

$$t_1<t_2<\cdots<t_{\mathrm{n}}\leqslant t_{\mathrm{s}}$$

对定数截尾 $t_{\mathrm{s}}=t_{\mathrm{n}}$，对定时截尾 $t_{\mathrm{s}}=T$，T 为截尾时间。为简化表示，引入参数 M，定时截尾时 $M=n$，定数截尾时 $M=n-1$。记 $X_i=T_i-T_{i-1}$，T_i 故障时刻随机变量，X_i 故障间隔时间随机变量。

可靠性增长试验的数据处理首先要判定数据是否有变化趋势，即检验 $X_1,X_2,\cdots,X_n$ 是否独立同分布；在确定了有变化趋势后，进行 AMSAA 模型参数估计；再检验是否能用 AMSAA 模型进行拟合；最后进行相关的可靠性参量估计。

(1)增长趋势检验

趋势检验的方法有很多，这里介绍最简单直观的图示法。记 $x_i=t_i-t_{i-1}$，$n(t_i)=(0,t_i]$ 中故障次数。

从理论上讲，若 $X_1,X_2,\cdots,X_n$ 独立同分布，则相邻故障的平均间隔时间 EX_i 相同，因此观测到的 $x_1,x_2,\cdots,x_n$ 应该无显著的趋势变化，这可以通过 $n+1$ 个点 $(t_i,n(t_i))$ 的连线来判断。若大体上呈直线状，则可认为无变化的趋势；若呈凸形，则表示随时间的增大，相邻故障间隔变小；若呈凹形，则表示有变大的趋势。

(2) 模型参数估计

可用最大似然法进行模型参数估计。对定时截尾：

$$\hat{b}=\frac{n}{n\ln T-\sum_{i=1}^{n}t_i} \tag{3-78}$$

对定数截尾：

$$\hat{b}=\frac{n}{(n-1)\ln t_{\mathrm{n}}-\sum_{i=1}^{n-1}t_i} \tag{3-79}$$

对两种截尾情况，都有

$$\hat{a}=\frac{n}{T^{\hat{b}}} \tag{3-80}$$

(3)拟合优度检验

拟合优度检验是在选定显著水平 α 下，对 AMSAA 模型是否适合拟合增长试验数据作统计推断。以 Cramer-Von Mises 检验来说，其统计量为

$$C_M^2=\frac{1}{12M}+\sum_{i=1}^{M}\left(\left(\frac{t_i}{t_s}\right)^{\tilde{b}}-\frac{2i-1}{2M}\right)^2 \tag{3-81}$$

式中，$\tilde{b}$ 是参数 b 的无偏估计，可由下式算得

$$\tilde{b}=\begin{cases}\dfrac{i-1}{n}\hat{b} & \text{对定时截尾}\\[2ex] \dfrac{i-2}{n}\hat{b} & \text{对定数截尾}\end{cases} \tag{3-82}$$

若 $C_M^2>C_{M,\alpha}^2$，则拒绝 AMSAA 模型；反之，则接受 AMSAA 模型。临界值 $C_{M,\alpha}^2$ 可查表 3-2。

表 3-2　Cramer-Von Mises 统计量 C_M^2 临界值 C_M^2

M \ α	0.20	0.15	0.10	0.05	0.01
2	0.138	0.149	0.162	0.175	0.186
3	0.121	0.135	0.154	0.184	0.231
4	0.121	0.136	0.155	0.191	0.279
5	0.121	0.137	0.160	0.199	0.295
6	0.123	0.139	0.162	0.204	0.307
7	0.124	0.140	0.165	0.209	0.316
8	0.124	0.141	0.165	0.210	0.319
9	0.125	0.142	0.167	0.212	0.323
10	0.125	0.142	0.167	0.212	0.324
15	0.126	0.144	0.169	0.215	0.327
20	0.128	0.146	0.172	0.217	0.333
30	0.128	0.146	0.172	0.218	0.333
60	0.128	0.147	0.173	0.221	0.333
100	0.129	0.147	0.173	0.221	0.336

(4)MTBF 的估计

产品在可靠性增长试验结束时，产品所具有 MTBF 的点估计为

$$\widehat{\mathrm{MTBF}}=\frac{1}{\tilde{a}\tilde{b}t^{\tilde{b}-1}} \tag{3-83}$$

式中

$$\tilde{a}=\frac{n}{T^{\hat{b}}} \tag{3-84}$$

在置信水平 γ 下的置信区间为$[MTBF_L, MTBF_U]$,则

对定时截尾数据:

$$MTBF_L=\pi_1\ \widehat{MTBF} \tag{3-85}$$

$$MTBF_U=\pi_2\ \widehat{MTBF} \tag{3-86}$$

对定数截尾数据:

$$MTBF_L=\rho_1\ \widehat{MTBF} \tag{3-87}$$

$$MTBF_U=\rho_2\ \widehat{MTBF} \tag{3-88}$$

相应的系数可查表 3-3 和表 3-4。

表 3-3 AMSAA 模型定时截尾数据区间估计系数

γ	0.8		0.9		0.95		0.98	
n	π_1	π_2	π_1	π_2	π_1	π_2	π_1	π_2
2	0.131	9.325	0.100	19.33	0.079	39.33	0.062	99.35
3	0.222	4.217	0.175	6.491	0.415	9.700	0.116	16.07
4	0.289	3.182	0.234	4.460	0.197	6.070	0.161	8.858
5	0.341	2.709	0.282	3.614	0.240	4.690	0.200	6.434
6	0.382	2.429	0.321	3.137	0.276	3.948	0.233	5.212
7	0.417	2.242	0.353	2.827	0.307	3.481	0.261	4.471
8	0.447	2.106	0.382	2.608	0.334	3.158	0.287	3.972
9	0.472	2.004	0.406	2.444	0.358	2.920	0.310	3.612
10	0.494	1.922	0.428	2.318	0.379	2.738	0.330	3.341
11	0.514	1.855	0.447	2.215	0.398	2.593	0.349	3.128
12	0.531	1.801	0.465	2.130	0.415	2.474	0.366	2.957
13	0.546	1.755	0.481	2.060	0.431	2.376	0.381	2.815
14	0.561	1.714	0.495	1.999	0.446	2.293	0.396	2.697
15	0.573	1.680	0.509	1.948	0.459	2.220	0.409	2.596
16	0.585	1.649	0.521	1.902	0.472	2.158	0.421	2.508
17	0.596	1.622	0.532	1.862	0.483	2.104	0.433	2.432
18	0.606	1.598	0.543	1.826	0.494	2.055	0.444	2.364
19	0.616	1.575	0.552	1.793	0.504	2.011	0.454	2.304
20	0.624	1.556	0.561	1.765	0.513	1.972	0.464	2.251
21	0.632	1.538	0.570	1.738	0.522	1.937	0.472	2.203
22	0.640	1.522	0.578	1.714	0.531	1.905	0.481	2.158

（续表）

γ	0.8		0.9		0.95		0.98	
n	π_1	π_2	π_1	π_2	π_1	π_2	π_1	π_2
23	0.647	1.506	0.586	1.692	0.539	1.876	0.489	2.119
24	0.654	1.492	0.593	1.672	0.546	1.849	0.496	2.082
25	0.660	1.478	0.600	1.653	0.553	1.824	0.504	2.049
26	0.665	1.466	0.607	1.636	0.560	1.801	0.511	2.017
27	0.671	1.455	0.612	1.620	0.566	1.780	0.517	1.989
28	0.677	1.444	0.618	1.605	0.573	1.760	0.524	1.962
29	0.682	1.435	0.624	1.590	0.578	1.741	0.530	1.937
30	0.687	1.426	0.629	1.577	0.584	1.724	0.536	1.914
35	0.708	1.386	0.653	1.520	0.609	1.650	0.562	1.817
40	0.726	1.355	0.673	1.477	0.630	1.599	0.584	1.743
45	0.741	1.331	0.689	1.443	0.647	1.550	0.603	1.685
50	0.754	1.310	0.704	1.414	0.662	1.513	0.619	1.638
60	0.774	1.278	0.727	1.370	0.688	1.456	0.646	1.564
70	0.790	1.254	0.745	1.337	0.708	1.414	0.668	1.511
80	0.803	1.235	0.759	1.311	0.725	1.382	0.686	1.469
100	0.823	1.207	0.783	1.273	0.750	1.334	0.715	1.409

表 3-4　AMSAA 模型定时截尾数据区间估计系数

γ	0.8		0.9		0.95		0.98	
n	ρ_1	ρ_2	ρ_1	ρ_2	ρ_1	ρ_2	ρ_1	ρ_2
3	0.228 0	2.976	0.171 2	4.750	0.135 1	7.320	0.104 0	12.53
4	0.330 0	2.664	0.258 7	3.826	0.211 3	5.325	0.168 4	7.980
5	0.394 1	2.400	0.317 4	3.354	0.264 9	4.288	0.216 2	5.997
6	0.440 0	2.214	0.361 4	2.893	0.306 3	3.681	0.254 3	4.925
7	0.475 4	2.079	0.396 3	2.644	0.340 0	3.282	0.285 9	4.259
8	0.504 0	1.976	0.425 1	2.463	0.368 3	3.001	0.313 0	3.806
9	0.527 9	1.895	0.449 6	2.325	0.392 5	2.791	0.336 5	3.476
10	0.548 2	1.830	0.470 6	2.216	0.413 7	2.629	0.357 4	3.226
11	0.565 8	1.775	0.489 2	2.127	0.432 4	2.499	0.376 0	3.029
12	0.581 3	1.730	0.505 6	2.053	0.449 2	2.392	0.392 7	2.869
13	0.595 1	1.691	0.520 4	1.991	0.464 4	2.302	0.407 9	2.737
14	0.607 5	1.657	0.533 7	1.937	0.478 2	2.226	0.422 0	2.626

（续表）

γ	0.8		0.9		0.95		0.98	
n	ρ_1	ρ_2	ρ_1	ρ_2	ρ_1	ρ_2	ρ_1	ρ_2
15	0.618 7	1.627	0.545 9	1.891	0.490 9	2.161	0.434 8	2.532
16	0.628 9	1.600	0.557 1	1.850	0.502 5	2.104	0.446 8	2.450
17	0.638 3	1.578	0.567 4	1.814	0.513 4	2.053	0.457 9	2.378
18	0.646 9	0.556	0.577 0	1.781	0.523 4	2.008	0.468 2	2.315
19	0.654 9	1.537	0.585 8	1.753	0.532 7	1.968	0.477 9	2.258
20	0.662 7	1.519	0.594 1	1.726	0.541 4	1.932	0.487 0	2.208
21	0.669 3	1.504	0.601 8	1.702	0.549 7	1.899	0.495 6	2.162
22	0.675 8	1.489	0.609 2	1.680	0.557 5	1.869	0.503 7	2.121
23	0.682 0	1.475	0.616 0	1.660	0.564 8	1.842	0.511 4	2.083
24	0.687 7	1.463	0.622 5	1.641	0.571 7	1.817	0.518 7	2.048
25	0.693 1	1.452	0.628 6	1.624	0.578 3	1.793	0.525 7	2.017
26	0.698 3	1.441	0.634 4	1.608	0.584 6	1.771	0.532 2	1.987
27	0.703 1	1.431	0.640 0	1.593	0.590 6	1.752	0.538 6	1.959
28	0.707 8	1.421	0.645 3	1.579	0.596 2	1.733	0.544 0	1.934
29	0.712 1	1.411	0.650 3	1.566	0.601 6	1.715	0.550 4	1.910
30	0.716 4	1.404	0.655 1	1.553	0.606 9	1.699	0.556 0	1.888
35	0.734 9	1.367	0.676 3	1.501	0.629 9	1.630	0.580 6	1.796
40	0.749 9	1.339	0.693 8	1.461	0.649 0	1.577	0.601 2	1.725
45	0.762 6	1.317	0.708 5	1.429	0.665 3	1.535	0.618 8	1.669
50	0.773 5	1.298	0.721 2	1.402	0.679 3	1.500	0.634 1	1.624
60	0.791 1	1.268	0.742 2	1.360	0.702 5	1.446	0.659 6	1.553
70	0.805 7	1.245	0.758 8	1.328	0.721 1	1.406	0.680 0	1.502
80	0.816 6	1.228	0.772 4	1.304	0.736 4	0.374	0.696 9	1.462
100	0.834 4	1.201	0.793 8	1.267	0.760 4	1.328	0.723 7	1.402

第四节　可靠性抽样试验

对于批量生产的汽车或零部件产品进行可靠性统计试验时，往往不可能进行全数试验，只能抽取部分样品作抽样试验，以样品的观察值来推测批量产品的可靠性水平。可靠性抽样试验适用于产品的生产鉴定、验收和在线质量检查，是一种重要的试验和质量控制技术。

一、抽样试验的种类

可靠性抽样试验种类很多，有不同的分类方法。

以计数式数据（失效数）为基础进行可靠性判断的叫计数抽样试验，根据计量数据（例如MTBF）进行可靠性判断的叫计量抽样试验。

另外，根据抽样次数可分为：一次抽样试验、多次抽样试验和序贯抽样试验等。一次抽样试验就是每次从试验批 N 中抽取一个样本 n 进行试验，并根据试验结果进行合格与否的判定的试验；进行多次这样抽取的叫多次抽样试验。序贯抽样试验就是每次从试验批抽取一个产品进行试验，并根据测试结果作出合格、不合格或继续抽样的判断，直到能够判定该批产品合格或不合格为止的试验。

在抽样试验进行过程中，常需要进行截尾，即不等到样品全部失效，只要达到规定的时间或规定的失效数就停止试验，截尾试验是可靠性试验的特点之一。有时，在试验过程中，需要把失效的样品用同一批产品中的新样品进行替换，然后再进行试验，这叫有替换试验；相对的，不进行这样替换的叫无替换试验。

抽样试验的时间和抽样数多少，随产品的失效时间分布而不同。对可靠性试验来讲，常用的有基于二项分布、指数分布和威布尔分布的抽样方式。

在抽样试验中，一次抽样试验是基础，本节主要讨论一次抽样试验和序贯试验。

二、抽样试验的基本原理

抽样过程本质上是由子样推断总体的假设检验过程，要通过设计合理的抽样方案，达到以高的接收概率（置信度）接收对总体推断的零假设，以低的概率接收备选假设的目的。以最简单的基于二项过程的一次抽样试验为例。

【例 3-2】 通过抽样试验推断一产品在 T 时刻的可靠度为 R_1。零假设：$H_0:R(T)=R_1$，备选假设：$H_1:R(T)=R_2<R_1$。试验过程是抽取 n 个样品进行试验，观察失效的个数 X，然后进行推断。要求接收零假设的概率 $L(R_1)$ 至少为 $1-\alpha$，接收备选假设的概率 $L(R_2)$ 至多为 β，设计抽样方案即确定样品数 n 和失效数 r。

解：显然，在 T 时间内失效的个数 X 是一满足二项分布的随机变量，设计的样品数 n 和失效数 r 应满足：

$$L(R_1)=Pr\{X\leqslant r \mid R(T)=R_1\}=\sum_{i=0}^{r}\begin{pmatrix}n\\r\end{pmatrix}(1-R_1)^i R_1^{n-i}\geqslant 1-\alpha \tag{3-89}$$

$$L(R_2)=Pr\{X\leqslant r \mid R(T)=R_2\}=\sum_{i=0}^{r}\begin{pmatrix}n\\r\end{pmatrix}(1-R_2)^i R_2^{n-i}\leqslant \beta \tag{3-90}$$

通过以上两式，由给出的量 R_1、R_2、α 和 β，即可确定合适的样品数 n 和失效数 r。

这里的 α 一般称之为生产方风险，即把合格判为不合格的概率。β 一般称之为使用方风险，即把不合格判为合格的概率。R_1，R_2 分别称之为接收质量限（AQL）和极限质量（LQ）。在实际中，α 和 β 一般由生产与使用双方商定，接收质量限（AQL）和极限质量（LQ）参考生产能力确定。

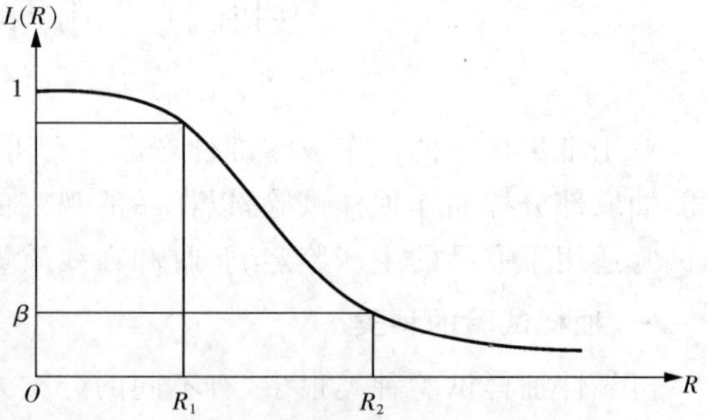

图 3-6　抽样特性曲线

接收概率 $L(R)$ 与可靠度 R（或失效率、不合格品率、失效概率、MTBF 等）的关系曲线，称之为抽样特性曲线。图 3-6

所示的抽样特性曲线刻画了相应的一次抽样方案的统计特性。抽样特性曲线是比较不同抽样方案的一个形象化的工具。

三、一次抽样试验

1. 基于指数分布的抽样

(1) 指数寿命一次抽样试验

寿命服从指数分布时，在进行定时或定数截尾试验时，MBTF 可由 $\widehat{\mathrm{MBTF}}=T/r$ 来求出，式中 T 为总试验时间，具体计算见表 3-1，r 为 T 时刻内的失效总数。此式对有替换和无替换情形都成立。

① 定数截尾寿命抽样试验（Ⅱ型截尾试验）

对于定数截尾方式，当抽样数 n、截尾数 r 和对应于 n 和 r 的合格判定时间 c 给定时，$\widehat{\mathrm{MBTF}}$比合格判定时间 c 大的即为合格。

【例 3-3】 某一寿命满足指数分布的产品要进行定数截尾抽样试验，假定产品的接收质量限为$(\mathrm{MBTF})_0=900$ h，极限质量为$(\mathrm{MBTF})_1=300$ h，商定 $\alpha=0.05$，$\beta=0.1$。要求设计一定数截尾抽样试验方案，即要求确定抽样数 n、截尾数 r 和对应于 n 和 r 的合格判定时间 c。

解：抽样过程要保证，在零假设成立，即产品的 $\mathrm{MBTF}=(\mathrm{MBTF})_0$ 时，接收概率 $L(\mathrm{MBTF})$要足够大，$L(\mathrm{MBTF})=1-\alpha$；在备选假设成立，即产品的 $\mathrm{MBTF}=(\mathrm{MBTF})_1$ 时，接收概率 $L(\mathrm{MBTF})$要足够小，$L(\mathrm{MBTF})=\beta$。

在定数截尾试验时，$2T/\mathrm{MBTF}$ 服从 $\chi^2(2r)$分布，于是有

$$L((\mathrm{MBTF})_0)=Pr\{\widehat{\mathrm{MBTF}}\geqslant c\mid \mathrm{MBTF}=(\mathrm{MBTF})_0\}=1-\alpha$$

$$\Leftrightarrow Pr\left\{\frac{2r\,\widehat{\mathrm{MBTF}}}{(\mathrm{MBTF})_0}\geqslant\chi^2_\alpha(2r)\right\}=1-\alpha \tag{3-91}$$

$$L((\mathrm{MBTF})_1)=Pr\{\widehat{\mathrm{MBTF}}\geqslant c\mid \mathrm{MBTF}=(\mathrm{MBTF})_1\}=\beta$$

$$\Leftrightarrow Pr\left\{\frac{2r\,\widehat{\mathrm{MBTF}}}{(\mathrm{MBTF})_1}\geqslant\chi^2_{1-\beta}(2r)\right\}=\beta \tag{3-92}$$

如果近似取 $2r\,\widehat{\mathrm{MBTF}}/(\mathrm{MBTF})_0=\chi^2_\alpha(2r)$，则

$$d=\frac{(\mathrm{MBTF})_0}{(\mathrm{MBTF})_1}\geqslant\frac{\chi^2_{1-\beta}(2r)}{\chi^2_\alpha(2r)} \tag{3-93}$$

截尾数 r 是满足此式的最小整数值，合格判定时间 $c=\chi^2_\alpha(2r)(\mathrm{MBTF})_0/2r$。式中 d 称为鉴别比。为便于使用，在实际方案设计时，一般根据鉴别比 d 和风险值 α、β 检索相应的表格确定。对本例可得截尾数 $r=8$，合格判定时间 $c=499$ h。

抽样数 n 要求大于等于失效数，一般根据平均试验时间 $E(t_r)$确定，t_r 为第 r 个样品失效时间。没有替换时，平均试验时间为

$$E(t_r)=\mathrm{MBTF}\times\left(\frac{1}{n}+\frac{1}{n-1}+\cdots+\frac{1}{n-r+1}\right) \tag{3-94}$$

有替换时，平均试验时间为

$$E(t_r)=\frac{r\text{MBTF}}{n} \tag{3-95}$$

这给了我们根据实际情况选择抽样数的便利，如果要求试验时间短，可通过适当增加抽样数来实现。

注：这里的平均试验时间 $E(t_r)$ 不同于总试验时间 T，前者表示试验平均要花多长时间，后者表示所有的试验样品经历的试验时间之和。

② 定时截尾寿命抽样试验（Ⅰ型截尾试验）

对于定时截尾方式，截尾时间 t_*（$(\text{MBTF})_0$ 的整数倍）及对应于此时间的 r 给定时，在 t_* 之前失效数小于 r 者即为合格。

【例 3-4】 某一寿命满足指数分布的产品要进行有替换定时截尾抽样试验，给定生产风险 α、β 和 $(\text{MBTF})_0$、$(\text{MBTF})_1$。要求设计一定时截尾抽样试验方案，即要求确定抽样数 n、截尾时间 t_* 和对应于 n 和 t_* 的合格失效判定数 r。

解：n 个产品在 $[0,t_*]$ 内发生失效的个数 X 服从参数为 T/MBTF 的泊松分布，故其接收概率为

$$L(\text{MBTF})=Pr\{X\leqslant r\}=\sum_{k=0}^{r}\frac{(T/\text{MBTF})^k}{k!}\mathrm{e}^{-T/\text{MBTF}} \tag{3-96}$$

利用泊松分布和 χ^2 分布的关系，有

$$\sum_{k=0}^{r}\frac{(T/\text{MBTF})^k}{k!}\mathrm{e}^{-T/\text{MBTF}}=\int_{2T/\text{MBTF}}^{+\infty}k(x,2r+2)\,\mathrm{d}x \tag{3-97}$$

式中：$k(x,2r+2)$ 为自由度 $2r+2$ 的 χ^2 分布的密度函数，T 为总试验时间。于是

$$L((\text{MBTF})_0)=Pr\{X\leqslant r\mid \text{MBTF}=(\text{MBTF})_0\}=1-\alpha$$

$$\Leftrightarrow Pr\left\{\frac{2T}{(\text{MBTF})_0}\geqslant\chi^2_\alpha(2r+2)\right\}=1-\alpha \tag{3-98}$$

$$L((\text{MBTF})_1)=Pr\{X\leqslant r\mid \text{MBTF}=(\text{MBTF})_1\}=\beta$$

$$\Leftrightarrow Pr\left\{\frac{2T}{(\text{MBTF})_1}\geqslant\chi^2_{1-\beta}(2r+2)\right\}=\beta \tag{3-99}$$

类似定数截尾抽样的情况，产品在 $[0,t_*]$ 内发生失效的合格判定数 r 由满足

$$d=\frac{(\text{MBTF})_0}{(\text{MBTF})_1}\geqslant\frac{\chi^2_{1-\beta}(2r+2)}{\chi^2_\alpha(2r+2)} \tag{3-100}$$

的最小值确定。对应于 t_* 时间内的合格判定数 r 确定以后，总试验时间 T 满足：

$$\frac{2T}{(\text{MBTF})_0}\geqslant\chi^2_\alpha(2r+2) \tag{3-101}$$

的最小值确定。对有替换的情况，$T=nt_*$，据此双方商定具体的 n 和 t_*，使其总试验时间不少于 T，若抽检量大，则截至时间就短一些；若抽检量小，则截至时间要长一些。同样地，为方便使用，相关结果已制成表格，实际使用可根据给定的生产风险 α、β 和接受寿命限

$(MBTF)_0$、极限寿命$(MBTF)_1$ 查取。

(2) 指数寿命的失效率抽样

高可靠性产品常采用失效率指标，为了对产品批的失效率进行考核，需要进行失效率的抽样试验。这里以较为常用的极限失效率 λ_1 的一次计数抽样方案为例。

为保证使用方的要求，仅需控制使用方风险 β 及极限失效率 λ_1，即要求接收概率 $L(\lambda_1)=\beta$。抽样要求是在截尾时间 t_* 内，n 个样品的失效数不大于合格判定数 c。

假设产品的失效概率为 $F(t)$，可靠度为 $R(t)$，在截尾时间 t_* 内的失效数为 X，则接收概率为

$$L(\lambda_1)=Pr\{X\leqslant c\}=\sum_{r=0}^{c}C_n^r F(t_*)^r R(t_*)^{n-r}=\beta \tag{3-102}$$

当 $F(t_*)$很小时，我们知道在大量试验中，小概率事件发生的次数服从泊松分布，又因为 $F(t_*)=1-\mathrm{e}^{-\lambda_1 t_*}\approx\lambda_1 t_*$，所以

$$L(\lambda_1)=\sum_{r=0}^{c}\mathrm{e}^{-nF(t_*)}\frac{[nF(t_*)]^r}{r!}=\sum_{r=0}^{c}\mathrm{e}^{-n\lambda_1 t_*}\frac{[n\lambda_1 t_*]^r}{r!}=\sum_{r=0}^{c}\mathrm{e}^{-\lambda_1 T}\frac{[\lambda_1 T]^r}{r!}=\beta \tag{3-103}$$

式中：$T=nt$ 称之为元件小时。利用泊松分布和 χ^2 分布的关系，有

$$\sum_{r=0}^{c}\mathrm{e}^{-\lambda_1 T}\frac{[\lambda_1 T]^r}{r!}=\int_{2\lambda_1 T}^{+\infty}k(x,2c+2)\mathrm{d}x \tag{3-104}$$

式中：$k(x,2c+2)$为自由度 $2c+2$ 的 χ^2 分布的密度函数。于是

$$L(\lambda_1)=\int_{2\lambda_1 T}^{+\infty}k(x,2c+2)\mathrm{d}x=\beta \tag{3-105}$$

$$2\lambda_1 T=\chi^2_{1-\beta}(2c+2) \tag{3-106}$$

由此式可确定 T 和 c，有多组解，结合具体情况选用。抽样数 n 为大于 T/t_* 的最小整数。

2. 基于威布尔分布的抽样试验

基于威布尔分布的抽样试验的思路类似于指数分布的抽样。假设产品的失效概率为 $F(t)$，可靠度为 $R(t)$，抽取 n 个样品，进行试验，试验到 t 时刻发现失效数为 X，如果合格判定数为 c，则其接收概率为

$$L(F(t))=Pr\{X\leqslant c\}=\sum_{r=0}^{c}C_n^r F(t)^r R(t)^{n-r} \tag{3-107}$$

当 $F(t)$比较小，n 比较大时，X 近似于泊松分布，有

$$L(F(t))=\sum_{r=0}^{c}\mathrm{e}^{-nF(t)}\frac{[nF(t)]^r}{r!}=\int_{2nF(t)}^{+\infty}k(x,2c+2)\mathrm{d}x \tag{3-108}$$

式中：$k(x,2c+2)$为自由度 $2c+2$ 的 χ^2 分布的密度函数。由

$$L(F(t)\,|\,\text{零假设成立})=1-\alpha \tag{3-109}$$

$$L(F(t)\,|\,\text{备选假设成立})=\beta \tag{3-110}$$

可得，在零假设成立时：$2nF(t)=\chi^2_{\alpha}(2c+2)$；在备选假设成立时：$2nF(t)=\chi^2_{1-\beta}(2c+2)$。再

利用威布尔分布的一些基本关系式：

$$R(t)=\exp\left\{-\frac{t^m}{t_0}\right\}=\exp\left\{-\frac{\lambda(t)t}{m}\right\} \tag{3-111}$$

$$\mathrm{MTBF}=\eta\Gamma\left(\frac{1}{m}+1\right),\quad \eta=t_0^{\frac{1}{m}} \tag{3-112}$$

$$\lambda(t)t=-m\ln[1-F(t)] \tag{3-113}$$

$$\frac{t}{\mathrm{MTBF}}=\frac{\{-\ln[1-F(t)]\}^{1/m}}{\Gamma\left(\frac{1}{m}+1\right)} \tag{3-114}$$

特别地，当 $F(t)$ 较小时

$$-\ln[1-F(t)]\approx F(t) \tag{3-115}$$

$$nF(t)=\frac{\lambda(t)nt}{m} \tag{3-116}$$

$$nF(t)=n\left[\frac{t\Gamma\left(\frac{1}{m}+1\right)}{\mathrm{MTBF}}\right]^m \tag{3-117}$$

于是在已知形状参数 m 时，威布尔分布的抽样方案可如下确定：

(1) 威布尔分布寿命抽样

在给定风险 α 和 β、接收平均寿命 $(\mathrm{MTBF})_0$ 和极限平均寿命 $(\mathrm{MTBF})_1$，确定抽样数 n、合格判定数 c 和合格判定时间 μ。

类似指数分布的情况由鉴别比

$$d=\frac{(\mathrm{MTBF})_0}{(\mathrm{MTBF})_1}\geqslant\left(\frac{\chi^2_{1-\beta}(2c+2)}{\chi^2_{\alpha}(2c+2)}\right)^{1/m} \tag{3-118}$$

可确定合格判定数 c；由

$$2nF(t)=2n\left[\frac{c\mu\Gamma\left(\frac{1}{m}+1\right)}{(\mathrm{MTBF})_0}\right]^m\geqslant\chi^2_{\alpha}(2c+2) \tag{3-119}$$

在指定合格判定时间 μ 时，可确定抽样数 n。

(2)威布尔分布失效率抽样

在给定风险 β 和极限失效率 λ_1，由备选假设成立时

$$2nF(t)=\frac{2\lambda_1 nt}{m}=\chi^2_{1-\beta}(2c+2) \tag{3-120}$$

在指定合格判定数 c 时，由上式选择合适的抽样数 n 以及试验时间 t，保证其乘积满足上式。

四、序贯抽样试验

序贯抽样试验基于 1947 年 Wald 开发的序概率比检验方法，它的最大特点是抽样量小，常用于产品可靠性和维修性的验证，一般不用于估计可靠性的参数。对产品少，价值昂

贵的产品、设备和系统较为适用。

1. 序贯抽样基本原理

序贯抽样是在每次失效时计算统计量，进行判断是合格或不合格，还是继续试验，直到试验到截尾时间或截尾数，或者能判断合格或不合格为止。

给定两类风险 α 和 β，假设产品失效概率密度函数为 $f(t)$，则序贯统计量为

$$y_r = \frac{\prod_{i=1}^{r} f(t_i \mid \text{备选假设成立})}{\prod_{i=1}^{r} f(t_i \mid \text{零假设成立})} \tag{3-121}$$

式中 t_i 为第 i 个样品失效时间。

于是，在零假设成立时，统计量 y_r 应比较小，即

$$y_r \approx \frac{Pr\{\text{接收零假设}|\text{备选假设成立}\}}{Pr\{\text{接收零假设}|\text{零假设成立}\}} \leqslant \frac{\beta}{1-\alpha} = A \tag{3-122}$$

在备选假设成立时，统计量 y_r 应比较大，即

$$y_r \approx \frac{Pr\{\text{拒绝零假设}|\text{备选假设成立}\}}{Pr\{\text{拒绝零假设}|\text{零假设成立}\}} \geqslant \frac{1-\beta}{\alpha} = B \tag{3-123}$$

在 $A < y_r < B$ 继续试验。

2. 基于指数分布的序贯寿命

对于指数分布 $f(t)=\lambda e^{-\lambda t}$。假设为

$H_0: \lambda \leqslant \lambda_0$

$H_1: \lambda = \lambda_1 > \lambda_0$

假设数据是完全的并且 t_i 为第 i 个样品失效时间。于是，有

$$A < y_r = \prod_{i=1}^{r} \frac{\lambda_1 e^{-\lambda_1 t_i}}{\lambda_0 e^{-\lambda_0 t_i}} < B \tag{3-124}$$

对两边取对数，重排项得

$$\frac{-\ln B + r\ln\left(\frac{\lambda_1}{\lambda_0}\right)}{\lambda_1 - \lambda_0} \leqslant \sum_{i=1}^{r} t_i \leqslant \frac{\ln A + r\ln\left(\frac{\lambda_1}{\lambda_0}\right)}{\lambda_1 - \lambda_0} \tag{3-125}$$

为此，检验以到第 r 次失效的总试验时间为基础。合格与不合格线可写为：

合格线　　$T_a = sr + h_a$　　(3-126)

不合格线　　$T_r = sr - h_r$　　(3-127)

其中

$$s = \frac{\ln\left(\frac{\lambda_1}{\lambda_0}\right)}{\lambda_1 - \lambda_0} \tag{3-128}$$

$$h_a=\frac{-\ln\dfrac{\beta}{1-\alpha}}{\lambda_1-\lambda_0} \tag{3-129}$$

$$h_a=\frac{\ln\dfrac{1-\beta}{\alpha}}{\lambda_1-\lambda_0} \tag{3-130}$$

为防止试验时间过长，须设定截尾线，一般设定最大允许失效数 $r_{\max}$ 和最大允许试验时间 $T_{\max}$ 为

$$r_{\max}=3r,\quad T_{\max}=sr_{\max} \tag{3-131}$$

式中 r 为一次抽样方式的截尾数，为进一步缩短试验时间，有时选 $r_{\max}=r$。图 3-7 所示为序贯抽样方案示意图。

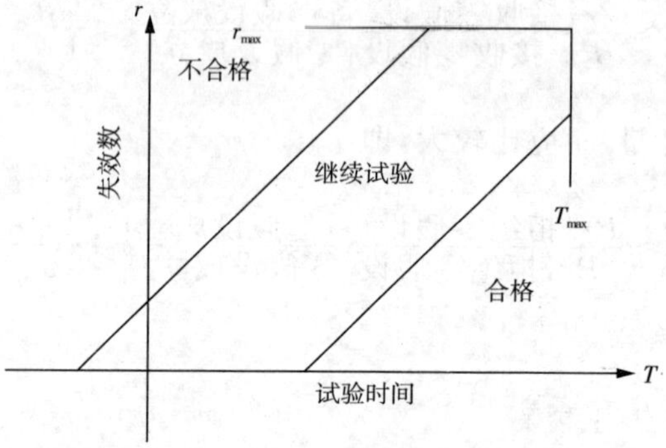

图 3-7　序贯抽样方案

3. 基于二项分布的序贯试验

基于二项分布的序贯抽样不需要假设试验样品的失效分布，以可靠性验证试验为例。设检验假设为

$$\mathrm{H}_0: R(t_0)=R_0$$

$$\mathrm{H}_1: R(t_0)=R_1<R_0$$

假设 r 个样本试验到时间 t_0，有 y_r 个未失效，在 H_0 和 H_1 成立时的似然函数分别为

$$p(y)=\begin{pmatrix} r \\ y_r \end{pmatrix} R_0^{y_r}(1-R_0)^{r-y_r},\quad p(y)=\begin{pmatrix} r \\ y_r \end{pmatrix} R_1^{y_r}(1-R_1)^{r-y_r} \tag{3-132}$$

为此，序贯统计量为

$$\frac{R_1^{y_r}(1-R_1)^{r-y_r}}{R_0^{y_r}(1-R_0)^{r-y_r}} \tag{3-133}$$

在

$$\frac{R^{y_r}(1-R_1)^{r-y_r}}{R_0^{y_r}(1-R_0)^{r-y_r}}\leqslant\frac{\beta}{1-\alpha}=A \tag{3-134}$$

接收 H_0;在

$$\frac{R_1^{y_r}(1-R_1)^{r-y_r}}{R_0^{y_r}(1-R_0)^{r-y_r}}\geqslant\frac{1-\beta}{\alpha}=B \tag{3-135}$$

拒绝 H_0;在

$$A<\frac{R_1^{y_r}(1-R_1)^{r-y_r}}{R_0^{y_r}(1-R_0)^{r-y_r}}<B \tag{3-136}$$

继续试验下一个样本到时间 t_0。

对上述不等式两边取对数,得

$$\frac{\ln B-r\ln\dfrac{1-R_1}{1-R_0}}{D}<y_r<\frac{\ln A-r\ln\dfrac{1-R_1}{1-R_0}}{D} \tag{3-137}$$

式中

$$D=\ln\frac{R_1(1-R_0)}{R_0(1-R_1)} \tag{3-138}$$

为此等价地,如果

$$y_r\leqslant\frac{\ln B-r\ln\dfrac{1-R_1}{1-R_0}}{D} \tag{3-139}$$

则拒绝 H_0;如果

$$y_r\geqslant\frac{\ln A-r\ln\dfrac{1-R_1}{1-R_0}}{D} \tag{3-140}$$

则接收 H_0;如果

$$\frac{\ln B-r\ln\dfrac{1-R_1}{1-R_0}}{D}<y_r<\frac{\ln A-r\ln\dfrac{1-R_1}{1-R_0}}{D} \tag{3-141}$$

继续试验。

【例 3-5】 检验假设为

$H_0:R_0=0.90$;

$H_1:R_1=0.85$;

风险值 $\alpha=0.05$, $\beta=0.10$。

解:由 $A=0.10526$,$B=18$,$D=-0.4626$,得

$$(-6.2478+0.876r)<y_r<(4.866+0.876r)$$

如果 y_r 小于下界,则拒绝 H_0;如果 y_r 大于上界,则接收 H_0。由拒绝线与水平轴的交点以及接收线与 $y=x$ 轴的交点可确定:拒绝 H_0 需试验的最小样本数为 8,接收 H_0 需最少试验 40 个样本。

第五节　试验场试验

汽车在行驶时由于不断受到路面的冲击力、转向侧向力、驱动力、制动力和发动机振动等荷载作用，因此汽车在行驶时处于一个相当复杂的振动环境中，其各个零部件一般都会受到随时间变化的应力、应变的作用。很显然，疲劳失效应该是其主要的失效形式，据统计，汽车 90％以上的零部件失效都属于疲劳失效。事实上，可靠性理论早期也是在疲劳理论的基础上发展起来的。

为检验或验证整车、重要部件的疲劳寿命而进行的试验一般也称为耐久性试验。早期，轿车、卡车的性能和耐久性试验都是在经过选择的公共道路上进行，称之为道路试验。道路试验是评价汽车可靠性的最终技术措施和手段。但是，公共道路的路况变化比较大，试验条件难以控制，造成试验结果重复性和可比性比较差，试验周期比较长。为了仔细的控制试验条件和加速试验进程，汽车厂家修建了专供汽车进行路试的场地。20 世纪 60 年代，随着伺服液压动作器技术的发展，使得人们可以在试验室中比较准确的复现车辆在道路试验中所受到的荷载。自此，人们研制了各种试验室的模拟试验系统，如道路模拟试验系统和各种台架试验等。由于新的试验手段，试验效率得以很大的提高。

一、试验场试验的目的

试验场试验的目的：一是可以作为最终的验证试验来检验整个设计、制造以及试验室试验的合理性，并且用于判断产品在用户使用环境中的可接受性；二是为试验室试验提供原始的载荷数据。

二、汽车试验场的国内外现状

汽车试验场按其功能一般可分为专用汽车试验场和商用汽车试验场。专用汽车试验场通常隶属于某个大型汽车生产厂家，其主要的功能是为本公司汽车新产品的开发、新车型及产品质量控制提供试验受段；商用汽车试验场则向全社会开放，为各类客户提供全方位的汽车道路试验条件和技术服务，并且侧重于安全、公害、商检等法规性试验和产品定型试验。

由于试验场的重要作用，世界各汽车大国都纷纷建立了自己的汽车试验场。早在 1917 年美国就兴建了世界上第一个汽车试验场：阿伯丁（Aberdeen）汽车试验场。第二次世界大战后，工业发达的西方国家及日本等国的各大汽车公司，如美国通用汽车公司、克莱斯勒汽车公司、福特汽车公司以及日本丰田汽车公司、三菱汽车公司等为发展本国汽车工业，占领世界汽车市场，纷纷斥巨资修建大型汽车试验场。以美国通用汽车公司为例，它不但在美国本土，而且在巴西、英国、加拿大等国都兴建了自己的汽车试验场。近 30 年来，随着世界汽车工业的发展，各国汽车试验场的水平、数量和规模更是以前所未有的速度迅速发展。据不完全统计，目前，世界上已建有 100 多个不同类型的汽车试验场，如美国的罗密欧（Romeo）和米尔费德（Milford）试验场、英国的米拉（MIRA）试验场和米尔布鲁克（Millbrook）试验场、德国的欧拉（Ehra－Lessien）试验场、日本汽研所（JARI）试验场等都是世界著名的大型汽车试验场。

我国汽车试验场的建设远远落后于发达国家，这也是长期以来我国汽车工业发展缓慢的重要原因。虽然我国在20世纪50年代就开始筹建第一个汽车试验场，但直至20世纪80年代末我国才真正建成第一个比较完善的汽车道路试验设施的汽车试验场：一汽海南汽车试验场。目前，我国已建成的汽车试验场有：海南汽车试验场（海南嘉积）、解放军总后汽车试验场（安徽定远）、东风汽车工程研究院汽车试验场（湖北襄樊）、交通部公路交通试验场（北京通州）、一汽集团农安汽车试验场（吉林农安）和上海大众汽车试验场（上海安亭）。

三、汽车试验场的典型路面

汽车试验场是重现汽车使用中遇到的各种各样道路条件和使用条件的试验场所，试验道路是实际存在的各种道路经过集中、浓缩、不失真的强化并典型化的道路，为汽车试验提供了稳定的路面试验条件，使汽车的试验场试验比在试验室或在一般行驶条件下的试验更科学、更实际。汽车试验场中通常有以下典型试验路面：

(1) 高速环路（如图3-8），是试验场的主体工程，用于汽车长时间连续高速行驶试验，常用于汽车的高速性能试验和变速性能试验。

图3-8　高速环道

(2) 综合性能路，又称水平直线性能路，一般为电话听筒形。直线部分为试验段，用于动力性、经济性、制动性试验。

(3) 回转特性试验广场，是直径100m左右的圆形广场，用于测量评价汽车的转向特性。高速时需要的面积更大。

(4) 多附着系数制动试验路面，由具有不同附着系数的试验路面组成，用于汽车制动性能的试验。

(5) 石块路，亦称比利时路面（如图3-9所示），是汽车行业一直认同的汽车可靠性行驶试验路面，是用于考核轮胎、悬架系统、车身、车架以及结构部件的强度和可靠性比较理想的试验道路。

图3-9　比利时路面

图3-10　卵石路面

(6) 大卵石路（如图3-10所示），将直径310～180mm的卵石稀疏、不规则地埋入水泥混凝土中，高出表40～120mm，除了对车辆产生垂向冲击，还对车轮、转向系统、悬架系统造成纵向和横向冲击，是对大中型载货汽车和自卸车进行可靠性试验的道路。

(7) 扭曲路（如图3-11所示），它由左右两排互相交错分布的凸块组成，凸块形状通常为梯形、正弦或环锥形。交错的凸块使汽车产生强烈扭曲，以检验车架车身结构强度和各系统之连接强度与干涉。

（8）波状试验道路，或称为搓板路，分为以下两种：1. 用于非簧载质量试验，波长 0～1000mm、振幅 10～25mm，形状类似搓板；2. 用于簧载质量试验，波长 00～15000mm、振幅 50～150mm，又称为长波路。

图 3－11　扭曲路面

图 3－12　搓板路路面

四、汽车试验场试验的原理

试验场试验主要是通过设计合理的试验场道路组合、通过不同路段的顺序、车速和车辆的负载等，来模拟车辆实际使用中的所碰到的典型恶劣工况，同时使试验具有一定的强化系数以缩短试验时间。其核心是强化系数的确定，即试验场跑单位公里相当于车辆实际路况下跑多少公里。强化系数可以按图 3－13 所示的流程进行确定。强化系数是试验场强化路设计的核心参数，也影响着以后使用试验场进行试验的方案的编制。

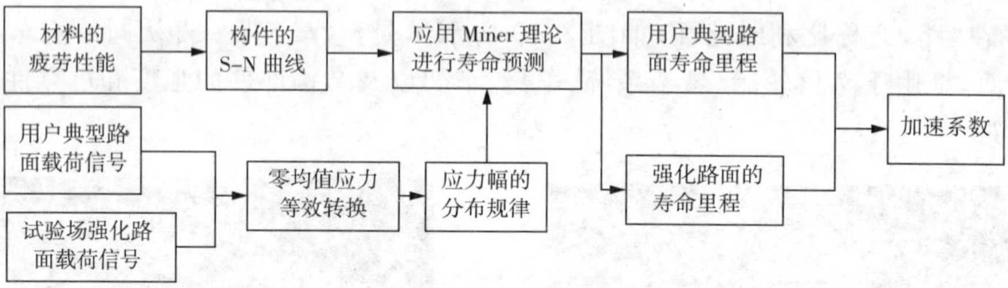

图 3－13　试验场强化路加速系数的确定

试验场试验方案编制的一般流程：

（1）调查车辆用户使用情况，建立用户用途目标；

（2）按照用户用途目标，测量车辆在使用环境下的载荷输入信号，应用雨流计数得一个总的循环载荷范围及均值分布图；

（3）测量车辆在试验场各种试验路面上的载荷输入信号，用雨流计数获得每个试路面的载荷范围和均值分布图；

（4）计算用户和试验场的疲劳损伤，按一定比例叠加各种试验路面的载荷范围分布，使其符合用户使用目标循环载荷范围分布，用数学方法计算各种路面的比例；

（5）按照求得的路面比例，制订试验规范。

五、疲劳寿命计算原理

疲劳破坏是一个累积损伤的过程,累积损伤理论是经过疲劳寿命试验对疲劳破坏过程的研究和分析而提出的累积损伤规律,它揭示每一次载荷循环造成损伤之间的相互关系和按照什么样的规律进行累积的。当前计算随机载荷下机件的疲劳寿命的方法有名义应力法和局部应力—应变法。名义应力法常用于高周疲劳寿命的计算;局部应力—应变法在于机件的疲劳破坏总是在应力集中的部位产生,虽然名义应力还处于弹性极限的范围内,但在发生疲劳破坏的应力集中部位,应力已超过屈服极限产生塑性变形,要应用循环应变和寿命的关系来估算机件的疲劳寿命。

1. S—N 曲线与 Basquin 方程

材料或构件疲劳失效以前所经历的应力或应变循环次数称为疲劳寿命,一般用 N 表示。试样的疲劳寿命取决于试样材料的机械性质、加工方法和所施加的应力水平等因素。对同一组试样分别施加不同应力幅的循环载荷,就得到一组不同的疲劳寿命。以循环应力中的最大应力 σ 为纵坐标,破坏循环数 N 为横坐标,可以得图 5-11 所示的 S—N 曲线。在控制应变的条件下,获得应变—寿命曲线,即 ε—N 曲线。由于"应力"和"应变"在英文中的字首都是"S",所以 σ—N 曲线和 ε—N 曲线统称为 S—N 曲线。

目前在疲劳性能测试中,因经验公式 Basquin 形式简单,并能很精确地拟合中等寿命区的各数据点,因此在疲劳性能试验数据分析中应用最为广泛。经验公式 Basquin 为

$$\sigma_a^{m'}C=N \tag{3-142}$$

式(3-142)表示在给定的应力比 $R=\sigma_{\min}/\sigma_{\max}$ 或平均应力 $\sigma_m=(\sigma_{\max}+\sigma_{\min})/2$ 的条件下,应力幅 σ_a 与寿命 N 之间的幂函数关系。式中 m'、C 为与材料、试样和加载有关的常数。

对式(3-142)两边取对数得

$$\lg N=\ln C-m'\lg\sigma_a \tag{3-143}$$

可见 Basquin 关系式相当于在双对数坐标系上的 lgN 与 $lg\,\sigma_a$ 呈线性关系,如图 3-14 和 3-15 所示。

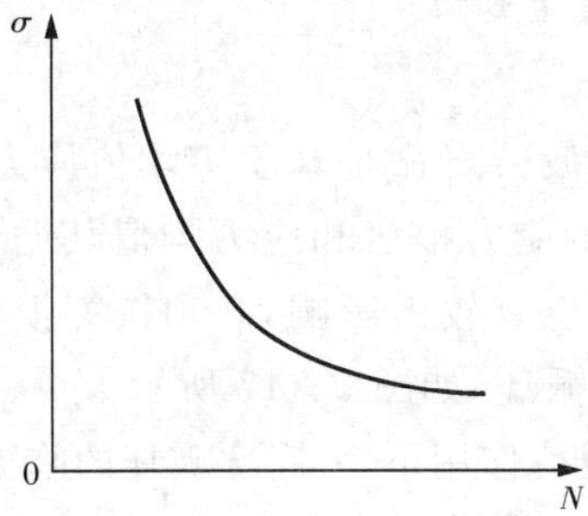

图 3-14 材料的 S—N 曲线

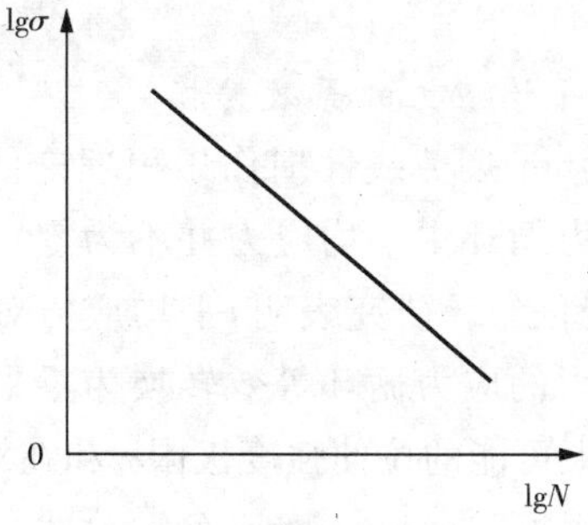

图 3-15 双对数坐标的 S—N 曲线

2. 构件的疲劳累积损伤

Miner 线性疲劳累积损伤理论是在对疲劳损伤积累问题进行了大量试验研究的基础上,将 Palmgren 提出的线性累积损伤理论公式化形成的。其成功之处在于大量的试验结

果显示临界疲劳损伤的均值确实接近于1，且在多数情况下其寿命估算与试验结果有相当程度的吻合，所以是目前应用最为普遍的疲劳寿命预测方法。Miner 理论基于以下假设：

（1）在试样受载过程中，每一循环都损耗试样一定的有效寿命分量；

（2）试样的疲劳损伤与其所吸收的功成正比，这个功与应力的作用循环次数和在该应力值下达到破坏的循环次数之比成正比；

（3）试样达到破坏时的总损伤量是一个常数；

（4）低于疲劳极限σ_{-1}以下的应力不再造成损伤；

（5）损伤与载荷的作用次序无关；

（6）各循环应力产生的所有损伤分量相加为1时，试样就发生破坏。

如图3-16所示，应力级损伤分量或耗损的疲劳寿命分量为

$$d_i=\frac{n_i}{(N_f)_i} \tag{3-144}$$

汽车在行驶过程中，承载系构件受到随时间变化的随机载荷作用而产生动态循环应力，在高应力区会引发疲劳损伤，由 Miner 线性损伤累积理论，其总损伤量为

$$D=\sum_{i=1}^{K}\frac{n_i}{(N_f)_i} \tag{3-145}$$

当式(3-145)中的疲劳累积损伤 $D=1$ 时，结构即出现工程可见裂纹，最终导致疲劳破坏。

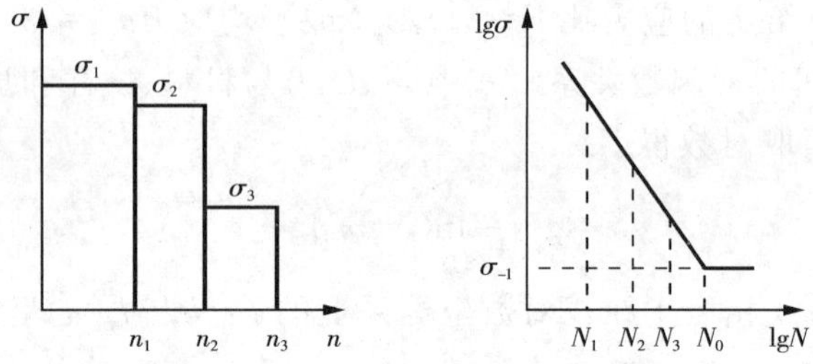

a)应力级循环次数　　b)S-N 曲线

图3-20　Miner 疲劳累积损伤

3. 非零平均应力的等效转换

应用 Miner 疲劳线性损伤累积理论估计构件的疲劳寿命是基于零均值应力的，通常得到的实际应力循环中平均应力并不为零，对于每一组应力幅值和应力均值其循环特性 $R=\sigma_{\min}/\sigma_{\max}$是变化的。研究表明，平均应力对累积损伤也有较大影响，必须按等损伤的原则将非零平均应力的应力循环等效转换为零平均值应力循环，如图3-17所示。

连接最大可能的拉伸强度极限σ_b和在对称循环载荷作用下 N 周次破坏的临界应力幅σ_{-1}的连线 AC，根据 Goodman 疲劳经验公式，直线 AC 是疲劳破坏的临界。在直线 AC 的右上方，应力循环次数低于 N 就会出现疲劳破坏，而在 AC 左下方，至少 N 次的寿命是保险的。

寿命为 N 的等寿命直线 AC 的方程为

$$\sigma_a=\sigma_{-1}\left(1-\frac{\sigma_m}{\sigma_b}\right) \tag{3-146}$$

利用等寿命概念，对某一实际工作应力点 $M(\sigma_{mi},\sigma_{ai})$ 进行零平均应力等效转换。设其疲劳寿命为 $N_i(N_i>N)$，连接 M、C 交 σ_a 轴于点 $D(0,\sigma_i)$，D 点即为点 M 的零平均应力等效点，直线 CD 就是寿命为 N_i 的等寿命线。

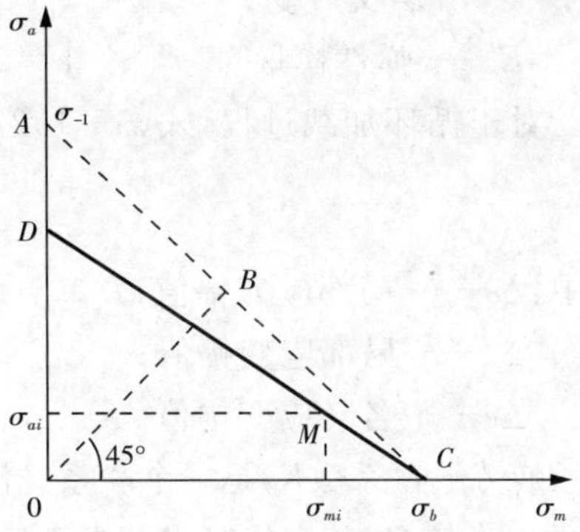

图 3-17 Goodman 经验公式模型

(1) 当平均应力 $\sigma_m\geqslant 0$ 时，方程为

$$\sigma_{ai}=\sigma_i\left(1-\frac{\sigma_{mi}}{\sigma_b}\right) \tag{3-147}$$

变化式(3-147)得

$$\sigma_i=\frac{\sigma_{ai}\sigma_b}{\sigma_b-\sigma_{mi}} \tag{3-148}$$

(2) 当平均应力 $\sigma_m\leqslant 0$ 时，方程为

$$\sigma_{ai}=\sigma_i\left(1+\frac{\sigma_{mi}}{\sigma_b}\right) \tag{3-149}$$

合并式(3-147)和(3-149)得

$$\sigma_i=\frac{\sigma_{ai}\sigma_b}{\sigma_b-|\sigma_{mi}|} \tag{3-150}$$

σ_{ai} 和 σ_{mi} 可依据虎克定律计算，式(3-150)写为

$$\sigma_i=\frac{E\varepsilon_{ai}\sigma_b}{\sigma_b-E|\varepsilon_{mi}|} \tag{3-151}$$

将试验采集到的应变载荷数据经雨流计数处理得到的应变幅值与均值代入式(3-151)，即可得到零平均应力的等效应力 σ_i 值。

4. 应变—寿命曲线

结构的疲劳损伤是由材料的塑性形变引起的，通常结构在服役期间整体上处于弹性状态，但是在某些应力集中的部位(通常是疲劳危险部位)在高应力水平下进入塑性状态，此时的应力—应变为非线性关系，应力—应变历程的分析变得比较困难。另一方面局部应力应变计算的正确与否直接关系着疲劳寿命的估算精度。疲劳寿命对于局部应变十分敏感，局部应变微小的变化会造成数倍疲劳寿命的差别，因此局部应力—应变历程的计算在局部应力—应变法中变得十分重要。

确定结构局部应力—应变历程主要有三种方法：①试验方法；②弹塑性有限元法；③近似计算方法。其典型的方法是 Neuber 法则。试验方法虽然直观正确，但是费用高、周期长、限制条件多，一般不宜采用。有限元法要求模型建立时应十分精确，否则将造成较大的计算误差。

在局部应力应变近似方法中，修正的 Neuber 法的应力应变方程为

$$\sigma\varepsilon=K_f^2e^2E \tag{3-152}$$

式中：σ——局部应力；

ε——局部应变；

K_f——疲劳缺口系数；

e——名义应变；

E——弹性模量。

对于循环加载过程，式(3-152)可改写为

$$\Delta\sigma\Delta\varepsilon = K_f^2 \Delta e^2 E \tag{3-153}$$

式中：$\Delta\sigma$——局部应力幅值；

$\Delta\varepsilon$——局部应变幅值；

Δe——名义应变幅值。

疲劳缺口系数K_f是一个联系光滑试验件疲劳强度和缺口试验件疲劳强度的量，由于影响K_f的因素较多，其变化规律也难于确定，目前尚无精确计算K_f的办法，一般确定K_f的方法是通过大量缺口试件疲劳试验回归出拟合公式，根据经验一般情况疲劳缺口系数K_f可取为3。

应变—寿命关系中，一般应用曼森—科芬(Manson—Coffin)公式为

$$\varepsilon_a = \varepsilon_{ea} + \varepsilon_{pa} = \frac{\sigma_f'}{E}(2N_f)^b + \varepsilon_f'(2N_f)^c \tag{3-154}$$

式中：ε_{ea}——弹性应变分量；

ε_{pa}——塑性应变分量；

σ_f'——疲劳强度系数；

ε_f'——疲劳塑性系数；

b——疲劳强度指数；

c——疲劳塑性指数；

N_f——疲劳寿命。

由式图3-18可以看出，弹性线和塑性线有一交叉点N_T，在寿命$N_f < N_T$时，塑性应变

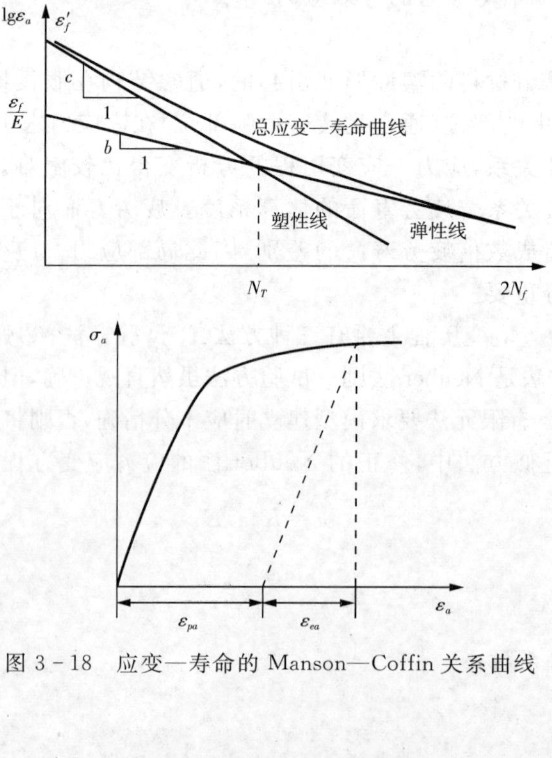

图3-18 应变—寿命的Manson—Coffin关系曲线

起主要作用；在寿命$N_f>N_T$时，弹性应变起主要作用。材料在循环载荷作用下所得到的应力—应变迹线称为迟滞回线。已经有大量的试验数据表明，对于大多数的工程材料，稳定的迟滞回线与循环应力—应变曲线之间有着简单的近似关系，即迟滞回线与放大一倍的单轴循环应力—应变曲线形状相似。因此其迟滞回线的方程可以用下式表示：

$$\frac{\Delta\varepsilon}{2}=\frac{\Delta\sigma}{2E}+\left(\frac{\Delta\sigma}{2K'}\right)^{1/n'} \tag{3-155}$$

式中：n'——循环应变硬化指数；

K'——循环强度系数。

同循环应力—应变曲线一样，迟滞回线也是随循环数变化的。但由于大多数材料的循环稳定阶段占疲劳寿命的大部分，因此通常以循环稳定后的迟滞回线来代表材料的迟滞回线。

应用式(3-152)和式(3-153)可将名义应变—时间历程转化为局部应变—时间历程，再运用雨流计数把用户数据和试验场测试参数的载荷时间历程数据转化为各级幅值的应变循环，这一过程如图3-19所示。由迟滞回线方程式(3-155)和Manson-Coffin应变寿命方程式(3-154)即可求得各级应变对应的疲劳寿命，再运用式(3-145)可求出不同载荷等级下的用户数据和试验场总疲劳累积损伤。疲劳寿命计算的流程如图3-20所示。

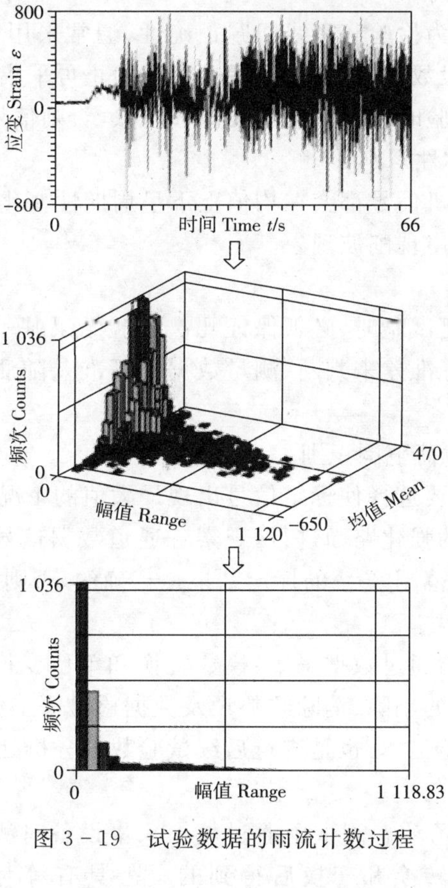

图3-19　试验数据的雨流计数过程

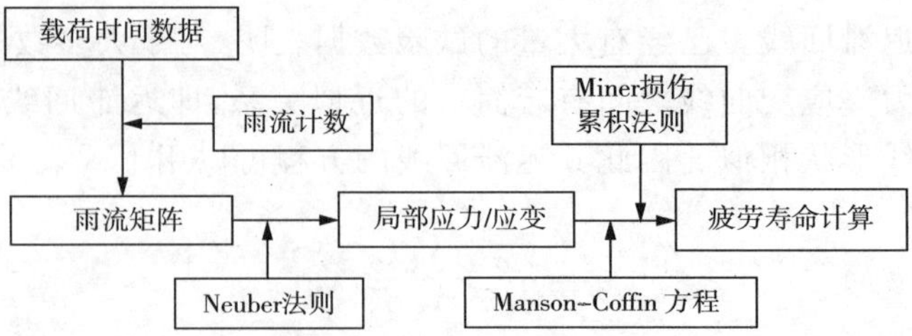

图 3-24　疲劳寿命计算流程

六、用户和试验场试验载荷数据的处理

为了估算结构的使用寿命和进行疲劳可靠性分析，以及为最后设计阶段所必需的全尺寸结构和零部件疲劳试验，都必须有反映真实工作状态的疲劳载荷谱。由于实测的应力—时间历程的随机性、真实工作状态千变万化，以及为了分析和实验方便、压缩试验时间，都必须通过处理和分析把实测应力—时间历程加以简化，以得到能反映真实情况具有代表性的“典型载荷谱”。试验载荷数据的处理一般包括进行正确性识别、奇异点剔除、消除趋势项以及雨流循环计数等处理过程。

1. 载荷时间信号正确性识别

(1) 信号零线回归识别

试验获得的数据信号，为检验其零线回归正确性，通常采用下面的做法：车辆静止时将信号初始化为零并采集一段数据，试验完成后也将车静止再采集一段数据，比较前后两段数据信号，信号一致说明在试验时没有发生零线漂移现象，否则信号将视为不正确。

(2) 信号均值上下对称性识别

根据试验经验，对于随机信号都会在均值上下呈周期性变化，即在均值上下呈对称的形状，放大后的数据曲线不应出现削波现象。

(3) 信号稳定性识别

在同一种路面进行重复试验时，必须保证几次试验结果基本稳定。数据信号的稳定性可以根据各个测点统计的标准差来判断，测量数据的标准差随测点变化基本一致则认为数据是稳定的。

(4) 信号幅值的标定载荷范围识别

数据信号标定完成后，要选择使标定信号出现最大值的工况来进行实车试验，实车试验一般选择在试验场最恶劣的强化路面进行，观察各通道数据信号的最大值是否超出标定范围，信号最大值不超出标定范围 80％的标定结果是正确的，否则要进行重新标定。

2. 试验数据预处理

试验数据的预处理是指通过数据采集、模数转换和单位变换获得等时间间隔数字信号后，对其进行奇异点(野点)的剔除、消除趋势项及数据检验等工作。试验数据预处理是必须进行的试验数据准备与校验工作，也是进行后续试验数据分析处理工作的前提。

(1) 奇异点剔除

试验数据一般是在现场动态测试中通过数据采集设备对测试仪器检拾到的动态模拟信号进行离散化、数字化、转换和变换后得到的一列具有等时间间隔特征的数字信号。

理论上，在不失真条件下获得的试验数据与被测的动态模拟信号应是一致的，但在实际测试过程中，由于受到外界环境干扰或一些人为错误，获得的试验数据往往有突变存在。试验数据的突变，就形成了试验数据的奇异点。试验数据的奇异点对后续数据处理有着极大的影响，会造成对测试结果的不准确判断。因此，对试验数据出现的奇异点必须予以剔除。

(2) 消除趋势项

数据测量系统的零点漂移及其他原因，会给整个数据组附加一个随时间缓变的趋势误差，这种信号周期大于样本记录长度的缓变信号会使随机信号的相关分析产生较大的畸变，通常均应消除。

3. 载荷—时间历程的雨流计数

(1) 雨流计数法原理

疲劳寿命的估算在很大程度上取决于载荷谱，而载荷谱的编制又与所采用的计数法有关。同一载荷—时间历程用不同的计数法编制出的载荷谱有时会有很大的差别。目前已有的计数法中，雨流计数法是目前国内外应用最为广泛的方法。该法认为塑性的存在是疲劳损伤的必要条件，并且其塑性性质表现为应力—应变滞后回线。因为虽然名义应力处于弹性范围内，但从局部的、微观的角度看来，塑性变形仍然存在。载荷谱是具有统计特性的图形，它能本质地反映零部件所承受载荷的变化情况。对于汽车所受到的随机载荷，统计分析的计数法是从载荷—时间历程确定出不同载荷参量值及其出现次数的方法。使构件产生疲劳损伤的主要因素是应力幅值和应力循环的次数，将实测的随机载荷时间历程简化为一系列的全循环或半循环的过程叫做“计数法”。雨流计数方法的突出特点是根据所研究材料的应力—应变之间的非线性关系来进行计数，亦即把样本记录用雨流法定出一系列闭合的应力—应变滞后环。

图 3-21 为某一应变—时间历程，其对应的循环应力—应变曲线如图 3-22 所示。可见两个小循环 2—3—2′，5—6—5′和一个大循环 1—4—7 分别构成两个小的和一个大的滞回线。若疲劳损伤以此为标志，并且假定一个大的变程所产生的损伤不受为完成一个小的迟滞回线而截断的影响，则可逐次将构成较小迟滞回线的较小循环从整个应变—时间历程中提取出来重新加以组合，图 3-21 这样处理后简化为图 3-23 的形式，认为两者对材料引起的疲劳损伤是等效的。

雨流计数法就是基于上述原理进行计数的，如图 3-24 所示。如果取时间作为纵坐标且垂直向下，横坐标表示应力或载荷，载荷—时间历程形如一宝塔屋顶。设想雨滴以峰谷为起点向下流动，根据雨滴流动的迹线确定载荷或应力循环。为了实现其计数原理，特做如下规定：

(1) 雨流在试验记录的起点和依此在每一个峰值的内边开始，亦即从 1，2，3... 尖点开始；

(2) 雨流在流到峰值处(即屋檐)竖直下滴，一直流到对面有一个比开始时最大值(或最小值)更大的值或更小的值为止；

(3) 当雨流遇到来自上面屋顶流下的雨时，就停止流动；

(4) 如果初始应变为拉应变，顺序的始点是拉应变最小值的点；

(5) 每一雨流的水平长度可作为该循环的幅值。

图 3－24 中，雨流法从 1 点开始，该点认为是最小值。雨流流至 2 点，竖直下滴到 3 与 4 点幅值间的 2′点，然后流到 4 点，最后停于比 1 点更负的峰值 5 的对应处，得出一个从 1 到 4 的半循环。下一个雨流从峰值 2 点开始，流经 3 点，停于 4 点的对面，因为 4 点是比开始的 2 点具有更正的最大值，得出一个半循环 2—3。第三个流动从 3 点开始，因为遇到由 2 点滴下的雨流，所以终止于 2′点，得出半循环 3—2′。这样，3—2′和 2—3 就形成了一个闭合的应力—应变回路环，它们配成一个完全的循环 2′—3—2。

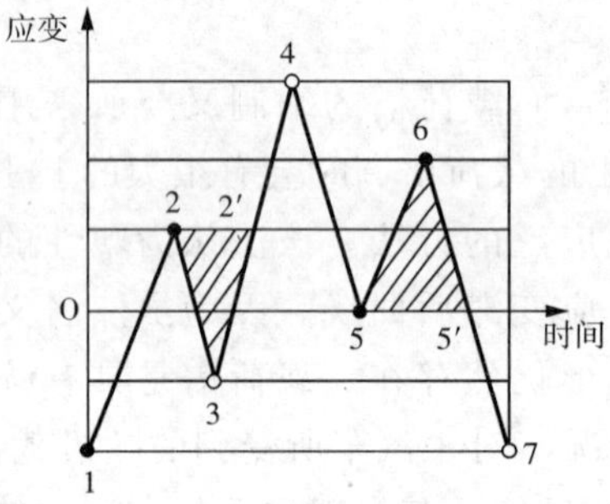

图 3－21　应变—时间历程

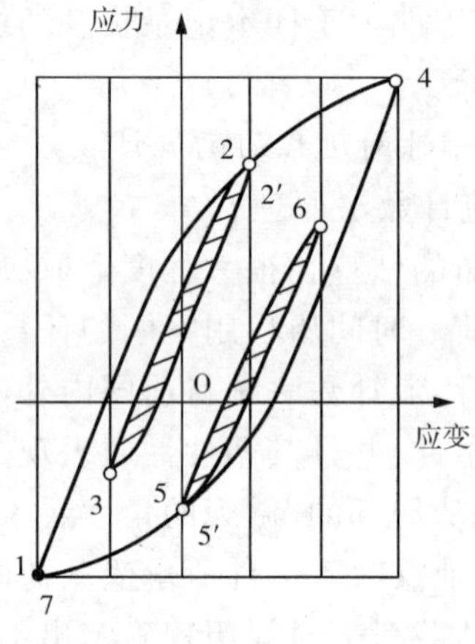

图 3－22　循环应力—应变曲线

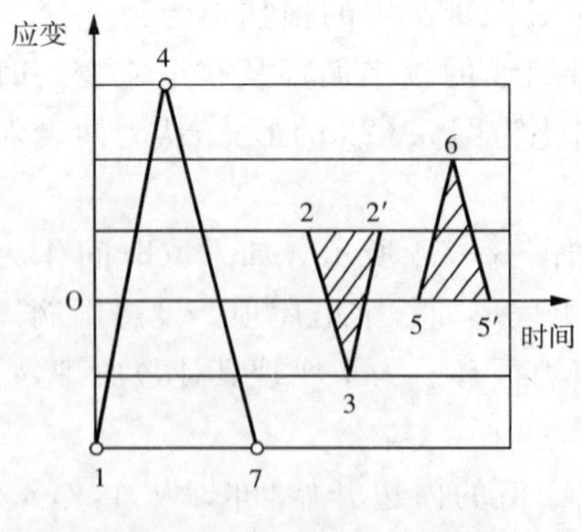

图 3－23　应变—时间历程简化形式

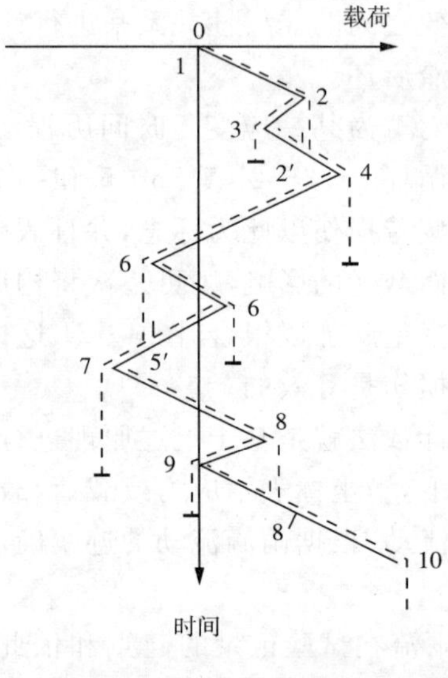

图 3－24　载荷—时间历程的雨流计数

下一个雨流从峰值 4 开始，流经 5 点，竖直下滴到 6 和 7 之间的 5′点，继续往下流，再从 7 点竖直下滴到峰值 10 的对面，因为 10 点比 4 点具有更大的正最大值。得出半循环 4—5—7。第五个流动从 5 点开始，流到 6 点，竖直下滴，终止于 7 点的对面，因为 7 点比 5 点具有更小的负极小值。取出半循环 5—6。第六个流动从 6 点开始，因为遇到由 5 点滴下的雨滴，所以流到 5′点终止。半循环 6—5′与 5—6 配成一个完全循环 5′—6—5，取出 5′—6—5。第七个流动从 7 点开始，经过 8 点，下落到 9—10 线上的 8′点，然后到最后的峰值 10，取

出半循环 7—8—10。第八个流动从 8 点开始，流至 9 点下降到 10 点的对面终止，因为 10 点比 8 点具有更大的正最大值，取出半循环 8—9。最后一个流动从 9 点开始，因为遇到由 8 点下滴的雨流，所以终止于 8′点，取出半循环 9—8′。把两个半循环 8—9 和 9—8′配对，组成一个完全循环 8—9—8′。图 3-24 所示的应变时间记录包括三个完全循环 8—9—8′，2—3—2′，5—6—5′和三个半循环 1—2—4，4—5—7，7—8—10。

(2) 雨流计数循环数提取及无效幅值去除

通常情况下，雨流计数分一次计数、对接和二次计数三个步骤来完成，对于不同的波形要根据实际情况来定。一次雨流计数是从压缩处理过的数据中提取循环，并记录其特性值，如峰值、谷值、幅值等。一次雨流计数剩下的点构成的波形是一标准的发散—收敛型，这时按雨流计数法则无法再形成整循环，只能将其在最大(或最小)点处截开再进行首尾对接，对接时首尾点不一定能够正好封闭，我们就按不同的波形来完成。一种对于高均值偏态波，可根据研究对象的特征给数组加上首尾值；另一种对于标准发散—收敛波形首尾的四个峰谷值，取其中的最大和最小值，剩下两点去除，这样产生的误差与实际相差很小。在程序中实现时，只需在此处加一选择，是加一零点还是取最值，接下来就是重新整理数组了。二次雨流计数是将完成对接的波形继续提取循环直到剩下三个点(即是数组中最值构成的整循环)为止。程序中实现也很简单，只需将对接完成的数组放入一次雨流计数中就可以了。

雨流计数法的要点是载荷时间历程的每一部分都参与计数，且只计数一次，一个大的幅值所引起的损伤不受截断它的小循环的影响，截出的小循环迭加到较大的循环和半循环上去。因此，可以根据疲劳累积损伤理论将等幅试验得到的 S—N 曲线和雨流法的处理结果输入计算机进行构件的疲劳寿命计算。雨流计数法程序流程图如图 3-25 所示。一个实测的随机载荷时间历程往往由很多因素形成，除了受主要的工作载荷外，还常受到一些次要的载荷作用，这些载荷表现为二级波、三级波乃至一些高阶小量循环，对这些不能构成疲劳损伤的小量循环，一般称为无效幅值。而无效幅值的取舍基准，一般取随机载荷历程的极差(最大应力幅减去最小应力幅)的 5%～10%。无效幅值舍弃流程如图 3-26 所示。

(3) 雨流计数压缩处理

试验仪器采集到的原始数据往往数量巨大，一个典型路面或事件采集到的数据往往有 30～40 个通道，且试验路面和事件通常也有十几种，因此处理几千个甚至上万个 4～5 千兆字节的信号数据文件很平常，这要求数据处理者有丰富的信号处理经验，并需要一个专门设计的软件帮助处理，将时域信号压缩成二维范围及均值矩阵，信号压缩过程如图 3-19。

(4) 试验数据雨流计数处理，编制程序载荷谱

应用雨流计数得到的各应力循环的平均应力和应力幅都是分散的，没有一定的次序，不能显示出它们的相互关系及所遵循的规律，因此必须将这些数据加以分组、整理，平均应力和应力幅的分组间距可以参考无效幅值的舍弃基准进行处理。

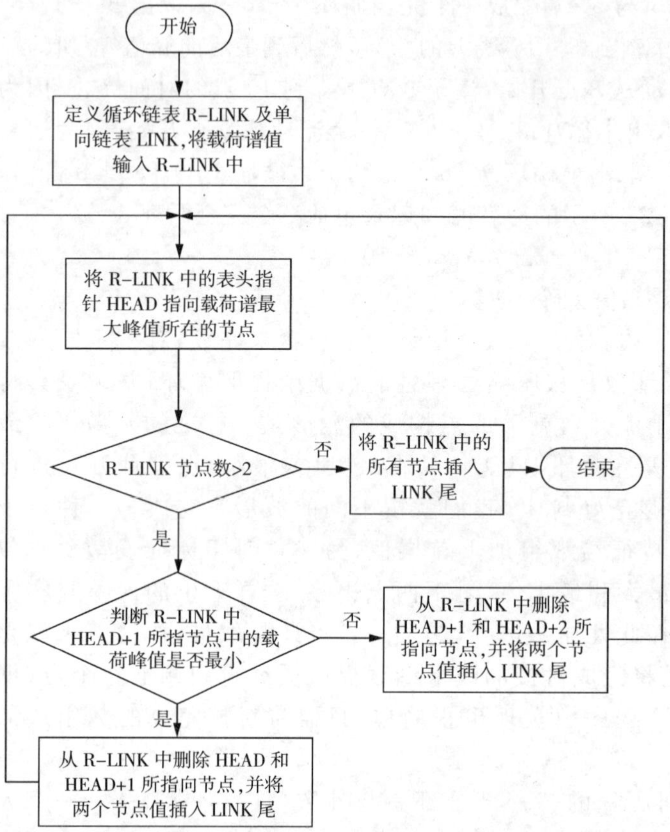

图 3－25　雨流计数流程

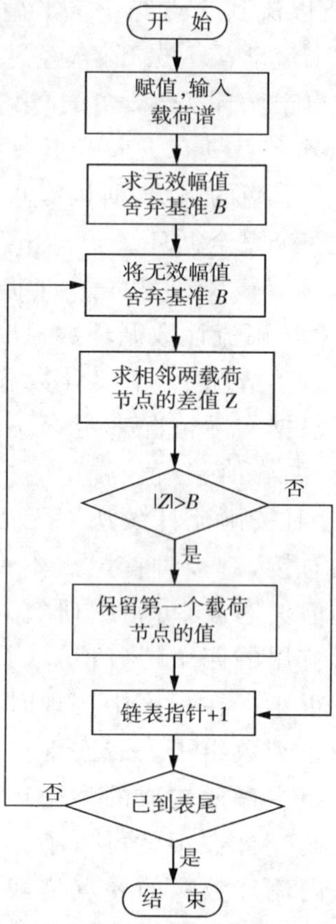

图 3－26　雨流计数无效幅值舍弃流程

表示随机载荷的大小与出现频次关系的图形、数字表格、矩阵等称为载荷谱。疲劳载荷谱是对零部件进行疲劳分析的依据,是对零部件在运转过程中所受的载荷的全面而综合描述。疲劳寿命的测算在很大程度上取决于疲劳载荷谱的确定。用横坐标表示载荷循环次数,纵坐标表示疲劳载荷即编制出了疲劳载荷谱。如图 3－27 所示,载荷谱的载荷幅值是连续变化的,可用一阶梯形曲线来近似它,称之为程序载荷谱,国内外采用 8 级载荷,认为这样就可以代表连续载荷谱。

至此,运用雨流计数就把用户和试验场载荷时间历程数据转化为各级幅值的载荷循环,为下一步等效寿命计算做好了准备。

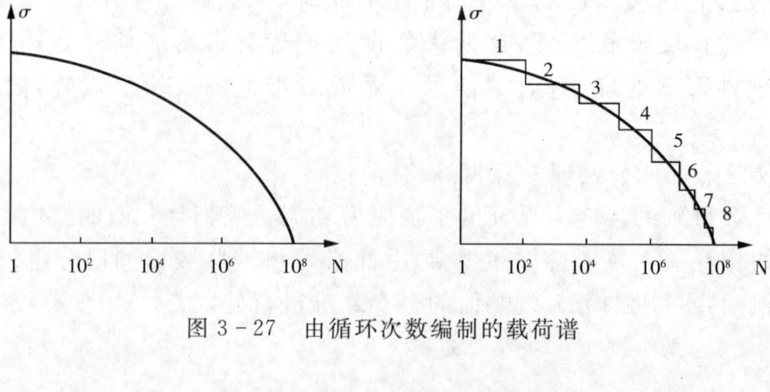

图 3－27　由循环次数编制的载荷谱

七、强化路加速系数的计算

试验场道路加速系数反映强化试验相对于用户实际使用条件下的强弱程度。加速系数是强化试验与实际使用结果相比较而得出的，它是指车辆在规定的条件下，当达到相同的可靠性状态或达到相同的疲劳破坏程度时车辆在用户实际使用工况的行驶里程与在强化路面上的行驶里程之比。

1. 强化系数的基本数学模型

加速系数具体计算流程如图 3－13 所示。主要依据疲劳损伤寿命相等原则，通过测定测试构件的疲劳损伤，对其在强化路和用户路上的载荷谱进行统计分析，利用修正的 Miner 线性疲劳累积损伤理论求取该承载系部件在各种路面下的疲劳寿命，最后求出各种路面及组合综合路加速系数。

根据疲劳特性曲线的 Basquin 关系式，可以得到下式：

$$\frac{N_0}{N_i}=\left(\frac{\sigma_i}{\sigma_{-1}}\right)^{m'} \tag{3-156}$$

式中：σ_{-1}——零部件的疲劳极限；

N_0——零部件疲劳极限对应的疲劳寿命；

σ_i——任一级等效应力幅值；

N_i——S－N 曲线上对应于等效应力幅值σ_i的破坏循环次数；

m'——疲劳指数。

将式(3－156)带入式(3－145)，可以得到 Miner 累积损伤的计算式：

$$D=\sum_{i=1}^{n}\frac{n_i}{N_i}=\sum_{i=1}^{n}\frac{n_i}{N_0\ (\sigma_{-1}/\sigma_i)^{m'}} \tag{3-157}$$

对于程序载荷谱，有

$$n_i=n_L\theta_i=n_L\left(\frac{\alpha_i}{10^6}\right) \tag{3-158}$$

式中：n_L——各级载荷作用的总循环数，即疲劳寿命；

θ_i——第 i 级应力幅值所对应的频次率，即程序载荷谱中各级频次相对于总频次的比例；

α_i——程序载荷谱中对应于第 i 级等效应力幅值的循环数。

将式(3－158)代入式(3－157)中，可以得到

$$D=\sum_{i=1}^{n}\frac{\alpha_i n_L}{10^6 N_0\ (\sigma_{-1}/\sigma_i)^{m'}}$$

当 $D=1$ 时，汽车零部件发生疲劳破坏，于是

$$n_L=\sum_{i=1}^{n}\frac{(\sigma_{-1}/\sigma_i)^{m'}\ 10^6\ N_0}{\alpha_i} \tag{3-159}$$

由于以里程数 L 表示寿命更加直观，现进行以下换算：

$$L=\frac{n_L}{n_0}L_0 \tag{3-160}$$

式中：L——寿命里程数；

$L_0=v_0t_0$——载荷谱的测定里程，v_0 和 t_0 分别为实测里程下所对应的车速和测定时间；

n_0——测定里程内的载荷谱雨流计数法计数后的应力循环数，即实测载荷均幅值总频次。

$$L=\frac{n_L}{n_0}L_0=\frac{10^6N_0v_0t_0}{n_0}\sum_{i=1}^{n}\frac{(\sigma_{-1}/\sigma_i)^{m'}}{\alpha_i} \tag{3-161}$$

设汽车在某一强化道路到达疲劳破坏时行驶的里程为 L_1；在普通路面到达疲劳破坏时行驶的里程为 L_2，则由式(3-161)可以得到疲劳寿命指标下的强化系数 K 数学模型：

$$K=\frac{F_1E_1}{F_2E_2} \tag{3-162}$$

式中：$F_1=n_{01}/(v_{01}\cdot t_{01})$，$F_2=n_{02}/(v_{02}\cdot t_{02})$，分别表示强化道路、普通路面的频率因子统计量，反映了单位里程的路面上，汽车零部件所受应力循环次数与汽车的机械结构和路面状况有关；$E_1=\sum_{i=1}^{n}\alpha_{i1}\cdot(\sigma_{i1})^{m'}$，$E_2=\sum_{i=1}^{n}\alpha_{i2}\cdot(\sigma_{i2})^{m'}$ 分别表示强化道路、普通路面损伤因子统计量，不仅与汽车的机械结构和路面状况有关，而且与汽车零部件的疲劳特性有关。

2. 组合道路强化系数

汽车试验场的可靠性试验是由多种不同形式的强化路段按一定的比例组成的，如扭曲路、长波路、搓板路和石块路等。在实际可靠性试验时，汽车是在各路段上连续行驶的，有必要研究组合道路的综合强化系数 K_Σ 的计算方法。

设组合道路总长 S_Σ，汽车在该组合道路上行驶时某一零部件的单位里程累计损伤量为 d_Σ，疲劳寿命里程为 L_Σ；组合道路的 m 种道路所占比例分别为 $\beta_j(j=1,\cdots,m)$，强化系数为 K_j，在各道路上行驶时的单位里程损伤量为 d_j，疲劳寿命里程为 L_j；在使用道路上行驶时的单位里程累计损伤量为 d_s，疲劳寿命里程为 L_s。

根据 Miner 理论，可以得到

$$d_j\cdot L_j=d_s\cdot L_s=L_\Sigma\cdot d_\Sigma=1 \tag{3-163}$$

所以，汽车在组合道路上行驶 S_Σ 的累计损伤量为

$$D=S_\Sigma\cdot d_\Sigma=\sum_{i=1}^{m}(\beta_j\cdot S_\Sigma\cdot d_j) \tag{3-164}$$

由式(3-163)和式(3-164)，可以得到

$$L_\Sigma=\frac{1}{d_\Sigma}=\frac{S_\Sigma}{\sum_{i=1}^{m}(\beta_j\cdot S_\Sigma\cdot d_j)}=\frac{1}{\sum_{i=1}^{m}(\beta_j\cdot d_j)} \tag{3-165}$$

$$K_j = \frac{L_s}{L_j} = \frac{d_j}{d_s} \tag{3-165}$$

根据强化系数的定义，可以得到组合道路的强化系数 K_Σ，即

$$K_\Sigma = \frac{L_s}{L_\Sigma} = \frac{\sum_{i=1}^{m} (\beta_j \cdot d_j)}{d_s} = \sum_{i=1}^{m} (\beta_j \cdot K_j) \tag{3-166}$$

八、试验方案的编制

试验方案的编制的关键是确定试验场各种试验路面的比例。方法是载荷谱等效原则，即使各种试验路面混合成的载荷范围分布等于总的用户用途目标里程载荷范围分布。

首先需要测量用户使用环境下所有的典型路面、事件的载荷输入，并用雨流计数将每一个通道的信号转化为循环载荷范围分布矩阵，然后根据用户用途目标，最后叠加成一个用户用途目标载荷范围及均值分布矩阵，记用户用途目标载荷分布矩阵为 Y，即

$$[Y] = \begin{bmatrix} y_1 \\ y_2 \\ \cdots \\ y_n \end{bmatrix}$$

式中：$y_1, y_2, \cdots, y_n$ 分别为范围值落在第 1,2,…,n 区间中的循环数，下标为 n 载荷范围的总区间数。

对于每一种试验路面及典型事件，同样需要测量这些信号，并用雨流技术获取一个载荷范围分布矩阵，试验场路面的载荷矩阵为

$$[X_i] = \begin{bmatrix} x_{i1} \\ x_{i2} \\ \cdots \\ x_{in} \end{bmatrix}$$

式中：$x_{i1}, x_{i2}, \cdots, x_{in}$ 分别为对应于第 i 种路面范围值落在第 1,2,…,区间中 n 的循环数。若路面和事件的总数为 k，那么有 k 个这样的矩阵。

由载荷谱等效，得

$$\sum_{i=1}^{k} [X_i][\beta_i] = [Y] \tag{3-167}$$

利用此方程，利用多元线性回归可求出一组最优的 $[\beta_i]$ 值。最后，按照求得的路面比例，制订试验规范。

本章小结

本章论述了汽车可靠性试验的常见类型、试验的要素，并重点讨论了四种最常使用的试验技术：加速寿命试验、可靠性增长试验、抽样试验和汽车试验场试验。讨论侧重于试验的原理和数学基础等基本理论。在熟悉基本理论后，工程使用时查阅相关的标准、手册和技术资料便可知其所以然。当然，这里的讨论是相当简略的，有兴趣的读者可参看书后所列的参考文献。

思考与练习

3－1　汽车可靠性试验常见的有哪些类型？

3－2　简述加速寿命试验的加速原理。

3－3　查阅资料了解抽样检验的国家标准，并了解其原理。

3－4　某车型在开发的过程中，采用可靠性增长试验方法。下表列出3台样车在试验过程中的故障记录，试建立可靠性增长模型，并预测达到预定目标MTBF＝5000km的总累积里程数。

表3－7　可靠性增长试验故障记录

总试验里程数 t(km)	累积失效数 r
62429	71
94609	82
126789	98
158969	108
191149	140
223329	159

3－5　假设有一批汽车零部件，批量为20000件，采用(100,4)方案进行可靠性试验，经过大量试验，得到批平均不合格品率为1％，试解答如下问题：

(1)绘制抽样试验特性曲线图；

(2)假设生产方风险率 α＝5％，使用方风险率 β＝8％，在图中标出接受质量水平和批不合格品率。

3－6　一个设计在40000km以内无失效出现。假定威布尔分布的形状参数 b＝2.0，为保证置信概率 c＝80％时其最低可靠度 R＝80％，试确定合乎要求且最经济的试验抽样数 n。

3－7　一个零件在1.1倍的要求寿命时发生了失效，为证明在置信概率 C＝80％时可靠度至少为80％，第二个零件至少应经受多长时间的试验而不出现失效。

第四章 汽车系统可靠性分析

内容提要：本章主要介绍汽车系统可靠性分析中的基本方法和基本思路。主要内容包括串并联系统、表决系统、贮备系统的可靠性模型；一般网络的可靠性计算方法，如状态枚举法、概率图法、全概率分解法、上下限法等；针对可修复系统可靠性的马尔可夫分析方法。

第一节 引 言

系统是一个由若干个单元组成的能完成规定功能的综合体。每个单元都要完成各自的规定功能，并在系统中与其他单元发生联系。在系统的使用过程中，由于各单元功能参数的逐渐劣化或丧失，从而导致系统发生故障或失效。要研究汽车系统的可靠性，则需建立系统的可靠性模型，即在详细了解汽车及各组成部分情况的基础上，把系统的可靠性特征量表示为单元可靠性特征量的函数，然后由已知的单元可靠性特征量计算出系统的可靠性特征量，这是系统可靠性分析的常用方法。

汽车产品总体来说属于可修复系统，然而不可修复系统的可靠性分析方法是研究可修复系统的基础，所以本章将主要对不可修复系统中的一些典型模型，如串并联系统、表决系统、贮备系统等进行可靠性分析。同时，针对较为复杂的一般网络和可修复系统，介绍系统可靠性分析的基本方法和基本思路。

第二节 可靠性逻辑框图

一、产品定义

准确合理地建立系统可靠性模型的前提条件是要明确研究对象，即了解产品及其组成部分的详细情况，主要包括以下几方面的内容：

(1) 了解产品的目的、用途和各组成单元在产品中所起的作用、功能。

(2) 明确产品从接收到报废整个使用寿命期间的所有事件和环境。

(3) 确定产品的结构界限，如最大体积、最大质量等，并明确产品的功能接口。

(4) 明确产品以及各组成单元的性能参数和其容许的上、下限，并以此为依据，确定产品、各单元是否失效。

(5) 确定构成任务失败的所有条件。产品或各组成单元不能在规定条件下和规定时间内完成规定的功能即为失效。确定构成任务失败的所有条件,则可以明确各组成单元正常或失效对系统正常或失效的影响。

二、可靠性逻辑框图的建立

在完全了解了产品定义的基础上,就可以建立系统的可靠性框图。它是用代表各组成部分故障的方框,按系统的一个或多个功能模式表示出各组成部分失效与系统失效逻辑关系的一种框图,可靠性逻辑框图又称为可靠性模型,它主要反映了产品成功完成任务或失效时,所有单元之间的相互依赖关系。

产品可靠性框图的建立与系统的功能图或原理图密切相关,但它们之间存在本质的差异。系统的功能图或原理图主要用来描述系统及其单元之间的功能关系;而可靠性框图反映的则是各单元正常或失效对系统正常或失效的影响。

建立产品或系统可靠性框图时,应注意以下几方面的问题:

(1) 可靠性框图描述的是各单元之间的逻辑关系,不是工作原理图或测试流程图。

(2) 可靠性框图中的每个方框都是能完成某一功能的功能模块,根据产品或系统本身的复杂情况,功能模块可以是一台仪器、一个部件、一个电路、一个元器件或一个零件,并具有对应的可靠性值。

(3) 可靠性框图除特殊情况外,每一个方框发生的故障都是独立的,即任一个方框发生的故障与其他方框是否出现故障无关。

(4) 软件及人员的可靠性在建立可靠性框图时一般不予考虑,认为其完全可靠;所有方框的连线不需要考虑其可靠性。

下面就以几个实例来说明可靠性框图的建立过程。

【例 4-1】 图 4-1 为某对数式乘法器的功能模块图,从可靠性关系来看,系统的各个功能模块只要有一个失效,这个对数式乘法器就失效。因此对数式乘法器的可靠性框图是由各功能模块组成的串联系统,如图 4-2 所示。

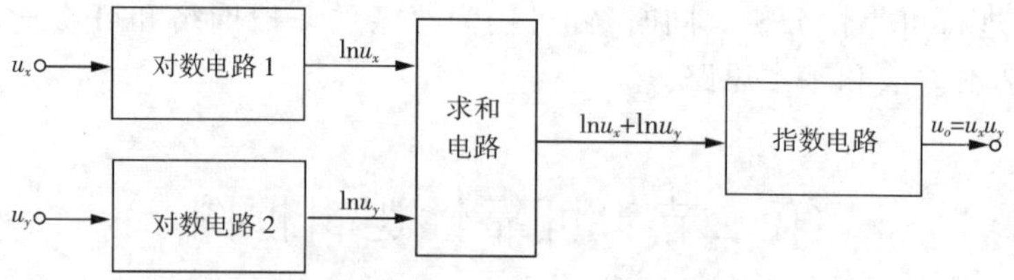

图 4-1　某对数式乘法器的功能模块图

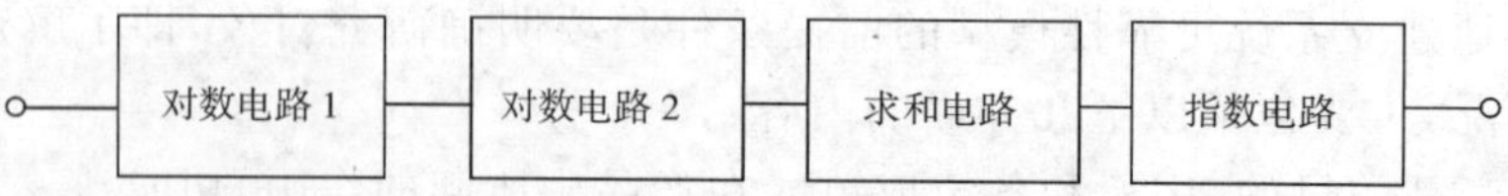

图 4-2　某对数式乘法器的功能模块可靠性框图

【例 4-2】 某振动系统的力学模型如图 4-3 所示。振动系统中各要素有:弹簧刚度 K、系统阻尼(或内摩擦)C、运动副间摩擦(外摩擦)f 及外载荷 F。可以根据其力学特性,利用各要素之间的相互关系，建立振动方程，也就是系统的数学模型。从力学模型看，各要素之间是并联关系；但从可靠性角度看，系统中任一要素失效，系统即丧失工作能力，因此其功能逻辑关系为串联形式，如图 4-4 所示。

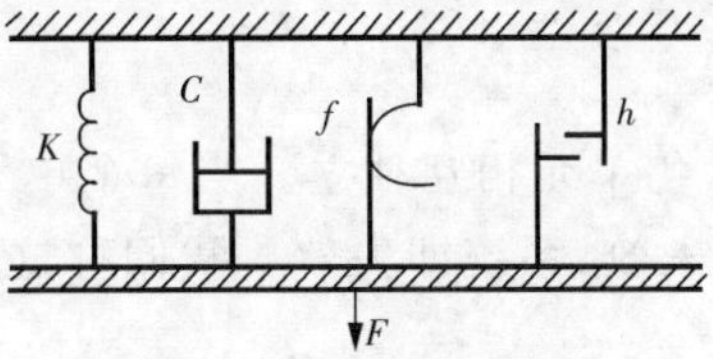

图 4-3　某振动系统原理图

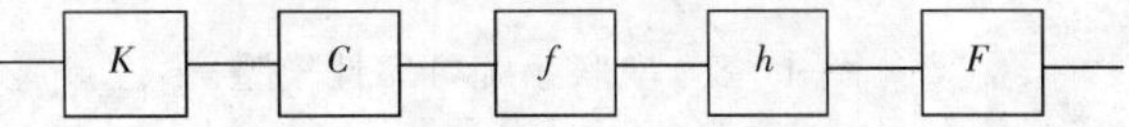

图 4-4　振动系统可靠性框图

从上述两个例子可以看出，系统原理图与可靠性框图是两个不同的概念，必须注意它们的区别，可靠性框图是从可靠性的角度来考虑其逻辑功能关系。

【例 4-3】 某电路系统中有两个开关 1 和 2 串联在一起以控制电路的开闭，如图 4-5 所示。

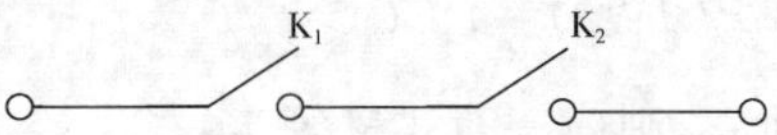

图 4-5　电路系统局部物理模型

如果其功能是为了使电路导通，则两个开关有任何一个无法闭合，系统就不能正常工作，只有两个开关都能正常闭合时，系统才能正常工作，其可靠性框图（功能模型）表示一个串联系统，如图 4-6 所示。

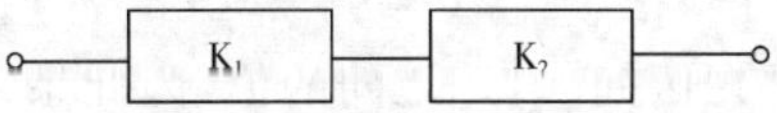

图 4-6　电路系统因电路切断失效的可靠性框图

如果其功能是为了使电路切断，则任一开关能正常切断，就能保证系统的正常工作，只有两个开关均不能正常切断时，系统才失效。所以其可靠性框图表示一个并联系统，如图 4-7 所示。

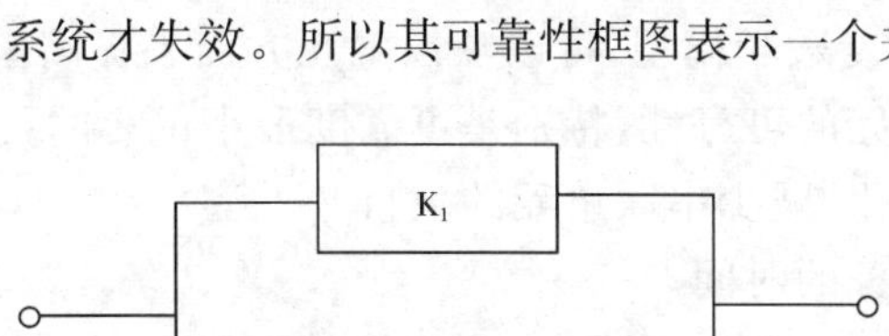

图 4-7　电路系统因电路导通而失效的可靠性框图

由此可见，对于同样一个系统，如果它所完成的功能不同，或者定义它的失效状态不同，其可靠性框图的形式也可能是不相同的。

第三节　简单系统可靠性分析

一、串联系统的可靠性模型

若某系统由 n 个单元组成，各单元相互独立。当每个单元都正常工作时，系统才正常工作；n 个单元中只要有一个单元失效，系统即失效。我们称这样的系统为串联系统。串联系统模型可用图 4－8 来表示。

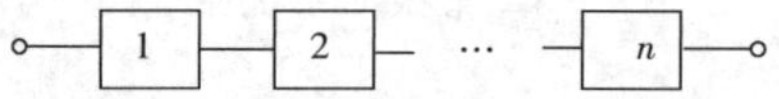

图 4－8　串联系统可靠性模型

设系统的失效时间为随机变量 T，组成该系统的各单元的失效时间为 T_i $(i=1,2,\cdots,n)$。根据串联系统的定义，系统失效时间应为各单元失效时间的最小值，即

$$T=\min\{T_1,T_2,\cdots,T_n\} \tag{4-1}$$

则规定时间为 t 时，系统的可靠度 $R_s(t)$：

$$R_s(t)=P(T>t)=P(T_1>t,T_2>t,\cdots,T_n>t) \tag{4-2}$$

由于各组成单元的寿命相互独立，则(4－2)式又等于：

$$R_s(t)=P(T_1>t)P(T_2>t)\cdots P(T_n>t)=R_1(t)R_2(t)\cdots R_n(t)=\prod_{i=1}^{n}R_i(t) \tag{4-3}$$

其中，$R_i(t)$为第 i 个单元在 t 时刻的可靠度。

由此可见，串联系统的可靠度是各组成单元可靠度的乘积。这就是串联系统的可靠度数学模型。

由于各单元的可靠度都是在区间[0,1]之间的值，因此系统的可靠度必定小于或最多等于各串联单元可靠度的最小值，即

$$R_s(t)\leqslant\min\{R_i(t)\} \tag{4-4}$$

根据串联单元的可靠度数学模型，可以从以下几方面来提高串联系统可靠度：

(1) 尽可能提高各单元的可靠性，特别是可靠度最小单元的可靠性。

(2) 设计方案尽量简化，减少串联单元的数目。

(3) 缩短系统执行任务的时间。

根据可靠度与不可靠度之间的关系，串联系统的不可靠度为

$$F_s(t)=1-R_s(t)=1-\prod_{i=1}^{n}R_i(t)=1-\prod_{i=1}^{n}[1-F_i(t)] \tag{4-5}$$

【例 4－4】　若某串联系统由 n 个单元组成，各单元的寿命分布都服从指数分布，且 $R_i(t)=e^{-\lambda_i t}(t>0)$，式中 λ_i 是第 i 个单元的失效率$(i=1,2,\cdots,n)$，求系统在 t 时刻的可靠度、不可靠度、失效率以及平均寿命。

解:由于串联系统的可靠度是各组成单元可靠度的乘积,则系统的可靠度为

$$R_s(t)=\prod_{i=1}^{n}R_i(t)=\prod_{i=1}^{n}e^{-\lambda_i t}=e^{-\sum\limits_{i=1}^{n}\lambda_i t}=e^{-\lambda_s t}$$

令 $\lambda_i=\sum\limits_{i=1}^{n}$,则有

$$R_s(t)=e^{-\lambda_s t}$$

上式表明系统的寿命仍服从指数分布,且系统的失效率 $\lambda_s=\sum\limits_{i=1}^{n}\lambda_i$,为各单元失效率之和。

系统的不可靠度为

$$F_s(t)=1-e^{-\sum\limits_{i=1}^{n}\lambda_i t}=1-e^{-\lambda_s t}$$

当 $\lambda_s t<0.1$ 时,利用近似公式 $e^{-\lambda_s t}\approx 1-\lambda_s t$,则有

$$F_s(t)=1-e^{-\lambda_s t}\approx\lambda_s t=\sum_{i=1}^{n}\lambda_i t\approx\sum_{i=1}^{n}F_i(t)$$

可见,在这种情况下串联系统的不可靠度近似等于各单元的不可靠度之和。

系统的平均寿命为

$$\theta=\int_0^{\infty}R_s(t)\mathrm{d}t=\int_0^{\infty}e^{-\lambda_s t}\mathrm{d}t=\frac{1}{\lambda_s}=\frac{1}{\sum\limits_{i=1}^{n}\lambda_i}$$

二、并联系统的可靠性模型

若某系统由 n 个单元组成,各单元相互独立。若 n 个单元中只要有一个单元正常工作,系统则正常工作,只有当所有单元都失效时系统才失效,我们称这样的系统为并联系统。并联系统的可靠性模型如图 4-9 所示。设系统的失效时间为随机变量 T,组成该系统各单元的失效时间为 $T_i(i=1,2,\cdots,n)$。根据并联系统的定义,系统失效时间应为各单元失效时间的最大值,即

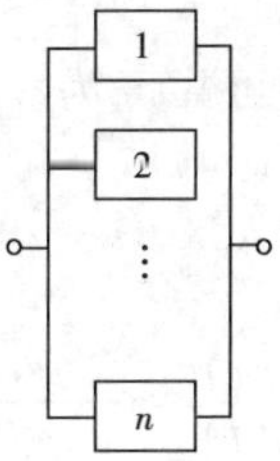

图 4-9　并联系统的可靠性模型

$$T=\max\{T_1,T_2,\cdots,T_n\} \tag{4-6}$$

由于各单元相互独立,则系统的不可靠度 $F_s(t)$ 为

$$F_s(t)=P(T<t)=P(T_1<t,T_2<t,\cdots,T_n<t) \tag{4-7}$$

由于各组成单元的寿命相互独立,则(4-7)式又等于:

$$F_s(t)=P(T_1<t)P(T_2<t)\cdots P(T_n<t)=F_1(t)F_2(t)\cdots F_n(t)=\prod_{i=1}^{n}F_i(t) \tag{4-8}$$

其中，$F_i(t)$为第 i 个单元在 t 时的不可靠度。

由此可见，并联系统的不可靠度是各组成单元不可靠度的乘积。系统不可靠度要小于或等于各组成单元不可靠度的最小值即 $F_s(t)\leqslant \min\{F_i(t)\}$，也就是说系统要比任一组成单元都要可靠。

则并联系统的可靠度 $R_s(t)$为

$$R_s(t)=1-F_s(t)=1-\prod_{i=1}^{n}F_i(t)=1-\prod_{i=1}^{n}[1-R_i(t)] \tag{4-9}$$

这就是并联系统的可靠度数学模型。

根据并联系统的可靠度数学模型，可以从以下几方面来提高并联系统可靠度：

(1) 尽可能提高各单元的可靠性。

(2) 增加并联单元的数目，当然需要考虑其经济效益。

(3) 缩短系统执行任务的时间。

另外，若系统中某一单元的可靠度较低，不能满足系统可靠性要求，则可以考虑该单元采用并联结构，以提高其可靠性。

【例 4-5】 若某并联系统由两个单元组成，各单元的寿命分布都服从指数分布，且 $R_i(t)=e^{-\lambda_i t}(t>0)(i=1,2)$，求系统在 t 时刻的可靠度、不可靠度、失效率以及平均寿命。

解：根据并联系统的可靠性数学模型，系统的不可靠度为

$$F_s(t)=\prod_{i=1}^{n}F_i(t)=(1-e^{-\lambda_1 t})(1-e^{-\lambda_2 t})=1-e^{-\lambda_1 t}-e^{-\lambda_2 t}+e^{-(\lambda_1+\lambda_2)t}$$

则易得系统的可靠度为

$$R_s(t)=e^{-\lambda_1 t}+e^{-\lambda_2 t}-e^{-(\lambda_1+\lambda_2)t}$$

系统的失效率为

$$\lambda_s(t)=\frac{f(t)}{R(t)}=\frac{[1-e^{-\lambda_1 t}-e^{-\lambda_2 t}+e^{-(\lambda_1+\lambda_2)t}]'}{e^{-\lambda_1 t}+e^{-\lambda_2 t}-e^{-(\lambda_1+\lambda_2)t}}=\frac{\lambda_1 e^{-\lambda_1 t}+\lambda_2 e^{-\lambda_2 t}-(\lambda_1+\lambda_2)e^{-(\lambda_1+\lambda_2)t}}{e^{-\lambda_1 t}+e^{-\lambda_2 t}-e^{-(\lambda_1+\lambda_2)t}}$$

系统的平均寿命为

$$\mathrm{MTBF}=\int_0^{\infty}R_s(t)\,dt=\int_0^{\infty}[e^{-\lambda_1 t}+e^{-\lambda_2 t}-e^{-(\lambda_1+\lambda_2)t}]\,dt=\frac{1}{\lambda_1}+\frac{1}{\lambda_2}-\frac{1}{(\lambda_1+\lambda_2)}$$

三、混联系统的可靠性模型

由串联系统与并联系统混合组成的系统称为混联系统。在掌握了串并联系统可靠性数学模型的基础上，混联系统可靠性模型的计算可以采用等效法来解决。

1. 串并联系统的可靠性模型

若一个串并联系统串联了 n 个组成单元．而每个组成单元都由 m 个基本单元并联而成。该串并联系统的可靠性框图如图 4-10 所示。

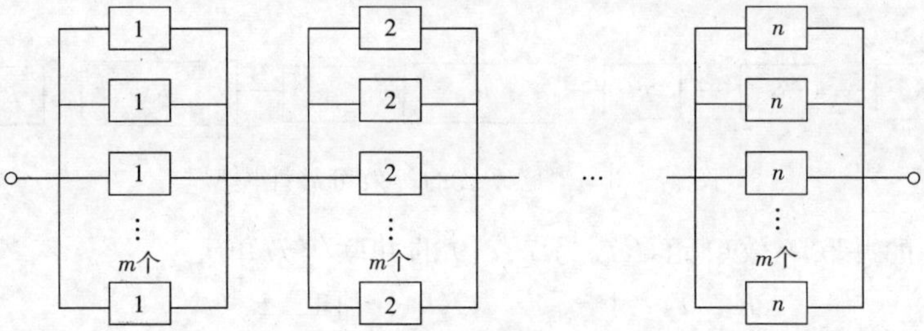

图 4－10　串并联系统的可靠性框图

设 n 个串联单元中 m 个并联单元可靠度相同，都为 $R_i(t)(i=1,2,\cdots,n)$，则此系统的可靠度为

$$R_s(t)=\prod_{i=1}^{n}[1-(1-R_i(t))^m] \tag{4-10}$$

2. 并串联系统的可靠性模型

若一个并串系统并联了 m 个组成单元．而每个组成单元都由 n 个基本单元串联而成，该并串联系统的可靠性框图如图 4－11 所示。

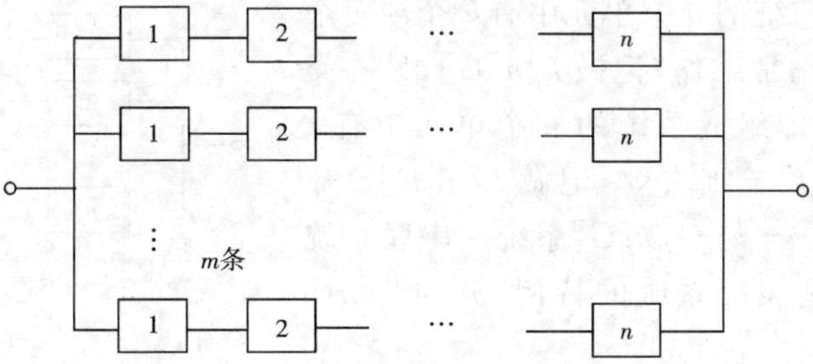

图 4－11　并串联系统的可靠性框图

设系统每条并联支路上各个单元的可靠度为 $R_i(t)(i-1,2,\cdots,n)$，则此系统的可靠度为

$$R_s(t)=1-[1-\prod_{i=1}^{n}R_i(t)]^m \tag{4-11}$$

3. 一般混联系统的可靠性模型

对于如图 4－12 所示的由若干串联和并联结构串联起来的一般混联系统，设图中各单元相互独立，其等效可靠性框图如图 4－13 所示。

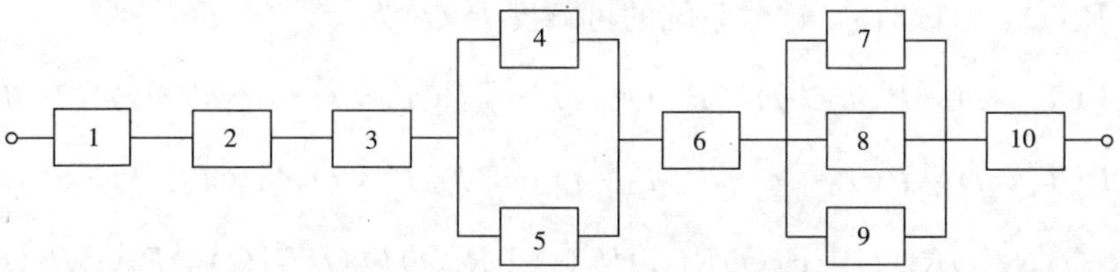

图 4－12　混联系统可靠性模型

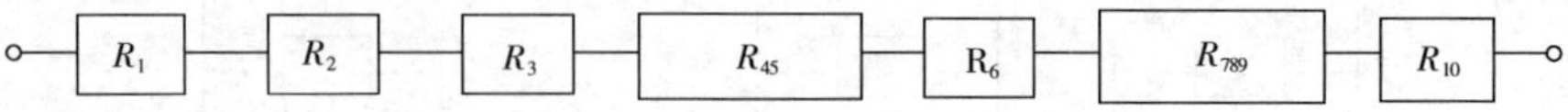

图 4-13　混联系统的等效可靠性模型

其中，R_{45} 是 4、5 的并联等效单元，R_{789} 为 7、7、9 的并联等效单元。

$$R_{45}(t)=1-[1-R_4(t)]\cdot[1-R_5(t)]$$

$$R_{789}(t)=1-[1-R_7(t)]\cdot[1-R_8(t)]\cdot[1-R_9(t)]$$

则系统的可靠度为

$$\begin{aligned}R_s(t)&=R_1(t)\cdot R_2(t)\cdot R_3(t)\cdot R_{45}(t)\cdot R_6(t)\cdot R_{789}(t)\cdot R_{10}(t)\\&=R_1(t)\cdot R_2(t)\cdot R_3(t)\cdot\{1-[1-R_4(t)]\cdot[1-R_5(t)]\}\cdot R_6(t)\\&\quad\cdot\{1-[1-R_7(t)]\cdot[1-R_8(t)]\cdot[1-R_9(t)]\}\cdot R_{10}(t)\end{aligned}$$

四、表决系统的可靠性模型

若系统中的 n 个单元中，至少要有 $k(1\leqslant k\leqslant n)$ 个单元正常工作，系统才能正常工作，如图 4-14 所示。我们称这样的系统为 n 中取 k 的表决系统。表决系统有两类：一类为 n 中取 k 好系统，即组成系统的 n 个单元中有 k 个或 k 个以上正常，系统才能正常工作，记做 $k/n[G]$；另一类是 n 中取 k 坏系统，即组成系统的 n 个单元中有 k 个或 k 个以上失效，系统则失效，记做 $k/n[F]$。显然，$k/n[F]$ 系统则是 $n-k+1/n[G]$ 系统。串联系统和并联系统实际上是表决系统的特例，分别为 $n/n[G]$ 和 $1/n[G]$ 系统。

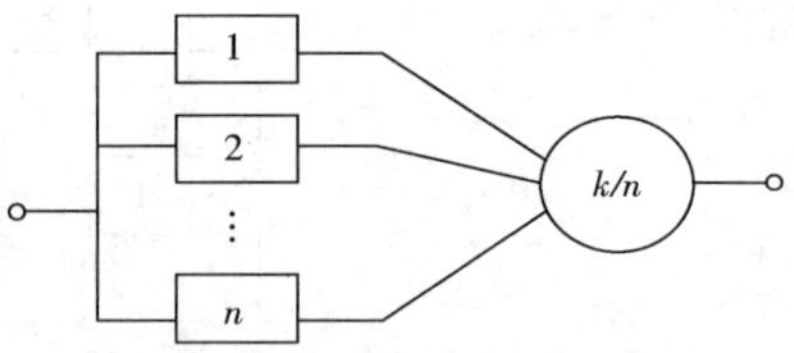

图 4-14　表决系统模型

为简单起见，我们先以 $2/3[G]$ 系统为例，说明表决系统的可靠度计算思路。$2/3[G]$ 系统即是由三单元组成的系统，只要其中任意两单元或三单元能够正常工作，系统即可正常工作，其系统可靠性框图如图 4-15 所示。

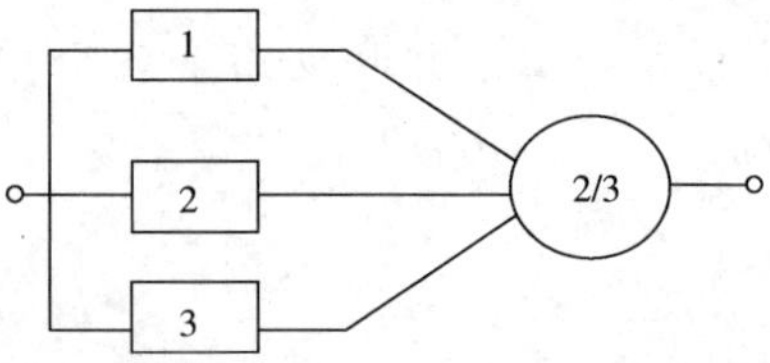

图 4-15　$2/3[G]$ 表决系统模型

根据 $2/3[G]$ 表决系统的含义，系统正常工作的状态主要有四种：① 三单元都正常工作；② 单元 1 失效，而单元 2 和 3 正常；③ 单元 2 失效，而单元 1 和 3 正常；④ 单元 3 失效，而单元 1 和 2 正常。

设 T 为系统失效时间，T_1，T_2，T_3 为各单元失效时间随机变量且相互独立，各单元的可靠度分别为 $R_i(t)(i=1,2,3)$，这时系统的可靠度 $R_s(t)$ 为

$$\begin{aligned}R_s(t)&=[P(T_1>t)\times P(T_2>t)\times P(T_3>t)]+[P(T_1<t)\times P(T_2>t)\times P(T_3>t)]+\\&\quad+[P(T_1>t)\times P(T_2<t)\times P(T_3>t)]+[P(T_1>t)\times P(T_2>t)\times P(T_3<t)]\\&=R_1(t)R_2(t)R_3(t)+F_1(t)R_2(t)R_3(t)+R_1(t)F_2(t)R_3(t)+R_1(t)R_2(t)F_3(t)\end{aligned}\tag{4-12}$$

如果各单元的可靠度相同，均为 $R(t)$ 时，其不可靠度为 $F(t)=1-R(t)$，则

$$R_s(t)=R(t)^3+3F(t)R(t)^2=3R(t)^2-2R(t)^3 \tag{4-13}$$

同理，针对 $k/n[G]$ 系统，系统正常工作的状态有：① 所有单元都正常工作；② 只有 1 个单元失效，其他单元都正常的情况，共 C_n^1 种组合；③只有 2 个单元失效，其他单元都正常的情况，共 C_n^2 种组合；一直考虑到只有 $n-k$ 个单元失效，其他 k 个单元都正常的情况，共 C_n^{n-k} 种组合。

若 n 个单元的可靠度都为 $R(t)$ 时，则系统的可靠度 $R_s(t)$：

$$R_s(t)=R^n(t)+C_n^1R^{n-1}(t)[1-R(t)]+C_n^2R^{n-2}(t)[1-R(t)]2+\cdots+$$

$$C_n^{n-k}R^k(t)[1-R(t)]n-k=\sum_{i=0}^{n-k}C_n^iR^{n-i}(t)[1-R(t)]^i \tag{4-14}$$

【例 4-6】　一架安装有 3 台发动机的喷气式飞机，至少要有两台发动机正常工作才能飞行。设飞机事故仅由发动机事故引起，发动机的失效率为常数，$R(t)=e^{-\lambda t}$，MTBF $=2\times10^3$ h，试计算飞行 10 h 末和 100 h 末飞机的可靠度。

解：这是 3 中取 2 表决系统。依题意，由于各发动机的失效分布满足指数分布，则失效率 λ 为

$$\lambda=\frac{1}{\text{MTBF}}=5\times10^{-4}/\text{h}$$

飞行 10 h 末和 100 h 末各单元的可靠度为

$$R(10)=e^{-10\lambda}=e^{-10\times5\times10^{-4}}=0.995$$

$$R(100)=e^{-100\lambda}=e^{-100\times5\times10^{-4}}=0.95$$

则飞行 10 h 末和 100 h 末飞机的可靠度可由式(4-13)计算得到：

$$R_s(10)=3\times0.995^2-2\times0.995^3=0.999\,924$$

$$R_s(100)=3\times0.95^2-2\times0.95^3=0.993$$

五、贮备系统的可靠性模型

为使系统更为可靠地工作，常常在系统中贮备一些单元，一旦工作单元失效后，立刻转接到贮备单元，参与系统工作，我们称这样的系统为贮备系统。设系统共由 $n+1$ 个单元组成，1 个单元工作，n 个单元贮备，当工作单元失效时，立刻由高可靠性的转换开关切换到一个贮备单元，使系统继续工作。直到所有单元都失效时，系统才失效。其可靠性框图如图 4-16 所示。贮备系统根据贮备单元的失效率情况，一般可分为冷贮备、热贮备和温贮备系统 3 种。冷贮备系统的贮备单元在贮备过程中不会失效(即

图 4-16　贮备系统可靠性框图

$\lambda=0$)；热贮备系统的贮备单元在贮备中的失效率与工作时一样(即 $\lambda=\lambda_{工}$)；而温贮备系统的贮备单元在贮备中的失效率大于零而小于工作失效率(即 $0<\lambda<\lambda_{工}$)。

1. 冷贮备系统的可靠性数学模型

假设转换开关完全可靠时，系统的寿命 T_s 则是各单元的寿命 T_i 之和，即

$$T_s=\sum_{i=1}^{n+1}T_i \tag{4-15}$$

则系统的可靠度为

$$R_s(t)=P(T_s>t)=P(T_1+T_2+\cdots+T_{n+1}>t) \tag{4-16}$$

根据概率论的知识，随机变量 T_s 是 T_i 的和，则 T_s 的概率密度函数 $f(t_s)$ 为各随机变量 T_i 概率密度函数 $f(t_i)$ 的卷积，即

$$f(t_s)=f(t_1)*f(t_2)*\cdots*f(t_{n+1})$$

则

$$R_s(t)=P(T_s>t)=\int_t^{\infty}f(t_s)\mathrm{d}t=\int_t^{\infty}f(t_1)*f(t_2)*\cdots*f(t_{n+1})\mathrm{d}t \tag{4-17}$$

由此可见，贮备系统单元越多，系统的可靠度数学模型就越复杂。在此以最简单的两单元冷贮备系统为例，说明冷贮备系统的可靠度计算方法。假设两单元都服从指数分布，工作单元和贮备单元的失效率分别为 λ_1、λ_2，在转换开关完全可靠的情况下，则按照式(4-17)可推导得该冷贮备系统的可靠度为

$$R_s(t)=\int_t^{\infty}f(t_1)*f(t_2)\mathrm{d}t=\int_t^{\infty}\int_0^{\infty}\lambda_1\mathrm{e}^{-\lambda_1x}\lambda_2\mathrm{e}^{-\lambda_2(t-x)}\mathrm{d}x\mathrm{d}t=\frac{\lambda_2}{\lambda_2-\lambda_1}\mathrm{e}^{-\lambda_q t}+\frac{\lambda_1}{\lambda_1-\lambda_2}\mathrm{e}^{-\lambda_2 t} \tag{4-18}$$

两单元冷储备系统的平均寿命为

$$\theta=\int_0^{\infty}R_s(t)\mathrm{d}t=\frac{1}{\lambda_1}+\frac{1}{\lambda_2} \tag{4-19}$$

若转换开关不完全可靠，设其在系统工作期间的可靠度为 R_K，系统的可靠度由两部分概率组成：一是在工作单元失效时开关正常转换，系统正常工作的概率；二是在工作单元失效时开关未能正常转换，系统正常工作的概率。假设各单元和开关的寿命分别为 T_1、T_2、T_k，则此时冷贮备系统的可靠度为

$$\begin{aligned}R_s(t)&=P(T_K>T_1,T_1+T_2>t)+P(T_K<T_1,T_1>t)\\&=P(T_K>T_1)P(T_1+T_2>t\mid T_K>T_1)+P(T_K<T_1)P(T_1>t\mid T_K<T_1)\\&=R_s\left[\frac{\lambda_2}{\lambda_2-\lambda_1}\mathrm{e}^{-\lambda_1 t}+\frac{\lambda_1}{\lambda_1-\lambda_2}\mathrm{e}^{-\lambda_2 t}\right]+(1-R_k)\mathrm{e}^{-\lambda_1 t}\\&=\mathrm{e}^{-\lambda_1 t}+R_k\frac{\lambda_1}{\lambda_1-\lambda_2}(\mathrm{e}^{-\lambda_2 t}-\mathrm{e}^{-\lambda_1 t})\end{aligned} \tag{4-20}$$

若转换开关的寿命也服从指数分布，其失效率为 λ_K，则根据前面的思路和概率论的相关知识，可推导得系统的可靠度为

$$R_S(t)=1-P(T_k>T_1,T_1+T_2<t)-P(T_k<T_1,T_1<t)$$

$$=1-\iiint\limits_{\substack{t_k>t_1\\ t_1+t_2<t}}\lambda_1\lambda_2\lambda_k e^{-\lambda_1 t_1}e^{-\lambda_2 t_2}\,dt_1\,dt_2\,dt_k-\iint\limits_{\substack{t_k<t_1\\ t_1<t}}\lambda_1\lambda_k e^{-\lambda_1 t_1}\,dt_1\,dt_k$$

$$=e^{-\lambda_1 t}+\frac{\lambda_1}{\lambda_K+\lambda_1-\lambda_2}\left[e^{-\lambda_2 t}-e^{-(\lambda_1+\lambda_K)t}\right] \tag{4-21}$$

2. 温贮备和热贮备系统的可靠性数学模型

温贮备和热储备系统的贮备单元在备用状态时也可能发生故障．因此分析它的可靠性比分析冷储备系统要复杂得多。这里，只研究最简单的两单元构成的贮备系统。

假设系统是由两个失效满足指数分布的单元构成，工作单元的失效率为 λ_1，贮备单元在贮备时的失效率为 η_2，转入工作后失效率为 λ_2。对于温贮备系统，则 $0<\eta_2<\lambda_2$；对于热贮备系统，则 $\eta_2=\lambda_2$。

则根据系统可靠度的定义，当转换开关完全可靠时，系统可靠度由两部分概率组成：一是在工作单元失效时贮备单元未失效，系统正常工作的概率；二是在工作单元失效时贮备单元已失效，系统正常工作的概率。这就类似于开关可靠度服从指数分布的两单元冷贮备系统，同理可得到开关完全可靠时温贮备系统或热贮备系统的可靠度为

$$R_s(t)=e^{-\lambda_1 t}+\frac{\lambda_1}{\lambda_1+\eta_2-\lambda_2}\left[e^{-\lambda_2 t}-e^{-(\lambda_1+\eta_2)t}\right] \tag{4-22}$$

当转换开关不完全可靠时，若其系统工作时的可靠度为 R_K，则温贮备或热贮备系统的可靠度由两部分概率组成：一是在工作单元失效时开关正常转换、系统正常工作的概率；二是工作单元失效时开关未能转换、系统正常工作的概率。即

$$R_S(t)=(1-R_K)e^{-\lambda_1 t}+R_K\left\{e^{-\lambda_1 t}+\frac{\lambda_1}{\lambda_1+\eta_2-\lambda_2}\left[e^{-\lambda_2 t}-e^{-(\lambda_1+\eta_2)t}\right]\right\}$$

$$=e^{-\lambda_1 t}+R_K\frac{\lambda_1}{\lambda_1+\eta_2-\lambda_2}\left[e^{-\lambda_2 t}-e^{-(\lambda_1+\eta_2)t}\right] \tag{4-23}$$

若转换开关的可靠度也服从指数分布，失效率为 λ_K，则系统的可靠度为

$$R_s(t)=e^{-\lambda_1 t}+\frac{\lambda_1}{\lambda_K+\lambda_1+\eta_2-\lambda_2}\left[e^{-\lambda_2 t}-e^{-(\lambda_K+\lambda_1+\eta_2)t}\right] \tag{4-24}$$

第四节　一般网络的可靠性分析

一、真值表法

真值表法，又称为状态枚举法，是直观、实用的计算系统可靠度的一种方法。其基本思路是：对于由 n 个单元构成的可靠性系统，假设每个单元只有两种状态，即正常和失效，分别用 1 和 0 表示。那么 n 个单元构成的系统就具有 2^n 个状态，并且这 2^n 个状态是互斥的。将 2^n 个状态采用编码形式一一列举出来，形成一真值表，然后将系统正常工作所对应的全部状态发生概率求和，即得系统的可靠度。

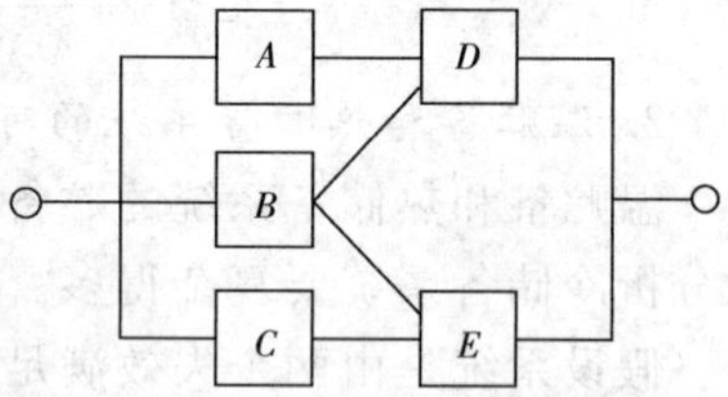

图 4－17　系统可靠性网络框图

【例 4－7】　某一系统的可靠性网络如图 4－17 所示，其中 $R_A=R_C=0.9$，$R_B=0.7$，$R_D=R_E=0.8$，求系统可靠度。

解：系统有 5 个单元，共有 $2^5=32$ 种状态，如表 4－1 所示。

表 4－1　系统及各单元状态取值表

系统状态序号	部件状态取值					统状态取值	系统状态概率
	A	B	C	D	E		
1	0	0	0	0	0	0	
2	0	1	0	0	0	0	
3	0	0	0	0	1	0	
4	0	1	0	0	1	1	0.001 12
5	0	0	0	1	0	0	
6	0	1	0	1	0	1	0.001 12
7	0	0	0	1	1	0	
8	0	1	0	1	1	1	0.004 48
9	0	0	1	0	0	0	
10	0	1	1	0	0	0	
11	0	0	1	0	1	1	0.004 32
12	0	1	1	0	1	1	0.010 08
13	0	0	1	1	0	0	
14	0	1	1	1	0	1	0.010 08
15	0	0	1	1	1	1	0.017 28
16	0	1	1	1	1	1	0.040 32
17	1	0	0	0	0	0	
18	1	1	0	0	0	0	
19	1	0	0	0	1	0	

（续表）

系统状态序号	部件状态取值					统状态取值	系统状态概率
	A	B	C	D	E		
20	1	1	0	0	1	1	0.010 08
21	1	0	0	1	0	1	0.004 32
22	1	1	0	1	0	1	0.010 08
23	1	0	0	1	1	1	0.017 28
24	1	1	0	1	1	1	0.040 32
25	1	0	1	0	0	0	
26	1	1	1	0	0	0	
27	1	0	1	0	1	1	0.038 88
28	1	1	1	0	1	1	0.090 72
29	1	0	1	1	0	1	0.038 88
30	1	1	1	1	0	1	0.090 72
31	1	0	1	1	1	1	0.155 52
32	1	1	1	1	1	1	0.362 88

如序号为 4 的状态能使系统正常工作，该状态出现的概率可由下式计算得到：

$$F_A R_B F_C F_D R_E = (1-R_A) R_B (1-R_C)(1-R_D) R_E = 0.001\ 12$$

系统的可靠度则是表 4－1 中所有使系统正常工作的 19 个状态出现的概率之和：

$$R_s = 0.948\ 48$$

二、概率图法

如图 4－18 所示，在真值表法的基础上，采用格雷码(Gray)编排的二进制数表示系统的 2^n 个状态，作出概率图。图中每一个小方块表示由各单元状态构成的 n 位二进制数对应的系统状态，若正常工作，则用“1”表示。然后把它划分为一些不重叠的长方格或正方格，对各方格进行合并简化，系统的可靠度就可以按这个划分的方格写出，这就是概率图法。

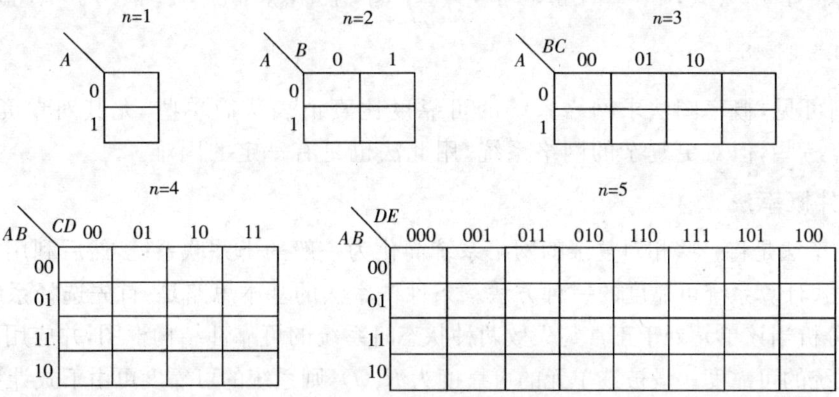

图 4－18　概率图构造示意图

概率图法构图时需要注意以下几点：

(1) 相邻两个方格的二进制数，仅在一位上有差别。

(2) 二进制数不是由小到大排列，而是采用格雷码的编排。求格雷码的方法是：设 $b_1 b_2 \cdots b_n$ 为 n 位二进制数，其对应的格雷码 $c_1 c_2 \cdots c_n$，则应有

$$c_1 = b_1$$

$$c_i = \begin{cases} 1 & b_{i-1} \neq b_i \\ 0 & b_{i-1} = b_i \end{cases} \qquad (i=2,3,\cdots,n)$$

如三位二进制数由小到大排列为 000，001，010，011，100，101，110，111，对应的格雷码则为 000，001，011，010，110，111，101，100。

(3) 划分出来的长方或正方形方框不应重叠，也不能遗漏，各事件应互斥，即相互独立。

【例 4-8】 对例 4-7 的网络系统，利用概率图法求解系统可靠度。

解：依上述方法构造该网络系统的概率图，如图 4-19 所示。

AB \ CDE	000	001	011	010	110	111	101	100
00						1	1	
01		1	1	1	1	1	1	
11		1	1	1	1	1	1	
10			1	1	1	1	1	

图 4-19 例 4-7 网络系统的概率图

如按图 4-19 所示方式划分方块，则系统正常工作的事件可以写成

$$S = AD + \bar{A}CE + AC\bar{D}\bar{E} + \bar{A}B\bar{C}E + AB\bar{C}\bar{D}E + \bar{A}BD\bar{E}$$

系统的可靠度为

$$\begin{aligned} R_s &= P(S) \\ &= R_A R_D + F_A R_C R_E + R_A F_D R_C R_E + F_A F_C R_B R_E + R_A F_D F_C R_B R_E + F_A F_E R_B R_D \\ &= 0.948\,48 \end{aligned}$$

从该例可见，概率图法求网络系统的可靠度比真值表法简单些，尤其对单元个数 $n<6$ 的系统更容易些，但对更复杂的网络系统，用此法也是有一定的困难。

三、条件概率法

条件概率法是将一些相对复杂的网络系统简化为一般的串并联系统，然后利用概率论中的条件概率公式计算系统可靠度的一种方法。条件概率法的基本思路是：首先选择系统中的某一单元，然后分析当该单元处于正常与失效两种状态时系统的可靠性结构框图，并应用条件概率法计算得到系统的可靠度。设被选单元的可靠度为 $R_x(t)$，则系统的可靠度可由下式计算：

$$R_s(t) = R_x(t) R[S/R_x(t)] + [1 - R_x(t)] R[S/F_x(t)] \qquad (4-25)$$

其中，$R[S/R_x(t)]$，$R[S/F_x(t)]$分别为被选单元在t时刻正常和失效条件下，系统能正常工作的概率。

【例 4－9】 用条件概率法求例 4－7 网络的系统可靠度。

解：选单元 B 进行分解，在单元 B 正常条件下，系统的可靠性框图可简化为图 4－20(a)所示；在单元 B 失效条件下，系统的可靠性框图又可等效为图 4－20(b)所示。

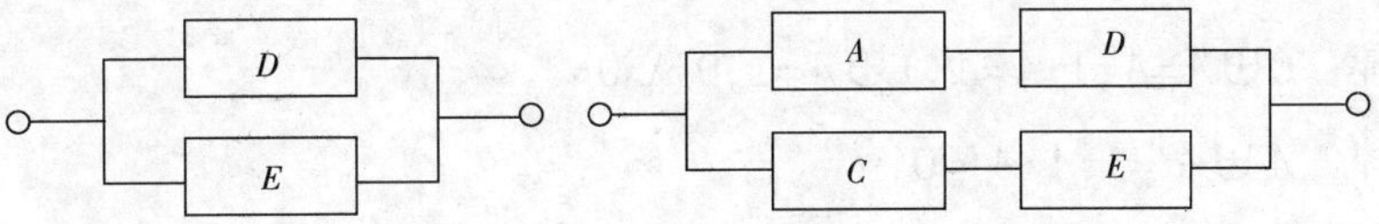

a) 单元 B 正常　　b) 单元 B 失效

图 4－20　单元 B 正常和失效条件下的系统可靠性框图

则有

$$R[S/R_B]=1-(1-R_D)(1-R_E)=0.96$$
$$R[S/F_B]=1-(1-R_AR_D)(1-R_CR_E)=0.9216$$

系统的可靠度为

$$R_s(t)=R_BR[S/R_B]+[1-R_B]R[S/F_B]=0.7\times0.96+0.3\times0.9216=0.94848$$

四、不交最小路法

不交最小路法是利用可靠性网络系统的最小路集的不交化运算，来计算系统正常工作概率的一种方法。为此，我们首先要掌握系统最小路集的基本概念及不交化运算方法。

1. 最小路集

用二值变量 x_i 表示系统中第 i 个单元的状态变量。$x_i=0$，表示该单元失效；$x_i=1$，表示该单元正常。所谓路集，就是由系统中单元状态变量构成的一种子集，在该子集以外所有单元都失效的情况下，只要子集中所有单元正常，则系统就能正常工作。而最小路集，是路集中的一种，它的特点是如果该路集中任一个单元失效都会引起系统失效。

【例 4－10】 求例 4－7 网络的路集和最小路集。

解：根据路集的概念，该网络系统的路集为：

x_Ax_D，x_Cx_E，x_Bx_E，x_Bx_D，

$x_Ax_Bx_D$，$x_Ax_Dx_C$，$x_Ax_Dx_E$，$x_Cx_Ex_B$，$x_Ax_Cx_E$，$x_Dx_Cx_E$，$x_Ax_Bx_E$，$x_Bx_Ex_D$，$x_Cx_Bx_D$，

$x_Ax_Dx_Cx_B$，$x_Ax_Bx_Dx_E$，$x_Cx_Ex_Ax_D$，$x_Cx_Ex_Ax_B$，$x_Bx_Ex_Dx_C$，$x_Ax_Dx_Cx_Bx_E$。

最小路集为：x_Ax_D，x_Cx_E，x_Bx_E，x_Bx_D。

2. 不交化运算

为了得到系统可靠度与各单元可靠度的函数关系，需要对系统的最小路集进行不交化运算。在此介绍一下概率论与布尔代数中有关不交化运算的相关理论与公式。

“不交并”即“逻辑不交和”运算 ⊎，首先把输入变量不交化处理后再进行布尔代数“并”运算的一种运算方法，如$A\uplus B=A\cup A'B$。

不交型布尔代数有以下基本规律及定理：

(1)交换律　$A \uplus B = B \uplus A, AB = BA$

(2)结合律　$A \uplus (B \uplus C) = (A \uplus B) \uplus C, A(BC) = (BA)C$

(3)分配律　$A(B \uplus C) = AB \uplus AC, A \uplus (BC) = (A \uplus B)(A \uplus C)$

(4)吸收律　$A \uplus AB = A, A(A \uplus B) = A$

(5)基元律　$0 \uplus A = A, 1 \cdot A = A, 1 \uplus A = 1, 0 \cdot A = 0$

(6)补元律　$A \uplus A' = 1, A \cdot A' = 0$

(7)对偶性定理　在不交型布尔代数中，把“$\uplus$”和“·”互换，“0”和“1”互换，运算不变，则得对偶式。可以证明不交型布尔代数的任何一个定理的对偶式仍是一条定理，叫做原定理的对偶定理。如果原定理成立，则其对偶定理必定成立。可以证明以上 6 个基本规律的(1)(2)式和(3)(4)式均互为原定理和对偶定理。

(8)不交型 De Morgan 定理 $(A \uplus B)' = A' \cdot B', (A \cdot B)' = A' \uplus B'$

对于一般情况下的不交并，设变量为 $x_1, x_2, \cdots, x_n$，它们的不交并为

$$x_1 \uplus x_2 \uplus \cdots \uplus x_n = x_1 + x'_1 x_2 + x'_1 x_2 x_3 + \cdots x'_1 x'_2 \cdots x'_{n-1} x_n \tag{4-26}$$

根据不交型 De Morgan 定理以及公式(4-26)，可推导得到直接不交化计算的不交型 De Morgan 定理：

$$(x_1, x_2, \cdots, x_n)' = x'_1 + x_1 x'_2 + x_1 x_2 x'_3 + \cdots + x_1 x_2 x_3 \cdots x_{n-1} x'_n \tag{4-27}$$

下面介绍一下不交最小路法中应用到的不交型积之和定理。该定理主要包括如下 4 个命题：

(1) 令布尔积 $S_i = \prod_{t=1}^{p} x_{it}$，其中 x_{it} 为 S_i 中的元素。若 S_i, S_j 不包含共同元素，则 $S_i' S_j$ 可用不交型运算规则直接展开。

(2) 若 S_i, S_j 包含一些共同元素，则

$$S_i' S_j = S'_{i \leftarrow j} S_j \tag{4-28}$$

式中，$S'_{i \leftarrow j}$ 为 S_i 具有而 S_j 没有的元素的布尔积。

(3) 若 $S_1, S_2, \cdots, S_n$ 都和 S_k 包含一些共同的元素，则

$$S_1' S_2' \cdots S_n' S_k = S'_{1 \leftarrow k} S'_{2 \leftarrow k} S'_{n \leftarrow k} S_k \tag{4-29}$$

式中，$S_{i \leftarrow k}$—$S_i (i = 1, 2, \cdots, n)$具有 S_k 没有的元素的布尔积。

(4) 若 $S_1, S_2, \cdots, S_n$ 均和 S_k 无共同素，且 $S_2, \cdots, S_n$ 均包含布尔积 S_1，则

$$S_1' S_2' \cdots S_n' S_k = S'_1 S_k \tag{4-30}$$

在求出了系统最小路集的基础上，假设系统有 p 个最小路集 $\rho_1, \rho_2, \cdots, \rho_p$，根据概率论

可以推出：系统工作$=\bigcup_{i=1}^{p}\rho_i$，则系统的可靠度 $R_s=P(\rho_1\cup\rho_2\cup\cdots\cup\rho_p)$。将系统的各个最小路集代入，进行不交化运算后，可得到系统可靠度的函数：$R_s=f(R_1,R_2,\cdots,R_n)$。

【例 4－11】 用不交最小路法求例 4－7 网络系统的可靠度。

解：由例 4－10 得例 4－7 网络系统的最小路集为

$$x_Ax_D,x_Cx_E,x_Bx_E,x_Bx_D$$

则系统正常工作的事件则是这 4 个最小路集的并集。

$$
\begin{aligned}
\text{系统正常}&=x_Ax_D\cup x_Cx_E\cup x_Bx_E\cup x_Bx_D\\
&=x_Ax_D\uplus x_Cx_E\uplus x_Bx_E\uplus x_Bx_D\\
&=x_Ax_D+(x_Ax_D)'x_Cx_E+(x_Ax_D)'(x_Cx_E)'x_Bx_E+(x_Ax_D)'(x_Cx_E)'(x_Bx_E)'x_Bx_D\\
&=x_Ax_D+(x_A{}'+x_Ax_D{}')x_Cx_E+(x_A{}'+x_Ax_D{}')x_C{}'x_Bx_E+x_A{}'(x_C{}'+x_Cx_E{}')x_E{}'x_Bx_D\\
&=x_Ax_D+x_A{}'x_Cx_E+x_Ax_D{}'x_Cx_E+x_A{}'x_C{}'x_Bx_E+x_Ax_D{}'x_C{}'x_Bx_E+x_A{}'x_E{}'x_Bx_D
\end{aligned}
$$

系统的可靠度为

$$
\begin{aligned}
R_s&=P(\text{系统正常})\\
&=P(x_Ax_D+x_A{}'x_Cx_E+x_Ax_D{}'x_Cx_E+x_A{}'x_C{}'x_Bx_E+x_Ax_D{}'x_C{}'x_Bx_E+x_A{}'x_E{}'x_Bx_D)\\
&=R_AR_D+F_AR_CR_E+R_AF_DR_CR_E+F_AF_CR_BR_E+R_AF_DF_CR_BR_E+F_AF_ER_BR_D
\end{aligned}
$$

将各单元的可靠度与不可靠度代入计算得系统的可靠度：

$$R_s=0.948\ 48$$

五、上下限法

通过可靠性框图模型可以计算得到系统的可靠度真值，但是它的前提是要准确建立系统可靠性框图。对于一些较为复杂的系统，往往难以通过分析建立准确的可靠性框图模型。在这种情况下，如果经分析，已知系统中的串联单元和非串联单元，就可以采用上下限法近似得到系统可靠度的函数表达式。上下限法的基本思想是：首先假定系统中非串联部分的可靠度为 1，这时算出的可靠度一定大于系统可靠度，可以作为第一次简化的上限值。然后将系统中非串联单元全部作为串联单元处理，这样计算得到的可靠度一定小于系统的可靠度，从而得到第一次简化的下限值。如果逐步考虑一些非串联单元失效而引起系统失效的概率，则上限值就会被不断修正，逐步下降，从而越来越逼近系统可靠度真值。同理，若考虑某些非串联单元失效而系统仍然能正常工作的概率，又会使得下限值被不断修正，逐步提高，越来越接近真值。上下限值经过若干次修正后，则可以利用综合公式近似计算得到可靠度真实值。其原理如图 4－21 所示。

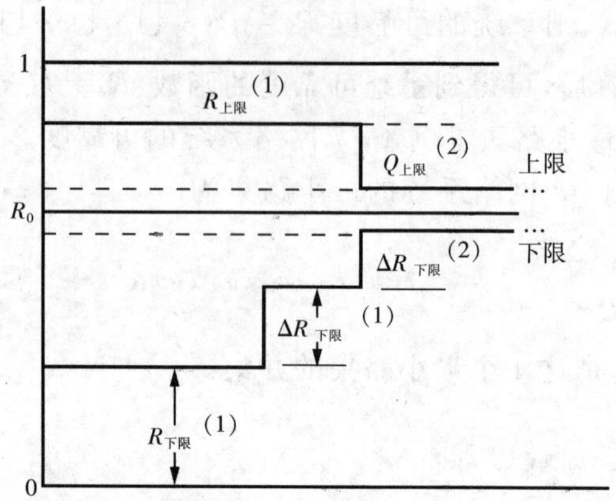

图 4-21　上下限法的图解

上下限法的计算要分 3 个步骤进行:计算系统可靠度的上限值、下限值及上下限综合值。

假设系统由 k_1 个串联单元和 k_2 个非串联单元组成,各单元的可靠度为 $R_i(i=1\sim k_1+k_2)$,则其不可靠度为 $q_i=1-R_i$。

1. 上限计算

第 m 次简化后系统可靠度的上限值为

$$R_{上限}{}^{(m)}=R_{上限}{}^{(1)}-Q_{上限}{}^{(2)}-\cdots-Q_{上限}{}^{(m)} \tag{4-31}$$

式中:$R_{上限}{}^{(1)}$——第一次简化后系统可靠度上限值,即假设系统非串联部分可靠度为1时系统的可靠度,即 $R_{上限}{}^{(1)}=\prod\limits_{i=1}^{k_1}R_i$;

$Q_{上限}{}^{(2)}$——非串联单元中任何两单元失效引起系统失效的概率,设有 n_2 种组合,则 $Q_{上限}{}^{(2)}=\prod\limits_{i=1}^{k_1+k_2}R_i(\sum\limits_{j\neq k}^{n_2}\frac{q_jq_k}{R_jR_k})$;

$Q_{上限}{}^{(m)}$——非串联单元中任何 m 个单元失效引起系统失效的概率,设有 n_m 种组合,则 $Q_{上限}{}^{(m)}=\prod\limits_{i=1}^{k_1+k_2}R_i(\sum\limits_{j,k,\cdots,m}^{n_m}\frac{q_jq_k\cdots q_m}{R_jR_k\cdots R_m})$。

2. 下限计算

第 n 次简化后系统可靠度的下限值为

$$R_{下限}{}^{(n)}=R_{下限}{}^{(1)}+\Delta R_{下限}{}^{(1)}+\cdots+\Delta R_{下限}{}^{(n-1)} \tag{4-32}$$

式中:$R_{下限}{}^{(1)}$——第一次简化后系统可靠度下限值,即假设系统非串联单元全部串联后系统的可靠度,即 $R_{下限}{}^{(1)}=\prod\limits_{i=1}^{k_1+k_2}R_i$;

$\Delta R_{下限}{}^{(1)}$——非串联单元中任何一单元失效系统仍然正常工作的概率。设有 n_1 种组合,则 $\Delta R_{下限}{}^{(1)}=\prod\limits_{i=1}^{k_1+k_2}R_i(\sum\limits_{j}^{n_1}\frac{q_j}{R_j})$;

$\Delta R_{\text{下限}}{}^{(n-1)}$——非串联单元中任何 $n-1$ 个单元失效系统仍然正常工作的概率，设有 n_{n-1} 种组合，则 $\Delta R_{\text{下限}}{}^{(n-1)}=\prod\limits_{i=1}^{k_1+k_2} R_i\left(\sum\limits_{j,k,\cdots,n-1}^{n_{n-1}} \dfrac{q_j q_k \cdots q_{n-1}}{R_j R_k \cdots R_{n-1}}\right)$。

3. 上下限综合计算

上下限计算出来之后，可以采用下面的公式求系统可靠度的近似值：

$$R_s=1-\sqrt{(1-\Delta R_{\text{上限}}^{(m)})(1-\Delta R_{\text{下限}}^{(n)})} \tag{4-33}$$

由上下限法的计算步骤可以看出，如果上限不断修正，一直考虑到非串联单元中 k_2 个单元全部失效引起系统失效的概率（即 $m=k_2$），或者下限不断修正，一直考虑到非串联单元中 k_2-1 个单元失效系统仍然正常工作的概率（即 $n-1=k_2-1$），则可以得到系统可靠度真值。

上下限法不需要准确建立复杂系统的可靠性框图，只要能预先判断出系统中所有的串联单元和非串联单元即可。而且上下限法公式规律性强，便于计算机求解，尤其适用于非串联单元很多的复杂系统。

第五节　可修复系统的马尔可夫可靠性分析

一、马尔可夫分析方法

1. 马尔可夫随机过程

前面主要讲述了不可修复系统的可靠性分析方法，然而，绝大多数的零部件或系统都是可修复系统，在汽车可靠性工程领域更是如此。针对常见的各单元寿命分布和故障后的修复时间都满足指数分布的可修复系统，一般可以应用马尔可夫随机过程理论来分析。本节主要介绍可修复系统的马尔可夫可靠性分析方法。

设 $\{X(t),t\geqslant 0\}$ 为状态取值在集合 $E=(0,1,2,\cdots,N)$ 上的一个随机过程，若对任意自然数 n 及任意时刻点 $t_1,t_2,\cdots,t_n(0\leqslant t_1<t_2<\cdots<t_n)$ 均有

$$\begin{aligned} &P\{X(t_n)=i_n \mid X(t_1)=i_1,X(t_2)=i_2,\cdots,X(t_{n-1})=i_{n-1}\} \\ &=P\{X(t_n)=i_n \mid X(t_{n-1})=i_{n-1}\} \end{aligned} \tag{4-34}$$

其中，$i_1,i_2,\cdots,i_n\in E$。则称这样的随机过程 $\{X(t),t\geqslant 0\}$ 为离散状态空间 E 上的连续时间马尔可夫过程。

从马尔可夫随机过程的定义来看，系统在时刻 t_n 处于状态 i_n 的概率，只与 t_n 前一时刻 t_{n-1} 状态 i_{n-1} 的条件概率有关，与随机过程将来的状态和历史的状态无关。

若对任意时刻 t 及任意的 $i,j\in E$，均有

$$P\{X(t+\Delta t)=j \mid X(t)=i\}=P\{X(\Delta t)=j \mid X(0)=i\}=P_{ij}(\Delta t) \tag{4-35}$$

则称这种随机过程为齐次马尔可夫过程。其中，$\Delta t\geqslant 0$ 为系统状态转移的时间差，函数 $P_{ij}(t)$ 表示从状态 i 转移到状态 j 的转移概率函数。由此可见，齐次马尔可夫过程的转移概

率仅与时间差 Δt 有关，与起始时刻 t 无关。

若令系统在 t 时刻处于状态 j 的概率为

$$P_j(t)=P\{X(t)=j\},j\in E$$

则对于齐次马尔可夫过程有

$$P_j(t)=\sum_{k\in E}P_k(0)P_{jk}(t) \tag{4-36}$$

2. 可修复系统的有效性

由于可修复系统的可靠性包含了狭义可靠性和维修性的内容，因此一般用有效性（又称可用性）来表示。有效性是指可以修复的产品在某时刻具有或维持规定功能的能力。有效度（可用度）是度量系统有效性的重要特征量之一。

有效度一般有瞬时有效度、平均有效度和稳态有效度。瞬时有效度是指产品在某时刻具有或维持其规定功能的概率，一般记作 $A(t)$。它反映了在 t 时刻产品的有效度，而与 t 时刻以前是否失效无关。即

$$A(t)=P\{X(t)\}$$

平均有效度是指产品在某个规定的时间区间内$[t_1,t_2]$有效度的平均值，记作 $\bar{A}(t)$。根据此定义，有

$$\bar{A}(t)=\frac{1}{t_2-t_1}\int_{t_1}^{t_2}A(t)\mathrm{d}t$$

稳态有效度是指当时间趋于无限时，瞬时有效度的极限值，也称极限有效度，记作 $A(\infty)$或 A，则有

$$A(\infty)=A=\lim_{t\to\infty}A(t)$$

一般来说，时间趋于无限的条件是很难达到的。所以，在解决实际问题时，只要时间足够长就可以了。

3. 单个可修复单元的可靠性分析

对于本节中研究的可修复系统，需要满足如下假设：

(1) 单元的寿命与故障后的修复时间分布均为指数分布。

(2) 单元和系统都仅有两种状态，即正常状态 S 和故障状态 F。

(3) 单元的故障和维修过程是相互独立的。

(4) 单元一经修复，就同新的一样。

(5) 在任意小的时间间隔$(t,t+\Delta t)$内发生 2 次以上状态转移的概率很小。

由单个单元组成的可修复系统是最简单。当单元工作时，系统处于正常状态；单元发生故障时，系统处于故障状态。系统从 $t=0$ 开始工作，工作一段时间发生故障，修理工马上进行修理，修复后（与原来新的一样）又立即投入正常工作，如此下去，形成故障与工作状态不断交替的过程。

设 $X(t)$表示时刻 t 系统所处的状态，则

$$X(t)=\begin{cases}0 & 若时刻\ t\ 系统处于正常状态\\ 1 & 若时刻\ t\ 系统处于故障状态\end{cases}$$

显然，$X(t)$是一个随机过程，t时刻以后系统状态转移概率完全由t时刻系统是工作状态还是故障状态决定，与该部件在t时刻以前已工作了多长时间或已修理了多长时间无关，因此是一个连续时间、有限状态空间$E=(0,1)$上的马尔可夫过程。又由于指数分布的“无记忆性”，这一点在第二章介绍指数分布时已有阐述，所以$\{X(t),t\geqslant 0\}$是一个齐次马尔可夫过程。

设系统寿命ξ服从参数λ的指数分布：

$$P(\xi\leqslant t)=1-e^{-\lambda t}\qquad(\lambda>0,t\geqslant 0)\tag{4-37}$$

维修时间η服从参数为μ的指数分布：

$$P(\eta\leqslant t)=1-e^{-\mu t}\qquad(\mu>0,t\geqslant 0)\tag{4-38}$$

且部件寿命ξ与修复时间η相互独立。无论系统正常或故障，系统一旦开始工作以后，Δt时间内它有可能向正常状态0或故障状态1转移。经推导可得Δt内各状态的转移概率函数：

$$P_{01}(\Delta t)=1-e^{-\lambda\Delta t}\approx\lambda\Delta t$$

$$P_{00}(\Delta t)=1-\lambda\Delta t$$

$$P_{10}(\Delta t)=1-e^{-\mu\Delta t}\approx\mu\Delta t$$

$$P_{11}(\Delta t)=1-\mu\Delta t$$

注：由于考察的转移时间Δt很小，$\lambda\Delta t$和$\mu\Delta t$则很小，所以上式中$1-e^{-\lambda\Delta t}\approx\mu\Delta t$，以下公式同理。

单个单元系统的马尔可夫状态转移图见图4-22所示。

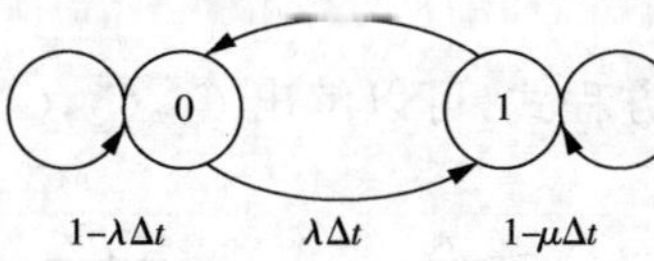

图4-22　单个单元系统的状态转移图

有了上述的状态转移概率函数，则可以求出系统的有效度$A(t)$。$P_0(t)$，$P_1(t)$分别表示系统在时刻t处于状态“0”和“1”的概率，由全概率公式可得

$$P_0(t+\Delta t)=P_0(t)P_{00}(\Delta t)+P_1(t)P_{10}(\Delta t)=P_0(t)(1-\lambda\Delta t)+P_1(t)\mu\Delta t$$

$$P_1(t+\Delta t)=P_0(t)P_{01}(\Delta t)+P_1(t)P_{11}(\Delta t)=P_0(t)\lambda\Delta t+P_1(t)(1-\mu\Delta t)$$

从而有

$$P_0(t+\Delta t)-P_0(t)=-\lambda P_0(t)\Delta t+\mu P_1(t)\Delta t$$

$$P_1(t+\Delta t)-P_1(t)=P_0(t)\lambda\Delta t-\mu P_1(t)\Delta t$$

上式两边同时对 Δt 求导，可得关于 $P_0(t)$ 和 $P_1(t)$ 的微分方程组：

$$\begin{cases} P_0'(t) = -\lambda P_0(t) + \mu P_1(t) \\ P_1'(t) = \lambda P_0(t) - \mu P_1(t) \end{cases}$$

将上述常系数微分方程组两式相加，得

$$P_0'(t) + P_1'(t) = 0$$

又由方程组可得

$$\begin{cases} P_0''(t) = -\lambda P_0'(t) + \mu P_1'(t) \\ P_1''(t) = \lambda P_0'(t) - \mu P_1'(t) \end{cases}$$

因此可得 $P_0(t)$，$P_1(t)$ 的二阶常系数线性微分方程组：

$$\begin{cases} P_0''(t) = -\lambda P_0'(t) - \mu P_0'(t) \\ P_1''(t) = -\lambda P_1'(t) - \mu P_1'(t) \end{cases}$$

从而可以求得其通解：

$$\begin{cases} P_0(t) = \dfrac{C_1}{\lambda + \mu} e^{-(\lambda+\mu)t} + C_2 \\ P_1(t) = \dfrac{C_1'}{\lambda + \mu} e^{-(\lambda+\mu)t} + C_2' \end{cases}$$

式中，C_1，C_2，C_1'，C_2' 均为常数。

若在时刻 $t=0$ 系统处于正常状态，则系统的初始条件为

$$P_0(0) = 1,\ P_1(0) = 0$$

将 $P_0(t)$，$P_1(t)$ 的通解代入上述方程式，可以解出 C_1，C_2，C_1'，C_2' 的值，故有

$$P_0(t) = \frac{\lambda}{\lambda + \mu} e^{-(\lambda+\mu)t} + \frac{\mu}{\lambda + \mu}$$

$$P_1(t) = -\frac{\lambda}{\lambda + \mu} e^{-(\lambda+\mu)t} + \frac{\lambda}{\lambda + \mu}$$

此时系统的有效度为

$$A(t) = P_0(t) = \frac{\lambda}{\lambda + \mu} e^{-(\lambda+\mu)t} + \frac{\mu}{\lambda + \mu} \tag{4-39}$$

若在时刻 $t=0$ 系统处于故障状态，则系统的初始条件是

$$P_0(0) = 0,\ P_1(0) = 1$$

由类似推导，可得

$$P_0(t)=-\frac{\mu}{\lambda+\mu}e^{-(\lambda+\mu)t}+\frac{\mu}{\lambda+\mu}$$

$$P_1(t)=\frac{\mu}{\lambda+\mu}e^{-(\lambda+\mu)t}+\frac{\lambda}{\lambda+\mu}$$

则系统的有效度为

$$A(t)=-\frac{\mu}{\lambda+\mu}e^{-(\lambda+\mu)t}+\frac{\mu}{\lambda+\mu} \tag{4-40}$$

求系统的稳态有效度，只需在式(4-38)与式(4-39)中令 $t\to\infty$，得

$$A=\lim_{t\to\infty}A(t)=\frac{\mu}{\lambda+\mu}$$

该式说明在系统已经运行了很长一段时间后，系统进入平稳状态，所处的状态与开始状态无关。

二、两单元可修复系统的可靠性分析

1. 两单元串联可修复系统

研究两单元串联可修复系统的可靠性时，需要作如下假设：

(1) 当某单元 i 发生故障，此时修理工立即对故障单元进行维修，另一部件则停止工作，且在维修期间不失效。

(2) 故障修复后，两单元又重新进入工作状态，系统也进入正常工作状态。

(3) 故障单元修复后的寿命分布与新单元一样，即其寿命仍为指数分布。

(4) 两单元之间以及它们的寿命和维修时间等所有的随机变量均相互独立。

在上述假设条件下，系统的状态变量 $\{X(t),t\geqslant 0\}$ 有

$$X(t)=\begin{cases}0 & \text{两单元都正常工作}\\ 1 & \text{单元 1 故障，单元 2 正常}\\ 2 & \text{单元 2 故障，单元 1 正常}\end{cases}$$

$\{X(t),t\geqslant 0\}$ 是一个连续时间、有限状态空间 $E=(0,1,2)$ 的齐次马尔可夫过程。

若寿命分布均为指数分布 $1-e^{-\lambda_1 t}$，$1-e^{-\lambda_2 t}$（$\lambda_1,\lambda_2>0,t\geqslant 0$），而且故障后修复时间也服从指数分布 $1-e^{-\mu_1 t}$，$1-e^{-\mu_2 t}$（$\mu_1,\mu_2>0,t\geqslant 0$），则其状态转移概率函数为

$$\begin{cases}P_{0i}\{\Delta t\}=\lambda_i\Delta t,\ i=1,2\\ P_{00}\{\Delta t\}=1-(\lambda_1+\lambda_2)\Delta t\\ P_{i0}\{\Delta t\}=\mu_i\Delta t,\ i=1,2\\ P_{ii}\{\Delta t\}=1-\mu_i\Delta t,\ i=1,2\\ P_{12}\{\Delta t\}=P_{21}\{\Delta t\}=0\end{cases}$$

由此可得两单元串联系统状态转移图，如图 4－23 所示（省略了系统停留在原状态的概率）。

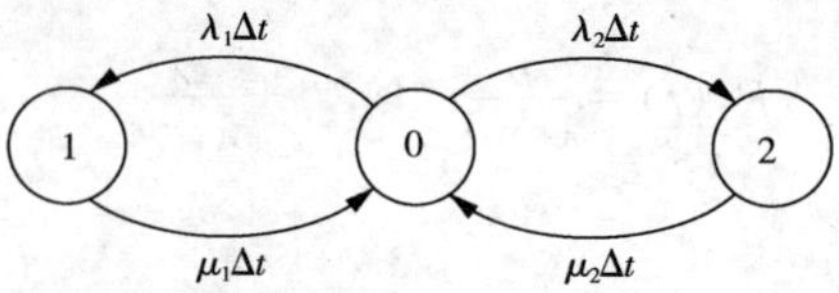

图 4－23　两单元串联系统状态转移图

由全概率公式可得

$$P_0(t+\Delta t)=P_0(t)P_{00}(\Delta t)+P_1(t)P_{10}(\Delta t)+P_2(t)P_{20}(\Delta t)$$

$$=P_0(t)[1-(\lambda_1+\lambda_2)\Delta t]+P_1(t)\mu_1\Delta t+P_2(t)\mu_2\Delta t$$

$$P_1(t+\Delta t)=P_0(t)P_{01}(\Delta t)+P_1(t)P_{11}(\Delta t)+P_2(t)P_{21}(\Delta t)$$

$$=P_0(t)\lambda_1\Delta t+P_1(t)(1-\mu_1\Delta t)$$

$$P_2(t+\Delta t)=P_0(t)P_{02}(\Delta t)+P_1(t)P_{12}(\Delta t)+P_2(t)P_{22}(\Delta t)$$

$$=P_0(t)\lambda_2\Delta t+P_2(t)(1-\mu_2\Delta t)$$

由此可得微分方程组：

$$\begin{cases}P_0{}'(t)=-(\lambda_1+\lambda_2)P_0(t)+\mu_1P_1(t)+\mu_2P_2(t)\\P_1{}'(t)=\lambda_1P_0(t)-\mu_1P_1(t)\\P_2{}'(t)=\lambda_2P_0(t)-\mu_2P_1(t)\end{cases}$$

若初始条件为：$P_0(0)=1, P_1(0)=P_2(0)=0$，求解微分方程组，并代入初始条件，从而可得到两单元串联可修复系统的有效度：

$$A(t)=P_0(t)$$

$$=\frac{\mu_1\mu_2}{s_1s_2}+\frac{s_1(s_1+\mu_1+\mu_2)+\mu_1\mu_2}{s_1(s_1-s_2)}e^{\lambda_1t}+\frac{s_2(s_2+\mu_1+\mu_2)+\mu_1\mu_2}{s_2(s_2-s_1)}e^{\lambda_2t}$$

其中，$s_{1,2}=\dfrac{-(\lambda_1+\lambda_2+\mu_1+\mu_2)\pm\sqrt{(\lambda_1-\lambda_2+\mu_1-\mu_2)^2+4\lambda_1\lambda_2}}{2}$。

令 $t\to\infty$，并代入 s_1, s_2 的值，得到系统的稳态有效度：

$$A=\lim A(t)=\frac{\mu_1\mu_2}{\lambda_1\mu_2+\lambda_2\mu_1+\mu_1\mu_2}$$

2. 两单元并联可修复系统

并联可修复系统的可靠性分析比较复杂，在此仅以两相同单元的并联系统为例，说明其可靠性分析思路。经分析，系统共有 3 种状态：两单元都正常，则系统正常；一个单元正常，另一个单元故障，系统仍正常；两单元均故障，系统故障。则系统的状态变量为

$$X(t)=\begin{cases}0 & \text{两单元都正常工作}\\ 1 & \text{一单元故障,另一单元正常}\\ 2 & \text{两单元均故障}\end{cases}$$

可以证明随机过程$\{X(t),t\geqslant 0\}$是连续时间、有限状态空间$E=(0,1,2)$的齐次马尔可夫过程。

若两单元的寿命分布均为指数分布$1-e^{-\lambda t}(\lambda>0,t\geqslant 0)$,而且故障后修复时间也都服从指数分布$1-e^{-\mu t}(\mu>0,t\geqslant 0)$,则其状态转移概率函数为

$$P_{01}\{\Delta t\}=2\lambda\Delta t$$

$$P_{12}\{\Delta t\}=\lambda\Delta t$$

$$P_{10}\{\Delta t\}=P_{21}\{\Delta t\}=\mu\Delta t$$

$$P_{00}\{\Delta t\}=1-2\lambda\Delta t$$

$$P_{11}\{\Delta t\}=1-(\lambda+\mu)\Delta t$$

$$P_{22}\{\Delta t\}=1-\mu\Delta t$$

$$P_{02}\{\Delta t\}=P_{20}\{\Delta t\}=0$$

其状态转移图如图 4-24 所示。

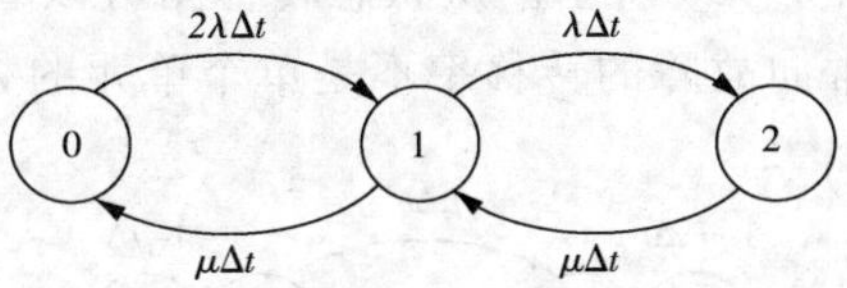

图 4-24　两相同单元并联系统状态转移图

根据全概率公式,可以得到$P_j\{t\}(j=0,1,2)$满足的微分方程组:

$$\begin{cases}P'_0(t)=-2\lambda P_0(t)+\mu P_1(t)\\ P'_1(t)=2\lambda P_0(t)-(\mu+\lambda)P_1(t)+\mu P_2(t)\\ P'_2(t)=\lambda P_1(t)-\mu P_2(t)\end{cases}$$

若在时刻$t=0$,两单元是好的,当初始条件为

$$P_0(0)=1,\ P_1(0)=0,\ P_2(0)=0$$

由此可得到微分方程的解。此时系统的有效度为

$$A(t)=P_0(t)+P_1(t)=1-P_2(t)$$

$$=1-\frac{2\lambda^2}{s_1s_2}-\frac{2\lambda^2(s_2e^{s_1t}-s_1e^{s_2t})}{s_1s_2(s_1-s_2)}$$

其中，$s_1,s_2=\frac{1}{2}[-(3\lambda+2\mu)\pm\sqrt{\lambda^2+4\lambda\mu}]$。

将 s_1,s_2 的值代入，则系统的稳态有效度为

$$A=\lim_{t\to\infty}A(t)=\frac{2\lambda\mu+\mu^2}{2\lambda^2+2\lambda\mu+\mu^2}$$

三、多单元可修复系统的可靠性分析

主要介绍三种多单元可修复系统的可靠性分析过程：n 个相同单元组成的串联系统；n 个不同单元组成的串联系统；n 个相同单元组成的并联系统。

1. n 个相同单元组成的串联系统

假设只有一个修理工，一旦系统中有一个单元失效，则系统停止工作进入修理状态，而且在修理过程中其他单元不会失效。由此可知，系统只有 2 种状态，一种是 n 个单元全正常，此时系统处于正常状态；另一种是 n 个相同单元中任何一个故障，系统即处于故障状态。即

$$X(t)=\begin{cases}0 & n\text{ 个单元全部正常}\\ 1 & 1\text{ 个单元失效，其他单元正常}\end{cases}$$

设每个单元故障和维修都服从指数分布，失效率和修复率为 λ 和 μ。系统由正常向故障转移有 n 种可能性，则状态转移率为 $n\lambda$，由故障向正常转移只有一种可能性，状态转移率为 μ，系统的状态转移图如图 4-25 所示。从状态转移图可以看出，这个系统与单个单元系统模型一致，只是系统由正常向故障的转移率不是单个单元的 λ，而是 $n\lambda$。

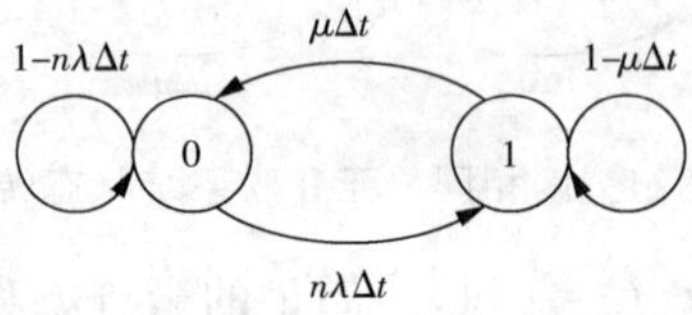

图 4-25　n 个相同单元串联系统的状态转移图

状态转移概率分别为

$$P_{00}\{\Delta t\}=1-n\lambda\Delta t$$

$$P_{01}\{\Delta t\}=n\lambda\Delta t$$

$$P_{10}\{\Delta t\}=\mu\Delta t$$

$$P_{11}\{\Delta t\}=1-\mu\Delta t$$

根据全概率公式，可推导得微分方程组：

$$\left.\begin{aligned}P_0'\{t\}&=-n\lambda P_0\{t\}+\mu P_1\{t\}\\ P_1'\{t\}&=n\lambda P_0\{t\}-\mu P_1\{t\}\end{aligned}\right\}$$

当初始条件为 $P_0(0)=1,P_1(0)=0$ 时，系统的有效度为

$$A(t)=\frac{n\lambda}{n\lambda+\mu}e^{-(n\lambda+\mu)t}+\frac{\mu}{n\lambda+\mu}$$

若初始条件为 $P_0(0)=0, P_1(0)=1$，则有

$$A(t)=-\frac{\mu}{n\lambda+\mu}e^{-(n\lambda+\mu)t}+\frac{\mu}{n\lambda+\mu}$$

系统的稳态有效度为

$$A=\frac{\mu}{n\lambda+\mu}$$

2. n 个不同单元的串联系统

设 n 个单元的故障率和修复率分别为 λ_i 和 $\mu_i (i=1,2,\cdots,n)$，由于各个单元不同，则系统总共有 $(n+1)$ 种状态：

状态 0　全部 n 个单元均正常；

状态 1　第一个单元故障，其余正常；

⋮

状态 n　第 n 个单元故障，其余正常。

由于状态 1 到状态 n 都是某个单元故障．其余单元正常的状态，因此它们之间不能互相转移。相应的状态空间转移图如图 4－26 所示（省略了系统在原状态的概率）。

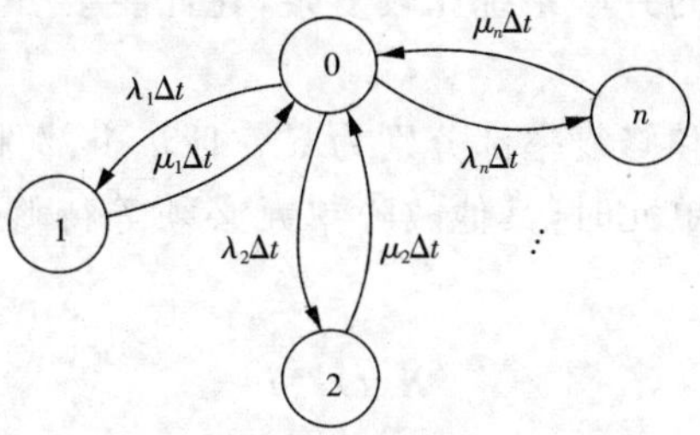

图 4－26　n 个不同单元串联系统的状态转移图

在时间 Δt 内不同状态之间的转移概率函数为

$$P_{0i}\{\Delta t\}=\lambda_i\Delta t$$

$$P_{i0}\{\Delta t\}=\mu_i\Delta t$$

$$P_{00}\{\Delta t\}=1-\sum_{i=1}^{n}\lambda_i\Delta t$$

$$P_{ii}\{\Delta t\}=1-\mu_i\Delta t,\ i=1,2,\cdots,n$$

根据全概率公式可以得到 t 时刻系统状态概率 $P_i(t)$ 的微分方程组：

$$\begin{cases} P_0{}'(t) = -\sum_{i=1}^{n}\lambda_i P_0(t) + \mu_1 P_1(t) + \mu_2 P_2(t) + \cdots + \mu_n P_n(t) \\ P_1{}'(t) = \lambda_1 P_0(t) - \mu_1 P_1(t) \\ P_2{}'(t) = \lambda_2 P_0(t) - \mu_2 P_1(t) \\ \vdots \\ P_n{}'(t) = \lambda_n P_0(t) - \mu_n P_1(t) \end{cases}$$

若系统的初始条件为

$$P_0(t)=1, P_1(t)=0, \cdots, P_n(t)=0$$

可通过解微分方程求得系统的平稳有效度：

$$A=\frac{1}{1+\sum_{j=1}^{n}\frac{\lambda_j}{\mu_j}}$$

3. n 个相同单元的并联系统

由于 n 个不同单元组成的并联系统比较复杂，在此主要介绍 n 个相同单元的并联系统可靠性分析。

假设 n 个单元的失效率和修复率都分别为 λ、μ 且 n 个部件相互独立，只有一个修理工。当修理工正在修理某个故障单元时，其他故障单元必须等待修理，系统共有 $n+1$ 个状态。令系统状态变量

$$X(t)=i$$

它表示系统在 t 时刻有 i 个单元故障的状态，其中 $i=0,1,\cdots,n$。当 $i=0,1,\cdots,n-1$ 时，系统正常；$i=n$ 时，系统故障。在时间 Δt 内的状态转移概率如图 4-27 所示。

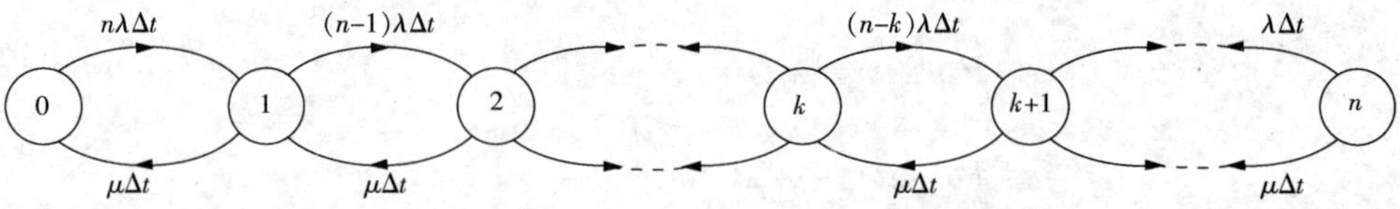

图 4-27　n 个相同单元的并联系统

其转移概率函数为

$$P_{i(i+1)}\{\Delta t\}=(n-i)\lambda\Delta t, \qquad i=0,1,2,\cdots,n-1$$

$$P_{ii}\{\Delta t\}=1-[(n-i)\lambda+\mu]\Delta t, \qquad i=0,1,2,\cdots,n$$

$$P_{i(i-1)}\{\Delta t\}=\mu\Delta t, \qquad i=1,2,\cdots,n$$

$$P_{ik}\{\Delta t\}=0; i,k=1,2,\cdots,n; \qquad i\neq k; i,k=1,2,\cdots,n$$

于是可列出 $P_i\{t\}(i=0,1,2,\cdots,n)$ 满足的微分方程组：

$$\begin{cases} P'_0(t)=-n\lambda P_0(t)+\mu P_1(t) \\ P'_1(t)=n\lambda P_0(t)-[(n-1)\lambda+\mu]P_1(t)+\mu P_2(t) \\ P'_2(t)=(n-1)\lambda P_1(t)-[(n-2)\lambda+\mu]P_2(t)+\mu P_3(t) \\ \vdots \\ P'_{n-1}(t)=2\lambda P_{n-2}(t)-[\lambda+\mu]P_{n-1}(t)+\mu P_n(t) \\ P'_n(t)=\lambda P_{n-1}(t)-\mu P_n(t) \end{cases}$$

则系统的平稳有效度为

$$A=\frac{\sum_{k=0}^{n-1}\frac{1}{(n-k)!}\left(\frac{\lambda}{\mu}\right)^k}{\sum_{k=0}^{n}\frac{1}{(n-k)!}\left(\frac{\lambda}{\mu}\right)^k}。$$

本章小结

本章介绍了一些典型系统可靠性数学模型，主要有串联系统、并联系统、表决系统、贮备系统、一般网络以及可修复系统的马尔可夫分析方法，并结合一些实例说明了可靠性计算的基本思路和步骤。

思考与练习

4-1　对你自己所设计的一个简单系统，画出其系统功能图和可靠性框图。

4-2　某系统由三单元串联构成，设各单元均服从指数分布，若各单元的平均失效时间分别为 100 h，200 h，300 h，求系统的可靠度。

4-3　已知可靠度相同的三单元并联工作，每个单元的平均寿命为 2500 h，均服从指数分布，确定使系统可靠度达到 0.995 所允许的系统工作时间。

4-4　由 $2n$ 个单元组成的并串联系统和串并联系统的可靠性框图分别如图 4-28a 和图 4-28b 所示，假设各单元失效是互相独立的，试比较两个系统的可靠性。

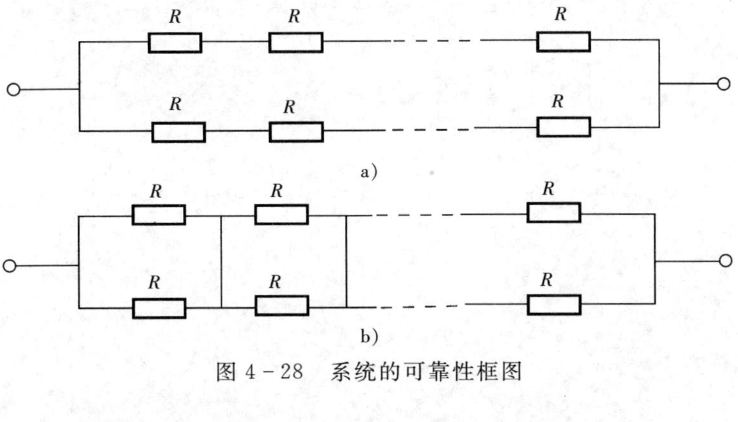

图 4-28　系统的可靠性框图

4－5　某 3/5[G]表决系统，各单元寿命均服从指数分布，失效率均为 $\lambda=40\times10^{6}/h$，若工作时间 $t=6000$ kh，求系统的可靠度及平均寿命。

4－6　设计一台设备的电源，要求平日最大供电为 6 kW，紧急情况下为 12 kW。用发电机作为电源，可提供以下 3 种方案：①1 台 12 kW 发电机；②2 台 6 kW 发电机；③3 台 4 kW 发电机。设各种发电机的可靠度相同，均等于 R，且各台发电机的失效相互独立，比较这 3 种方案。

4－7　工作时失效率 $\lambda_0=2\times10^{-4}$ h 的 2 台电动机，1 台冷贮备，1 台工作，设转换开关在系统工作期间的可靠度 $R_{sw}=0.99$，求系统在 $t=10$ h 的可靠度和平均寿命。

4－8　某一系统的可靠性逻辑框图如图 4－29 所示。各单元工作相互独立，可靠度均为 0.9，试用真值表法求系统的可靠度。

4－9　图 4－30 所示中各单元工作相互独立，各单元可靠度分别为 $R_1=R_2=0.7$，$R_3=R_4=0.8$，$R_5=0.9$。分别用全概率分解法和不交最小路法求系统的可靠度。

4－10　某个寿命为指数分布的汽车单元系统，其失效率为 0.005/h，若此系统是不可维修的，试计算其工作 50 h 的可靠度。若此系统是可维修的，修复率为 0.07/h，试计算其工作 50 h 的有效度。

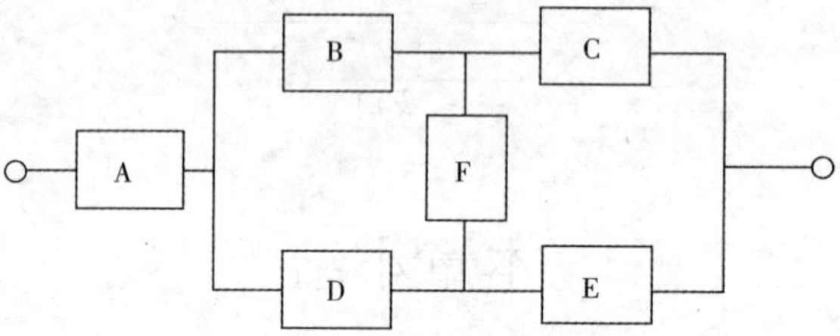

图 4－29　系统的可靠性逻辑框图

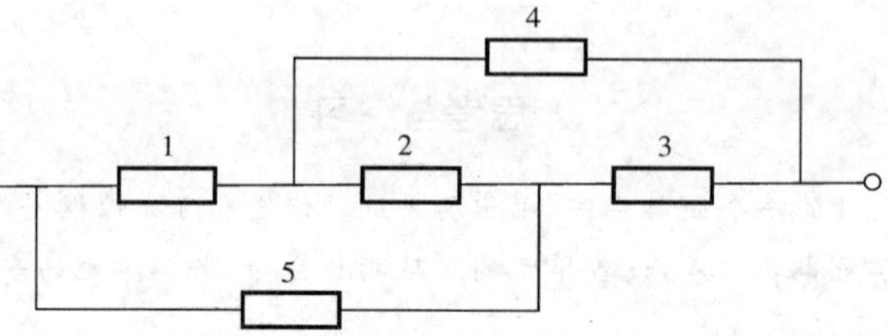

图 4－30　系统的可靠性框图

第五章 汽车可靠性设计

内容提要：本章主要介绍了汽车可靠性设计的概念、可靠性分配、可靠性设计原理、可靠性设计方法等，还针对承受不同载荷的典型汽车零部件进行了相应的可靠性设计分析。

第一节 引 言

可靠性设计是现代工程先进设计方法之一。目前，这一设计方法已在现代机电产品的设计中得到广泛应用，它在提高产品的设计水平和质量，降低产品的成本，保证产品的可靠性、安全性等方面起着极其重要的作用。

汽车产品设计中，要综合满足用户对各种使用性能（动力性、燃油经济性、舒适性及安全性等）的要求；满足国家制定的各项标准、法规（安全、排放、噪声等）的要求；满足用户对可靠性、维修性、耐久性的要求；还要考虑到工艺性、制造成本、投产时间等。设计工作是以上各个方面的综合平衡，哪一方面都不能忽视。

在诸多设计要求中，对产品的声誉与竞争力最有影响，也就是用户对汽车产品最为关切的性能，莫过于可靠性。这点对于我国汽车工业目前状况来说，更显得突出。

大量试验资料与用户调查资料表明，国产汽车故障的60%以上与设计有关。一般来说，制造原因（材料、加工、装配等）产生的可靠性问题表现为局部性的、短期性的，它影响一部分产品或一个时期的产品质量，而设计原因（指产品设计与工艺设计）所造成的产品可靠性问题表现为全局性的、长期性的，它是不可能通过加强生产过程的质量管理来解决的。设计上造成的可靠性问题是“先天性”的毛病，投产后难以治愈。汽车的固有可靠性主要取决于设计。

所以，可靠性工程必须从设计抓起，设计工作是汽车可靠性工程的起点和基础。

第二节　可靠性分配

一、可靠性分配的意义

所谓可靠性分配，就是为达到系统（整车、整机）的可靠性目标，将系统可靠性指标科学合理地分配到各子系统和零部件的过程。

可靠性分配的逆过程，即根据各子系统的可靠性水平，预测系统可靠性的过程，称为可靠性预测，又称为可靠性评价或可靠性分析。

可靠性分配在国外汽车设计工作中，已经作为确保设计可靠性的一个重要环节与办法。目前在国内各大汽车厂家也获得重视并逐步采用。

可靠性分配的意义在于：

（1）汽车是一个十分复杂的机械电子产品，系统的可靠性目标的实现，必须依靠所有子系统、零部件的可靠性来保证。没有子系统、零部件的可靠性目标为基础，系统的可靠性目标定得再好，也只是一纸空文，只是总设计师头脑里的良好愿望而已。

（2）可靠性分配中要把用户最关心的问题放在首位，要认真研究竞争对手的资料，要考虑到同其他性能要求的配合，还要考虑到费用、技术能力、时间等因素。分配的过程是综合这些因素的协调过程。它为实施设计阶段的可靠性管理提供了科学的依据。它使工厂领导做到胸中有数，使设计人员明确目标，大家把力量用在刀刃上。

（3）把可靠性定量指标，如同性能指标、重量指标、成本指标一样，作为设计工作中必须达到的技术要求，在设计评审中要进行审核，要通过子系统、零部件的试验进行验证。这样就迫使设计人员采取各种可靠性设计与分析技术，去实现所分配到的指标值。为了使零部件试验能够正确有效地反映可靠性目标值，迫使试验人员去制定更为科学合理有效的试验规范，开发新的试验技术。这样必将促进整个产品开发工作的技术进步。

可靠性设计是保证产品可靠性的根本，而可靠性分配是可靠性设计的重要前提。可靠性分配将使你摆脱“干着看”、“走着瞧”、“头痛医头、脚痛医脚”、“先投产、后攻关”的盲目被动局面。

二、简单系统可靠性分配

简单系统可靠性分配常使用等分配法，所谓的等分配法就是对各子系统分配以相等的可靠度。这种分配方法比较简单，但不尽合理，在分配过程中没有考虑各子系统的重要性、成本高低、修复的难易程度和现有可靠性水平等。因此等分配法一般用于设计初期，在对各单元可靠性资料掌握很少的情况下，假定各单元条件相同，从而作可靠性的近似分配。

1. 串联系统的可靠度分配

对串联系统的可靠度来说，一般取决于系统中最薄弱的子系统的可靠度。因此，其余分系统的可靠度取值再高也是毫无意义的。居于这种考虑，各子系统应取相同的可靠度进行分配。对于串联系统，为使系统达到规定的可靠度水平 R_s，各子系统也应具有相当的可靠性水平，如图 5－1 所示 n 个单元组成串联系统，按等分配法，即每个单元分配给相同的可靠度，则其关系式为

$$R_s = R_1 R_2 \cdots R_n = \prod_{i=1}^{n} R_i = R^n \qquad (5-1)$$

$$R = R_s^{1/n}$$

$$R = R_1 = R_2 = \cdots = R_n$$

式中：R_s——系统要求的可靠度；

R_i——第 i 单元分配的可靠度；

n——串联单元数。

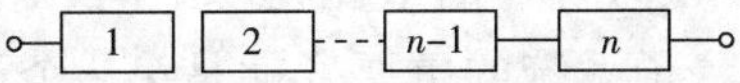

图 5－1　串联系统可靠度分配

【例 5－1】　一台汽车保修设备，由四部分串联组成，要求总体可靠度达到 $R_s=0.85$，其中已知某一部分的可靠度为 0.98，按等分配法确定其余三部分的可靠度。

解：设已知的可靠度 R_1，其余三部分的可靠度为 R_0，按照串联系统等分配法的计算公式有

$$R_s = R_1 R_0^3$$

$$R_0 = \sqrt[3]{\frac{R_s}{R_1}} = \sqrt[3]{\frac{0.85}{0.98}} = 0.95$$

通过计算，得到其余三部分的可靠度为 0.95

2. 并联系统的可靠度分配

如图 5－2 所示并联系统，按等分配法，则

$$F_i = F_s^{1/n} = (1-R_s)^{1/n} \qquad (i=1,2,\cdots,n) \qquad (5-2)$$

式中：F_s——系统要求的不可靠度；

F_i——第 i 个单元分配到的不可靠度；

R_s——系统要求的可靠度；

n——并联单元数。

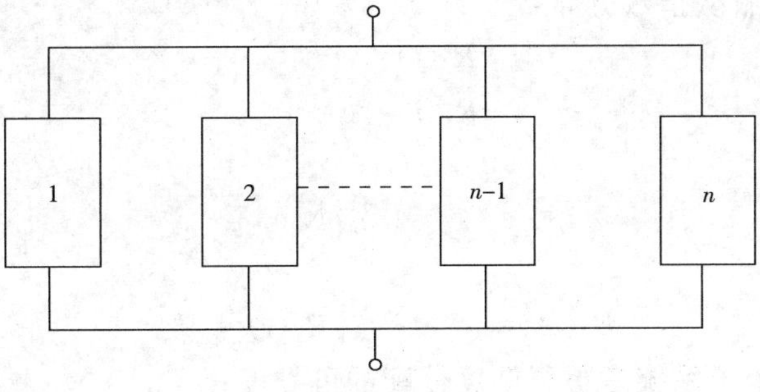

图 5－2　并联系统可靠度分配

【例 5－2】　由 3 个单元组成的并联系统，要求系统可靠度达到 0.98，求每个单元的可靠度。

解:已知 $R_s=0.98$,设每个单元可靠度为 R_0,则

$$F_i=(1-R_s)^{1/n}=(1-0.98)^{1/3}=0.271$$

计算可得

$$R_0=1-F_i=1-0.271=0.729$$

三、复杂系统可靠性分配

1. 子系统重要度分配法

对于组成系统的各子系统,在系统中的重要程度不同,则应分配给不同的可靠度。反映其重要程度的指标就是重要度。子系统的重要度就是第 i 个子系统失效引起系统失效的次数与第 i 个子系统失效次数的比值;也就是第 i 个子系统发生失效时,整个系统发生失效的概率。重要度大的子系统就应分配给高可靠度,重要度小的子系统就应分配较低的可靠度。分配给第 i 个子系统的可靠度可由下式计算:

$$R_i(t)=1-\{[1-R_s(T)W_i]/E_i\} \tag{5-3}$$

式中:$R_s(T)$——系统的可靠度;

W_i——相对失效率,$W_i=\lambda_i/\lambda_s$;

E_i——第 i 个子系统的重要度。

2. 子系统复杂度分配法

子系统的复杂程度,用子系统中的部件数与整个系统部件数的比来表示,称为复杂度:

$$C_i=n_i/N \tag{5-4}$$

式中:n_i——第 i 个子系统中部件数;

N—— 整个系统中的部件数,$N=\sum n_i(i=1,2,\cdots,m)$,$m$ 为子系统数目。

如果是串联系统,系统中部件愈多愈容易失效,所以有如下关系:

$$\lambda_i/\lambda_s=n_i/N \tag{5-5}$$

式中:λ_i,n_i——第 i 个子系统的失效率和部件数;

λ_s,N——整个系统的失效率和部件数。

若各子系统的可靠度服从指数分布:

$$R_i(t)=e^{-\lambda_i t}$$

$$R_s(t)=e^{-\lambda_s t}$$

考虑到式(5-10),得

$$\lambda_i=\lambda_s n_i/N$$

所以有

$$R_i(t)=e^{-\lambda_s n_i t/N}=[R_s(t)]^{(n_i/N)} \tag{5-6}$$

式中:$R_i(t)$——第 i 个子系统考虑复杂度分配的可靠度;

$R_s(t)$ ——系统要求的可靠度。

当系统的可靠度已确定时,对于系统的可靠度分配应满足复杂度的要求。复杂度对系统的影响比较稳定,因为构成子系统的部件数 n_i 一旦确定,那么对系统的影响也就确定。

3. 代数分配法

代数分配法又称 AGREE 分配法，是美国电子设备可靠性咨询组(AGREE)在 1957 年 6 月提出的一种分配方法。这种方法既考虑每一个子系统的复杂性，也考虑重要度。

设系统由 n 个子系统串联组成，且各子系统均相互独立，同时均服从指数分布。第 i 个子系统的可靠度为

$$R_i(t_i)=e^{-t_i/\theta_i} \tag{5-7}$$

式中：t_i——第 i 个子系统的工作时间；

θ_i——第 i 个子系统的平均寿命。

考虑重要度，式(5-7)为

$$R_i'=1-\omega_i(1-e^{-t_i/\theta_i}) \tag{5-8}$$

式中：ω_i——第 i 个分系统的重要度(权重)。

若同时考虑子系统的复杂度，则有

$$R_i''=R^{(n_i/N)} \tag{5-9}$$

式中：N——系统组装件总数；

n_i——第 i 个子系统中组装件总数；

R_s——系统在任务时间内的要求可靠度。

因为同时应满足重要度和复杂度的要求，所以有

$$R_i'=R_i''$$

$$1-\omega_i(1-e^{-t_i/\theta_i})=R_s^{(n_i/N)}$$

经计算整理得

$$\theta_i=N\omega_i t_i/[n_i(-\ln R_s)] \tag{5-10}$$

【例 5-3】 某机械电子设备要求任务时间为 12 h，可靠度 $R=0.923$，设备各子系统数据如表 5-1。试进行可靠度分配。

解：

$$\theta_1=570\times10\times12/(102\times\ln0.923)=837\text{ h}$$

$$R_1=e-12/827=0.985\ 8$$

$$\theta_2=570\times10\times12/(91\times\ln0.923)=938\text{ h}$$

$$R_2=e-12/938=0.987\ 3$$

$$\theta_3=570\times0.3\times3/(95\times\ln0.923)=67\text{ h}$$

$$R_3=e-12/67=0.956\ 2$$

$$\theta_4=570\times10\times12/(242\times\ln0.923)=353\text{ h}$$

$$R_4=e-12/353=0.966\ 6$$

$$\theta_5=570\times10\times12/(40\times\ln0.923)=2\ 134\text{ h}$$

$$R_5=e-12/2\ 134=0.994\ 4$$

计算结果：

发射机平均寿命 $\theta_1=837$ h，可靠度 $R_1=0.985\,8$；

接收机平均寿命 $\theta_2=938$ h，可靠度 $R_2=0.987\,3$；

自动装置平均寿命 $\theta_3=67$ h，可靠度 $R_3=0.956\,2$；

控制设备平均寿命 $\theta_4=353$ h，可靠度 $R_4=0.966\,6$；

能源平均寿命 $\theta_5=2\,134$ h，可靠度 $R_5=0.994\,4$。

将上述平均寿命和可靠度填入表 5-1 中

表 5-1　设备各子系统数据

子系统	子系统组件数 n_i	重要度因子 ω_i	任务时间 /h	平均寿命 h	可靠度 R_i
发射机	102	10	12	837	0.985 8
接收机	91	10	12	938	0.987 3
自动装置	95	0.3	3	67	0.956 2
控制设备	242	10	12	353	0.966 6
能源	40	10	12	2 134	0.994 4
$\sum n_i=570$					

第三节　可靠性设计原理

一、应力—强度干涉理论

实际上，零部件的载荷、几何尺寸、材料性能等都是随机变量，是某种概率分布的统计量，可靠性设计正是考虑设计参数的分散性，在常规设计公式的基础上，引入了可靠度或其他可靠性指标，不单纯用一个安全系数来衡量零件的强度，而是用概率统计的方法来处理各个设计变量，同时对系统失效的可能性进行定量分析和预测。

常规设计方法中，满足设计安全性的判据为零件的强度必须大于工作应力：

$$h\geqslant s \tag{5-11}$$

即

$$n=h/s\geqslant 1 \tag{5-12}$$

式中：h——零件的强度；

s——零件的应力；

n——安全系数。

这种方法对于静强度设计来说，通常还基本可行。它将作用载荷与零件强度性能方面的离散性，用一个综合的、以过去经验和工程判断为基础的安全系数来解决，而且这个系数一般取值较大(超安全设计)，以便使失效的可能性减小到主观上可以接受的限度。但对疲劳设计来说，这个方法就存在不少问题。首先是没有考虑在承受静载荷与动载荷(疲劳)时，材料性能在破坏机理上的差别；其次，疲劳强度的离散性随寿命而变化，不可能给出一个始终如一的安全系数值；此外，对于不同的设计类型，如“安全寿命”（链条型）设计或“损伤容限”（绳索型）设计，这两者对安全系数值的要求不同，并且常常是未知的。因此，零件的疲劳强度是一个概率问题，即应该从零件的失效概率或可靠度这种可靠性设计的观点加以考虑。

可靠性设计的目标是：零件的强度 h 大于工作应力 s 的概率要大于或等于所要求满足的可靠度 R。这里的强度 h，狭义地讲是指零件材料单位面积能承受的最大作用力，广义地讲是指阻止零件（系统）失效的因素，简称强度。这里的工作应力 s，狭义地讲是指单位面积所受外力的大小，广义地讲是指引起零件（系统）失效的因素，简称应力。这个设计准则的变换，对设计过程本身有着深远的影响。

可靠性设计准则为

$$P\{h>s\}\geqslant R \text{ 或 } P\{h-s>0\}\geqslant R \tag{5-13}$$

由于零件的强度 h 和工作应力 s 都是随机变量，所以具有一定的概率密度函数 $f_h(h)$ 和 $f_s(s)$。$f_h(h)$ 和 $f_s(s)$ 可能存在的三种应力强度分布情形，如图 5-3 所示。

图 5-3a 所示，强度的最大值 h_{max} 小于应力的最小值 s_{min}，从而 $P\{h>s\}=0$，恒小于给定的可靠度值 $R(0<R<1)$，这样零件刚投入使用就会失效，这种情况应避免出现。

图 5-3b 所示，应力的最大值 s_{max} 小于强度的最小值 h_{min}，从而 $P\{h>s\}=1$，恒大于给定的可靠度值 $R(0<R<1)$，这种情况下零部件完全可靠，但设计保守、成本费用高。

图 5-3c 所示，$\bar{h}$ 为强度的均值，$\bar{s}$ 为应力的均值，尽管强度的平均值大于应力的平均值，即 $\bar{h}>\bar{s}$，但是这两条概率密度曲线还是有部分重叠的地方，出现 $h\leqslant s$ 的干涉区，这是在实际设计问题中经常遇到的。在实际工程中，产品可靠性设计的思路是通过控制应力-强度干涉的程度来满足一定可靠度的要求。

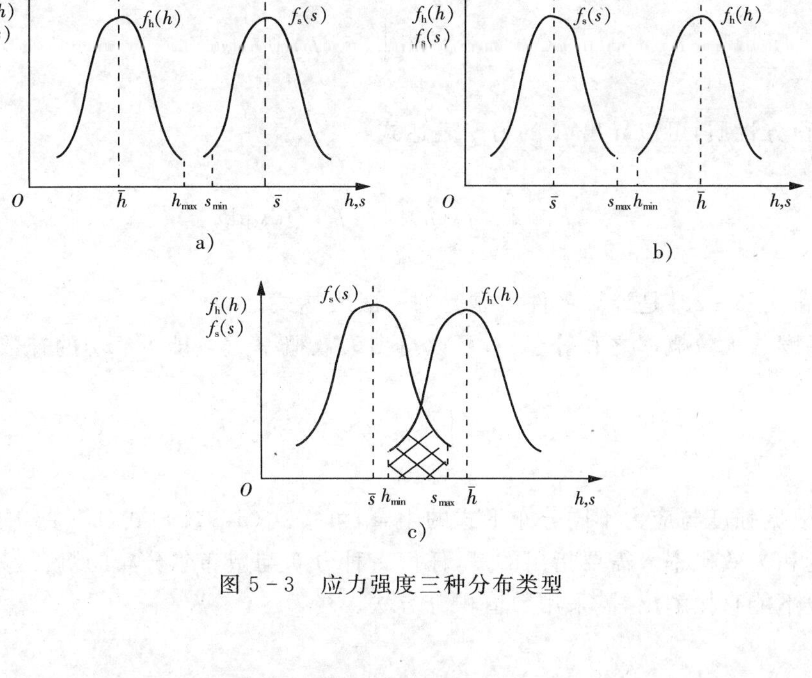

图 5-3　应力强度三种分布类型

现将应力、强度干涉区放大如图 5-4 所示。应力 δ 在某一个区间$[s_1-\mathrm{d}s/2, s_1+\mathrm{d}s/2]$内取值，根据概率论，用面积 A_1 表示这一事件发生的概率：

$$P\{ s_1-\mathrm{d}s/2\leqslant s\leqslant s_1+\mathrm{d}s/2\}=f_{\mathrm{s}}(s_1)\mathrm{d}s=A_1 \tag{5-14}$$

而强度大于应力这一事件发生的概率，以图 5-4 中的面积 A_2 表示。

$$P\{h>s\}=\int_{s_1}^{\infty} f_{\mathrm{h}}(h)\mathrm{d}h=A_2 \tag{5-15}$$

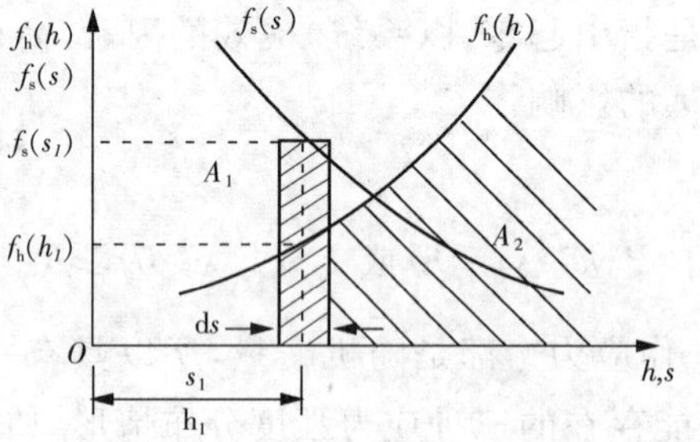

图 5-4　应力-强度干涉区的放大图

因应力落在干涉区与强度大于应力为两个独立的事件，若零件不发生破坏，且应力落在干涉区和强度大于应力两事件同时发生。根据概率的乘法定理可知，应力落在 s_1 邻域内的可靠度 $\mathrm{d}R$ 为

$$\mathrm{d}R=f_{\mathrm{s}}(s_1)\mathrm{d}s\cdot\int_{s_1}^{\infty} f_{\mathrm{h}}(h)\mathrm{d}h \tag{5-16}$$

对于零件整个应力分布的可靠度 R 为

$$R=\int_{-\infty}^{+\infty} f_{\mathrm{s}}(s)\left[\int_{s}^{\infty} f_{\mathrm{h}}(h)\mathrm{d}h\right]\mathrm{d}s \tag{5-17}$$

同理，根据积分性质，可以导出 R 的另一表达式：

$$R=\int_{-\infty}^{+\infty} f_{\mathrm{h}}(h)\left[\int_{-\infty}^{h} f_{\mathrm{s}}(s)\mathrm{d}s\right]\mathrm{d}h \tag{5-18}$$

式(5-22)和式(5-23)是计算零件可靠度的一般表达式。

因可靠度与失效概率之和等于一，可以得出失效概率 P_{f}，即可靠度的补数

$$P_{\mathrm{f}}=1-R=\int_{-\infty}^{+\infty} f_{\mathrm{h}}(h)\left[\int_{h}^{\infty} f_{\mathrm{s}}(s)\mathrm{d}s\right]\mathrm{d}h \tag{5-19}$$

这样，根据强度与应力不同分布形式的组合，可按式(5-17)、式(5-18)、式(5-19)求出其可靠度和失效概率。需要指出的是，任何一种分布与威布尔分布的组合，其失效概率的积分式一般不能直接解出，需采用数值积分方法。

二、常用分布的可靠度计算

1. 零件的强度和应力均为指数分布时的可靠度

强度 h 为指数分布时的概率密度函数为

$$f_{\mathrm{h}}(h)=\lambda_{\mathrm{h}}\mathrm{e}^{-\lambda_{\mathrm{h}}h},\qquad 0\leqslant h\leqslant\infty$$

应力 s 为指数分布时的概率密度函数为

$$f_{\mathrm{s}}(s)=\lambda_{\mathrm{s}}\mathrm{e}^{-\lambda_{\mathrm{s}}s},\qquad 0\leqslant s\leqslant\infty$$

代入(5-17)式,得

$$R=\int_0^{+\infty}f_{\mathrm{s}}(s)\left[\int_s^{\infty}f_{\mathrm{h}}(h)\mathrm{d}h\right]\mathrm{d}s=\frac{\lambda_{\mathrm{s}}}{\lambda_{\mathrm{s}}+\lambda_{\mathrm{h}}}\tag{5-20}$$

2. 零件的强度为正态分布、应力为指数分布时的可靠度

$$f_{\mathrm{h}}(h)=\frac{1}{\sigma_{\mathrm{h}}\sqrt{2\pi}}\exp\left[-\frac{1}{2}\left(\frac{h-\mu_{\mathrm{h}}}{\sigma_{\mathrm{h}}}\right)^2\right],\ -\infty\leqslant h\leqslant+\infty$$

$$f_{\mathrm{s}}(s)=\lambda_{\mathrm{s}}\mathrm{e}^{-\lambda_{\mathrm{s}}s},\qquad s\geqslant 0$$

代入(5-18)式,得

$$R=\int_0^{+\infty}f_{\mathrm{h}}(h)\left[\int_0^{h}f_{\mathrm{s}}(s)\mathrm{d}s\right]\mathrm{d}h$$

$$=\int_0^{+\infty}\frac{1}{\sigma_{\mathrm{h}}\sqrt{2\pi}}\exp\left[-\frac{1}{2}\left(\frac{h-\mu_{\mathrm{h}}}{\sigma_{\mathrm{h}}}\right)^2\right]\int_0^{h}\lambda_{\mathrm{s}}\mathrm{e}^{-\lambda_{\mathrm{s}}s}\mathrm{d}s\,\mathrm{d}h$$

经化简得

$$R=1-\Phi\left(-\frac{\mu_{\mathrm{h}}}{\sigma_{\mathrm{h}}}\right)-\frac{1}{\sqrt{2\pi}\sigma_{\mathrm{h}}}\int_0^{\infty}\exp\left\{-\frac{1}{2\sigma_{\mathrm{h}}^2}\left[(h-\mu_{\mathrm{h}}+\lambda_{\mathrm{s}}\sigma_{\mathrm{h}}^2)^2+2\lambda_{\mathrm{s}}\mu_{\mathrm{h}}\sigma_{\mathrm{h}}^2-\lambda_{\mathrm{s}}^2\sigma_{\mathrm{h}}^2\sigma_{\mathrm{h}}^2\right]\right\}\mathrm{d}h\tag{5-21}$$

令

$$t=\frac{h-\mu_{\mathrm{h}}+\lambda_{\mathrm{s}}\sigma_{\mathrm{h}}^2}{\sigma_{\mathrm{h}}},\quad \sigma_{\mathrm{h}}\mathrm{d}t=\mathrm{d}h$$

则(5-21)式可写成

$$R=1-\Phi\left(-\frac{\mu_{\mathrm{h}}}{\sigma_{\mathrm{h}}}\right)-\frac{1}{\sqrt{2\pi}}\int_{-\frac{\mu_{\mathrm{h}}-\lambda_{\mathrm{s}}\sigma_{\mathrm{h}}^2}{\sigma_{\mathrm{h}}}}^{\infty}\mathrm{e}^{-\frac{t^2}{2}}\mathrm{e}^{-\frac{1}{2}(2\lambda_{\mathrm{s}}\mu_{\mathrm{h}}-\lambda_{\mathrm{s}}^2\sigma_{\mathrm{h}}^2)}\mathrm{d}t$$

$$=1-\Phi\left(-\frac{\mu_{\mathrm{h}}}{\sigma_{\mathrm{h}}}\right)-\left[1-\Phi\left(-\frac{\mu_{\mathrm{h}}-\lambda_{\mathrm{s}}\sigma_{\mathrm{h}}^2}{\sigma_{\mathrm{h}}}\right)\right]\mathrm{e}^{-\frac{1}{2}(2\lambda_{\mathrm{s}}\mu_{\mathrm{h}}-\lambda_{\mathrm{s}}^2\sigma_{\mathrm{h}}^2)}$$

通常,$\Phi\left(-\frac{\mu_{\mathrm{h}}}{\sigma_{\mathrm{h}}}\right)$及$\Phi\left(-\frac{\mu_{\mathrm{h}}-\lambda_{\mathrm{s}}\sigma_{\mathrm{h}}^2}{\sigma_{\mathrm{h}}}\right)$均近似为零,故得零件的可靠度为

$$R\approx 1-\mathrm{e}^{-(\lambda_{\mathrm{s}}\mu_{\mathrm{h}}-\frac{1}{2}\lambda_{\mathrm{s}}^2\sigma_{\mathrm{h}}^2)}\tag{5-22}$$

当强度为指数分布、应力为正态分布时,可用式(5-23)求得零件的可靠度:

$$R\approx\mathrm{e}^{-(\lambda_{\mathrm{h}}\mu_{\mathrm{s}}-\frac{1}{2}\lambda_{\mathrm{h}}^2\sigma_{\mathrm{s}}^2)}\tag{5-23}$$

3. 零件的强度和应力均为正态分布时的可靠度

强度为正态分布时的概率密度函数为

$$f_h(h)=\frac{1}{\sigma_h\sqrt{2\pi}}\exp[-\frac{1}{2}(\frac{h-\mu_h}{\sigma_h})^2],\qquad -\infty\leqslant h\leqslant+\infty$$

应力为正态分布时的概率密度函数为

$$F_s(s)=\frac{1}{\sigma_s\sqrt{2\pi}}\exp[-\frac{1}{2}(\frac{s-\mu_s}{\sigma_s})^2],\qquad -\infty\leqslant s\leqslant+\infty$$

由正态分布的性质可知，两个相互独立的随即变量之差 $y=h-s$ 仍然服从正态分布，其均值 μ_y 和均方差 σ_y 为

$$\mu_y=\mu_h-\mu_s,\ \sigma_y=\sqrt{\sigma_h^2+\sigma_s^2}$$

零件的可靠度可表达为

$$\begin{aligned}R&=p\{h\geqslant s\}=p\{h-s\geqslant 0\}=p\{y\geqslant 0\}\\&=\int_0^{+\infty}\frac{1}{\sigma_y\sqrt{2\pi}}\exp[-\frac{1}{2}(\frac{y-\mu_y}{\sigma_y})^2]\mathrm{d}y\end{aligned}\tag{5-24}$$

令 $z=\frac{y-\mu_y}{\sigma_y}$，有 $\mathrm{d}z=\frac{\mathrm{d}y}{\sigma_y}$，从而当 $y=0$ 时，z 的下限为

$$z=\frac{0-\mu_y}{\sigma_y}=-\frac{\mu_h-\mu_s}{\sqrt{\sigma_h^2+\sigma_s^2}}$$

当 $y\to+\infty$ 时，$z\to+\infty$，则可变为

$$\begin{aligned}R&=\frac{1}{\sqrt{2\pi}}\int_{-\frac{\mu_y}{\sigma_y}}^{\infty}\mathrm{e}^{-\frac{z^2}{2}}\mathrm{d}z=1-\Phi(z)\\&=1-\Phi[-\frac{\mu_h-\mu_s}{\sqrt{\sigma_h^2+\sigma_s^2}}]\end{aligned}\tag{5-25}$$

4. 零件的强度和应力均为对数正态分布时的可靠度

强度 h 和应力 s 服从对数正态分布，而其对数值即 $\ln h$ 和 $\ln s$ 服从正态分布。强度与应力的对数值之差 $y=\ln h-\ln s$ 亦为服从正态分布的随机变量。从而有

$$R=p\{h\geqslant s\}=p\{\ln h\geqslant\ln s\}=p\{\ln h-\ln s\geqslant 0\}=p\{y\geqslant 0\}\tag{5-26}$$

由上文关于零件的强度和应力均为正态分布时的可靠度计算内容，可得

$$R=1-\Phi[-\frac{\mu_{\ln h}-\mu_{\ln s}}{\sqrt{\sigma_{\ln h}^2+\sigma_{\ln s}^2}}]$$

强度和应力的均值 μ_h、μ_s 及均方差 σ_h、σ_s 与其自然对数的均值 $\mu\ln h$ 、$\mu\ln s$ 及均方差 $\sigma\ln h$ 、$\sigma\ln s$ 的换算关系如下：

$$\mu\ln h=\ln\mu_h-\frac{1}{2}\sigma_{\ln h}^2\tag{5-27}$$

$$\sigma_{\ln h}^2=\ln[(\frac{\sigma_h}{\mu_h})^2+1] \tag{5-28}$$

$$\mu\ln s=\ln\mu_s-\frac{1}{2}\sigma_{\ln s}^2 \tag{5-29}$$

$$\sigma_{\ln s}^2=\ln[(\frac{\sigma_s}{\mu_s})^2+1] \tag{5-30}$$

【例 5-4】 已知汽车上某一种拉杆的强度和应力均服从对数正态分布，其特征值分别为：$\mu_h=100$ MPa，$\sigma_h=10$ MPa，$\mu_s=60$ MPa，$\sigma_s=10$ MPa，试求这种拉杆的可靠度。

解：由式(5-32)～式(5-35)，得

$$\sigma_{\ln h}^2=\ln[(\frac{10}{100})^2+1]=0.009\ 95$$

$$\mu\ln h=\ln 100-\frac{1}{2}\times 0.009\ 95=4.600\ 2$$

$$\sigma_{\ln s}^2=\ln[(\frac{10}{60})^2+1]=0.027\ 40$$

$$\mu\ln s=\ln 60-\frac{1}{2}\times 0.027\ 40=4.080\ 6$$

将以上各值代入式$R=1-\Phi[-\frac{\mu_{\ln h}-\mu_{\ln s}}{\sqrt{\sigma_{\ln h}^2+\sigma_{\ln s}^2}}]$，得

$$R=1-\Phi(-2.689)=1-0.003\ 6=0.996\ 4=99.64\%$$

第四节 可靠性设计方法

一、可靠性设计基础

可靠性设计又称为概率设计。这种设计方法将各设计参数视为随机变量，即作用于零部件的真实外载荷及零部件的真实承载能力以及零部件的实际尺寸等，都看成是属于某种概率分布的统计量。设计时不可能予以精确确定，它服从一定的分布。以此为出发点，应用概率论与数理统计及力学理论，考虑各种随机因素的影响，推导出在给定设计条件下零部件不产生破坏概率的公式，能够得到与客观实际情况更符合的零部件设计，用可靠度来确保结构的安全性，把失效的发生控制在可接受的水平。

运用可靠性设计方法，可以充分发挥零部件材料的固有性能，节省材料；可以找出各零部件中的薄弱环节或应力最高的危险点，从而采取相应措施，降低危险点的应力峰值，或采取强化措施使材料的强度提高，达到提高零部件可靠度的目的。可靠性设计可以量化每个零部件是否破坏或产生故障，使设计者和产品的使用者做到心中有数。当然，提高零部件的可靠度，必须综合考虑其经济效果，做到尽量合理。

可靠性设计与常规设计比较主要有下述 2 个特点：

(1) 可靠性设计与常规设计的主要不同点在于对失效可能性的认识和估计上。常规设计是用安全系数来保证结构的安全，而可靠性设计则用可靠度(或其他可靠性指标)来确保结构的安全性。因此，它对失效可能性的认识和估计都比常规设计来得合理。

(2)可靠性设计对安全性的认识进一步深化。可靠性设计除了引入可靠度(或其他可靠性指标)外,还对结构的安全系数作了统计分析,这样得出的安全系数比常规的安全系数更科学,因为它已经是与可靠度相联系的安全系数了。因此,常规设计对结构安全性的评价只有一个指标,即安全系数。而可靠性设计对安全性的评价却有两个指标,即可靠度和在一定可靠度下的安全系数,它是人们认识深化的结果。

二、可靠性设计随机变量函数的统计特征

1. 随机变量基本函数的统计特征值

在汽车零件设计的计算公式中,其中有很大一部分可以简化成较基本的函数形式。例如,一个变量的二次方或开方关系,两个变量的和、差或乘、除关系等等;当各个自变量的统计特征值(均值和标准差)为已知时,即可求出其相应的函数的统计特征值。表 5-2 列出了一些常用的基本计算公式。

表 5-2　基本函数的统计特征值

基本函数	数学期望(μ_z)	标准差(σ_z)	基本函数	数学期望(μ_z)	标准差(σ_z)
$z=a$	a	0	$z=aX$	$a\mu_X$	$a\sigma_X$
$z=X+a$	μ_X+a	σ_X	$z=X^3$	$\approx\mu_X^3$	$3\mu_X^2\sigma_X$
$z=X\pm Y$	$\mu_X\pm\mu_Y$	$\sqrt{\sigma_X^2+\sigma_Y^2}$	$z=X^{\frac{1}{2}}$	$\approx\mu_X^{\frac{1}{2}}$	$\approx\frac{1}{2}\sigma_X\frac{1}{\mu_X}$
$z=1/X$	$1/\mu_X$	$\approx\frac{\sigma_X}{\mu_X^2}$	$z=XY$	$\mu_X\mu_Y$	$\approx\sqrt{\mu_X^2\sigma_Y^2+\mu_Y^2\sigma_X^2}$
$z=X^2$	$\mu_X^2=\sigma_X^2$	$\sqrt{4\mu_X^2\sigma_X^2=2\sigma_X^4}$	$z=X/Y$	μ_X/μ_Y	$\approx\frac{1}{\mu_Y^2}\sqrt{\mu_X^2\sigma_Y^2+\mu_Y^2\sigma_X^2}$ $\frac{1}{\mu_Y}\sqrt{\frac{\mu_Y^2\sigma_X^2+\mu_X^2\sigma_Y^2}{\mu_Y^2+\sigma_Y^2}}$

2. 一般函数统计特征值的近似解

理论上对于一般函数都可以按照数学期望和方差的定义将函数代入相应的积分式中求解,但做起来相当费时,有时还会遇到困难。在处理工程实际问题时,一般只求出近似解,所以常采用泰勒(Taylor)级数展开的近似方法。

(1) 对于一维随机变量函数

设函数 $Y=f(x)$,其在 $x=\mu$ 处的泰勒展开式的前 3 项为

$$Y=f(x)=f(\mu)+(x-\mu)f'(\mu)+\frac{(x-\mu)^2}{2!}f''(\mu)+R$$

式中,R——余项。

对上式求数学期望,得

$$\begin{aligned}E(Y)&=E[f(x)]=E[f(\mu)]+E[xf'(\mu)-\mu f'(\mu)]+E\{\frac{1}{2}[f''(\mu)(x-\mu)2]\}+E[R]\\&=f(\mu)+[xf'(\mu)-\mu f'(\mu)]+\frac{1}{2}f''(\mu)D(x)+E[R]\\&\approx f(\mu)+\frac{1}{2}f''(\mu)D(x)\end{aligned} \tag{5-31}$$

式(5-31)中已将余项的数学期望 $E[R]$ 略去，故为近似式；如果方差 $D(x)$ 又很小，其第二项也可略去，则得

$$E(Y)=E[f(x)]\approx f(\mu)$$

同样，对于 $Y=f(x)$ 的方差，取泰勒展开式的前二项为

$$Y=f(x)=f(\mu)+(x-\mu)f'(\mu)+R$$

对上式取方差

$$\begin{aligned}D(Y)&=D[f(\mu)]+D[(x-\mu)f'(\mu)]+D[R]\\&\approx D[f(\mu)]+D[(x-\mu)f'(\mu)]=f'^2(\mu)D(x)\end{aligned}\tag{5-32}$$

(2) 对于多维随机变量函数

设函数 $Y=f(x_1,x_2,\cdots,x_n)=f(x)$ 用 x 表示向量 $(x_1,x_2,\cdots,x_n)$，μ 表示 $(\mu_1,\mu_2,\cdots,\mu_n)$ 和 σ 表示 $(\sigma_1,\sigma_2,\cdots,\sigma_n)$。根据泰勒展开式为

$$\begin{aligned}Y&=f(x_1,x_2,\cdots,x_n)\\&=f(\mu_1,\mu_2,\cdots,\mu_n)+\sum_{i=1}^{n}\frac{\partial f(x)}{\partial x_i}\mid x\\&=\mu(x_i-\mu_i)+\frac{1}{2}\sum_{j=1}^{n}\sum_{i=1}^{n}\frac{\partial^2 f(x)}{\partial x_i\partial x_j}\mid x\\&=\mu(x_i-\mu_i)(x_j-\mu_j)+R\end{aligned}$$

取上式的数学期望

$$\begin{aligned}E(Y)&=f(\mu_1,\mu_2,\cdots,\mu_n)+\sum_{i=1}^{n}\frac{\partial f(x)}{\partial x_i}\mid x\\&=\mu E(x_i-\mu_i)+\frac{1}{2}\sum_{j=1}^{n}\sum_{i=1}^{n}\frac{\partial^2 f(x)}{\partial x_i\partial x_j}\mid x\\&=\mu E[(x_i-\mu_i)(x_j-\mu_j)]+E(R)\end{aligned}$$

如果 $x_1,x_2,\cdots,x_n$ 是相互独立的，则上式成为

$$E(Y)\approx f(\mu_1,\mu_2,\cdots,\mu_n)+\frac{1}{2}\sum_{i=1}^{n}\frac{\partial^2 f(x)}{\partial x_i^2}\mid x=\mu D(x_i)+E(R)$$

舍去余项的数学期望，得

$$E(Y)\approx f(\mu_1,\mu_2,\cdots,\mu_n)+\frac{1}{2}\sum_{i=1}^{n}\frac{\partial^2 f(x)}{\partial x_i^2}\mid x=\mu D(x_i)\tag{5-33}$$

如果诸 $D(x_i)$ 均很小，则可得其数学期望和方差分别为

$$E[f(x)]\approx f(\mu_1,\mu_2,\cdots,\mu_n)\tag{5-34}$$

$$D(Y)\approx D[f(x)]\mid x=\mu+D[\sum_{i=1}^{n}\frac{\partial f(x)}{\partial x_i}\mid x=\mu(x_i-\mu_i)]=\sum_{i=1}^{n}[\frac{\partial f(x)}{\partial x_i}\mid_{x=\mu}]^2D(x_i)$$

或简写成

$$\sigma_Y^2=\sum_{i=1}^{n}[(\frac{\partial Y}{\partial x_i})\mid_{x=\mu}]^2\sigma_{xi}^2\tag{5-35}$$

三、机械零件的静强度可靠性设计方法

在本节的计算与设计中，为了简化计算，都假设基本随机变量服从正态分布，这不仅因

为正态分布能反映多数零部件的实际工作情况，而且能使事件发生的概率或可靠度的计算十分简单，否则就需要采用数值积分进行多重积分运算或采用等效转化的程序运算。另外，即使当强度与应力均为非正态分布时，若采用正态分布假设，一般将得到偏于保守的结果。总之，在机械汽车零件的可靠性设计中，只要没有充分的根据说明这种分布为何种分布状态时，通常第一个选择就是假设它为正态分布。

可靠性设计包括两方面内容，一方面是在零件强度、应力及结构尺寸等各项设计变量分布为已知条件下，根据这些变量来确定汽车零件的可靠度，这种方法可用来评价和分析现有设计方案，故称之为可靠性设计分析方法。可靠性设计方法应用的另一方面，且是常见的主要方面，就是首先从设计上对零件所提出的可靠度要求着手，然后根据所需要的可靠度，通过各个设计变量之间的函数关系以及一定的应力-强度模型来确定出主要设计变量的分布。所以这种方法又称为可靠性设计综合方法。

1. 可靠性系数

因可靠性设计中，常将随机变量视为正态分布，由式(5-25)，根据标准正态分布函数的对称性，可靠度函数可表示为

$$R=\frac{1}{\sqrt{2\pi}}\int_{-\infty}^{\frac{\mu_y}{\sigma_y}} e^{-\frac{z^2}{2}}\,dz$$

令上式中的积分限

$$\frac{\mu_y}{\sigma_y}=\frac{\mu_h-\mu_s}{\sqrt{\sigma_h^2+\sigma_s^2}}=u \tag{5-36}$$

则 u 称为可靠性系数，且可靠度 R 与可靠性系数 u 一一对应。当可靠性系数 u 给出后，求可靠度时可查表 5-3；当给定可靠度 R，求可靠性系数 u 时，可查表 5-4。

表 5-3　由 u 求 R，$R=\frac{1}{\sqrt{2\pi}}\int_{-\infty}^{u} e^{-\frac{z^2}{2}}\,dz$

0	0.00	0.01	0.02	0.03	0.04	0.05	0.06	0.07	0.08	0.09
0.0	0.500000	0.50399	0.50798	0.51197	0.51595	0.51994	0.52392	0.52790	0.53188	0.53586
0.1	0.53983	0.54380	0.54776	0.55567	0.55567	0.55962	0.56356	0.56749	0.57142	0.57535
0.2	0.57926	0.58317	0.58706	0.59483	0.59483	0.59871	0.60257	0.50642	0.61026	0.61409
0.3	0.61791	0.62172	0.62552	0.63307	0.63307	0.63683	0.64058	0.64431	0.64803	0.65173
0.4	0.65542	0.65910	0.66276	0.66640	0.67003	0.67364	0.67724	0.68082	0.68439	0.68793
0.5	0.69146	0.69497	0.69847	0.70194	0.70540	0.70884	0.71226	0.71566	0.71904	0.72240
0.6	0.72575	0.72907	0.73237	0.73565	0.73591	0.74215	0.74537	0.74857	0.75175	0.75490
0.7	0.75804	0.76115	0.76424	0.76730	0.77035	0.77337	0.77637	0.77935	0.78230	0.78524
0.8	0.78814	0.79103	0.79380	0.79673	0.79955	0.80234	0.80511	0.80785	0.81057	0.71327
0.9	0.81594	0.81859	0.82121	0.82381	0.82639	0.82894	0.83147	0.83398	0.83646	0.83891
1.0	0.84134	0.84375	0.84614	0.84850	0.85083	0.85314	0.85543	0.85769	0.85993	0.86214
1.1	0.86433	0.86650	0.86864	0.87076	0.87286	0.87493	0.87698	0.87900	0.88100	0.88298
1.2	0.88493	0.88686	0.88877	0.89065	0.89251	0.89435	0.89617	0.89796	0.89973	0.90147
1.3	0.90320	0.90490	0.90658	0.90824	0.90988	0.91149	0.91309	0.91466	0.91621	0.91774
1.4	0.91924	0.92073	0.92200	0.93264	0.92507	0.92647	0.92786	0.92922	0.93056	0.93189

（续表）

0	0.00	0.01	0.02	0.03	0.04	0.05	0.06	0.07	0.08	0.09
1.5	0.93319	0.93448	0.93574	0.93699	0.93822	0.93943	0.94062	0.94179	0.94295	0.94408
1.6	0.94520	0.94630	0.94736	0.94845	0.94950	0.95053	0.95154	0.95254	0.95352	0.95449
1.7	0.95543	0.95637	0.95728	0.95818	0.95907	0.95994	0.96080	0.96164	0.96246	0.96327
1.8	0.96407	0.96485	0.96562	0.96638	0.96712	0.96784	0.96586	0.96926	0.96995	0.97062
1.9	0.97128	0.97193	0.97257	0.97320	0.97381	0.97441	0.97500	0.97558	0.97615	0.97670
2.0	0.97725	0.97778	0.97831	0.97882	0.97932	0.97982	0.98030	0.98077	0.98124	0.98169
2.1	0.98214	0.98257	0.98300	0.98341	0.98328	0.98422	0.98461	0.98500	0.98537	0.98574
2.2	0.98610	0.98645	0.98679	0.98713	0.98745	0.98778	0.92209	0.98840	0.95570	0.98899
2.3	0.98928	0.98956	0.98983	0.99010	0.99036	0.99061	0.99086	0.99111	0.99134	0.99158
2.4	0.99180	0.99202	0.99224	0.99245	0.99266	0.99286	0.99305	0.99324	0.99343	0.99361
2.5	0.99379	0.99396	0.99413	0.99430	0.99446	0.99461	0.99477	0.99492	0.99506	0.99520
2.6	0.99534	0.99547	0.99560	0.99570	0.99585	0.99598	0.99609	0.99621	0.99632	0.99643
2.7	0.99653	0.99664	0.99674	0.99683	0.99693	0.99702	0.99711	0.99720	0.99728	0.99736
2.8	0.99744	0.99754	0.99760	0.99767	0.99774	0.99781	0.99788	0.99795	0.99801	0.99807
2.9	0.99813	0.99819	0.99825	0.99831	0.99836	0.99841	0.99846	0.99851	0.99856	0.99861
3	$0.9^{2}865$①	$0.9^{2}032$	$0.9^{2}313$	$0.9^{2}617$	$0.9^{2}663$	$0.9^{2}767$	$0.9^{2}841$	$0.9^{2}892$	$0.9^{4}227$	$0.9^{4}519$
4	$0.9^{4}683$	$0.9^{4}793$	$0.9^{4}867$	$0.9^{5}146$	$0.9^{5}459$	$0.9^{5}660$	$0.9^{5}798$	$0.9^{5}870$	$0.9^{6}207$	$0.9^{6}521$
5	$0.9^{6}713$	$0.9^{6}830$	$0.9^{7}421$	$0.9^{6}421$	$0.9^{7}667$	$0.9^{7}810$	$0.9^{7}893$	$0.9^{8}401$	$0.9^{8}668$	$0.9^{8}818$
6	$0.9^{9}013$	$0.9^{9}470$	$0.9^{9}718$	$0.9^{9}851$	$0.9^{10}223$	$0.9^{10}598$	$0.9^{10}794$	$0.9^{10}896$	$0.9^{11}477$	$0.9^{11}740$

注：$0.9^{2}865$ 表示小数点后有两个 9，即 0.99865，余类推。

表 5-4　由 R 求 u，$R=\frac{1}{\sqrt{2\pi}}\int_{-\infty}^{u}e^{-\frac{z^2}{2}}dz$

R	0	1	2	3	4	5	6	7	8	9
		2.36 52		2.457 26		2.575 83		2.747 78		3.090 23
0.99	2.326 25		2.408 92		2.512 14		2.652 07		2.878 16	
		1.340 76		1.475 79		1.644 85		1.880 79		2.326 35
0.9	1.281 55		1.405 07		0.554 77		1.750 69		2.053 75	
		0.877 90		0.954 17		0.036 43		1.126 39		1.226 53
0.8	0.841 62		0.915 37		0.994 46		1.080 32		0.174 99	
		0.553 38		0.612 81		0.674 49		0.738 85		0.806 42
0.7	0.524 40		0.582 84		0.643 35		0.706 30		0.772 19	
		0.27 32		0.331 85		0.385 32		0.439 91		0.495 85
0.6	0.253 35		0.305 48		0.358 46		0.412 46		0.467 70	
		0.025 07		0.075 27		0.125 66		0.176 37		0.227 54
0.5	0.000 00		0.050 15		0.100 43		0.150 97		0.201 89	

（续表）

R	u	R	u	R	u
0.5	0	0.995	2.576	0.999 999	4.753
0.9	1.288	0.999	3.091	0.999 999 9	5.199
0.95	1.645	0.9999	3.719	0.999 999 99	5.612
0.99	2.326	0.99999	4.265	0.999 999 999	5.997

2. 拉杆的可靠性设计

这类零件是受力最简单的零件之一，主要承受拉压载荷。按截面可分为：圆形和管形等几种。

(1) 拉杆的可靠性设计分析方法

管形直拉杆的拉应力为

$$s=\frac{4Q}{\pi(d_1^2-d_0^2)} \tag{5-37}$$

式中：Q——拉杆承受的载荷；

d_0——管形截面的内径；

d_1——管形截面的外径。

根据第二部分可靠性设计随机变量函数的统计特征中相关公式，可以求出各随机变量的均值和方差，然后代入可靠性系数式，得出 u 值，再查表 5-3，就确定出拉杆的可靠度。

(2) 拉杆的可靠性设计综合方法

如果给定拉杆的可靠度 R，可查得可靠性系数 u，由 $u=\mu_y/\sigma_y$ 经推导整理可得设计的圆形截面直径 d 的代数方程：

$$(\mu_h^2-u^2\sigma_h^2)\mu_d^4-2A\mu_h\mu_d^2+A^2-u^2B=0 \tag{5-38}$$

式中：$A=\frac{4\mu_Q}{\pi}+\frac{12\mu_Q}{\pi}(0.005)^2$；

$B=\frac{16}{\pi^2}\sigma_Q^2+\frac{64\mu_Q^2}{\pi^2}(0.005)^2$。

根据加工公差和 3σ 法则，取拉杆的设计直径 d 的标准差为

$$\sigma_d=0.005\mu_d$$

求解方程，可得拉杆最小内径的均值 μ_d 和标准差 σ_d。

3. 半轴的可靠性设计

轴的设计是汽车零件设计中比较典型的一种，有的轴只受转矩作用（如传动轴）；有的同时承受转矩和弯矩作用。

(1) 受纯转矩作用的轴类零件的可靠性设计

① 轴的可靠度计算

对于只受转矩的传动轴，轴上所承受的扭转应力为

$$\tau=\frac{16T}{\pi d^{3}} \tag{5-39}$$

式中：T——轴所传递的转矩；

d——轴的直径。

把式(5-39)中各随机变量代入式(5-34)、式(5-35)，可以求出式(5-39)中各随机变量的均值和方差，然后再代入可靠性系数式(5-36)，得出 u 值，再查表 5-3，就确定出轴的可靠度。

② 轴的可靠性设计

给定轴的可靠度 R，可查得可靠性系数 u，由 $u=\frac{\mu_y}{\sigma_y}$ 经推导整理，得

$$(\mu_h^2-u^2\sigma_h^2)\mu_d^6-2A\mu_h\mu_d^3+A^2-u^2B=0 \tag{5-40}$$

式中：$A=\frac{16\mu_T}{\pi}+\frac{96\mu_T}{\pi}(0.005)^2$；

$B=\frac{256\sigma_T^2}{\pi}+\frac{2\,304\mu_T^2}{\pi^2}(0.005)^2$。

根据加工公差和 3σ 法则，这里取轴的直径的标准差为

$$\sigma_d=0.005\mu_d$$

求解方程(5-45)，可得轴的最小直径的均值和标准差。

(2) 受弯扭复合载荷作用的轴类零件的可靠性设计

① 轴的可靠度计算

另一类轴是受弯扭复合载荷作用的轴类零件。轴上所受的扭转应力和弯曲应力分别为

$$\tau=\frac{16T}{\pi d^{3}} \tag{5-41}$$

$$\sigma=\frac{32M}{\pi d^{3}} \tag{5-42}$$

式中：T——轴所传递的转矩；

M——轴危险截面的弯矩；

d——轴的直径。

根据第四强度理论，得合成应力为

$$s=\sqrt{\sigma^2+3\tau^2}=\frac{16}{\pi d^3}\sqrt{4M^2+3T^2} \tag{5-43}$$

把式(5-43)中各随机变量代入式(5-34)、式(5-35)，可以求出式(5-43)中各随机变量的均值和方差，然后再代入可靠性系数式(5-36)，得出 u 值，再查表 5-3，就确定出轴的可靠度。

② 轴的可靠性设计

给定轴的可靠度 R，可查得可靠性系数 u，由 $u=\frac{\mu_y}{\sigma_y}$ 经推导整理，得

$$(\mu_{\mathrm{h}}^2-u^2\sigma_{\mathrm{h}}^2)\mu_d^6-2A\mu_{\mathrm{h}}\mu_d^3+A^2-u^2B=0 \tag{5-44}$$

式中：

$$A=\frac{16}{\pi}\Big[\sqrt{4\mu_M^2+3\mu_T^2}+\frac{6\mu_T^2}{\sqrt{(4\mu_M^2+3\mu_T^2)^3}}\sigma_M^2+\frac{6\mu_M^2}{\sqrt{(4\mu_M^2+3\mu_T^2)^3}}\sigma_T^2$$

$$+6\sqrt{4\mu_M^2+3\mu_T^2}(0.005)^2\Big] \tag{5-45}$$

$$B=\left(\frac{16}{\pi}\right)^2\Big[\left(\frac{4\mu_T^2}{\sqrt{4\mu_M^2+3\mu_T^2}}\right)^2\sigma_M^2+\left(-\frac{3\mu_M^2}{\sqrt{4\mu_M^2+3\mu_T^2}}\right)^2\sigma_T^2$$

$$+\left(3\sqrt{4\mu_M^2+3\mu_T^2}\right)^2(0.005)^2\Big] \tag{5-46}$$

根据加工公差和 3σ 法则，这里取轴的直径的标准差为

$$\sigma_d=0.005\mu_d$$

求解方程(5-44)，可得轴的最小直径的均值和标准差。

四、机械零件的疲劳强度可靠性设计方法

前面讨论了零部件静强度的可靠性设计，但当许多零部件承受动载荷的作用时，疲劳破坏是零部件的主要失效形式，因而，必须进行疲劳强度的可靠性设计。

从静强度的可靠性设计实例中已经看到，设计的思路或步骤与常规设计相类似。不同之处仅在于，把设计变量，如载荷、材料强度、零件尺寸以及其他影响因素都视为随机变量，并服从某一分布规律。零件的疲劳强度设计也如此，设计的思路与步骤也与常规设计相类似，不同之处仅在于把载荷和强度等参数视为随机变量。

1. 疲劳载荷的形式与统计

疲劳载荷的形式很多，其中随机载荷的统计将运用谱分析理论，这里不作论述。因此载荷形式只限定为交变载荷。交变载荷可用正弦函数 $P\sin(\omega t)$ 表述。其中载荷的力幅 P 应视为随机变量，并可认为服从正态或近似正态分布。记作 $P=(\mu_P,\sigma_P)$。

交变载荷作用下产生的交变应力可用最大应力 $\sigma_{\max}$、最小应力 $\sigma_{\min}$、平均应力 σ_{m}、应力幅 σ_{a} 和循环特征 r 等表述。在可靠性设计中，这些应力参数均视为服从正态分布的随机变量，即可记作：$\sigma_{\mathrm{m}}=(\mu_{\sigma\mathrm{m}},\sigma_{\sigma\mathrm{m}})$，$\sigma_a=(\mu_{\sigma\mathrm{a}},\sigma_{\sigma\mathrm{a}})$，$\sigma_{\max}=(\mu_{\sigma\max},\sigma_{\sigma\max})$，$\sigma_{\min}=(\mu_{\sigma\min},\sigma_{\sigma\min})$等。

2. 给定寿命下的材料强度分布

一般情况下，材料在给定寿命下的强度服从正态分布，其均值和标准差可从有关材料手册或资料中查得。国家标准给出了调质结构钢的疲劳极限和标准差。在疲劳实验中，就是 $\sigma_{\max}$ 的均值 $\mu_{\sigma\max}$ 和标准差 $\sigma_{\sigma\max}$。

3. 疲劳极限线图

在常规疲劳强度设计中，所用的疲劳极限线图是由各种循环特性 r 下的均值画出的，是一条曲线。在可靠性设计中，疲劳极限应视为一随机变量，有一定的分散性。因此，在可靠性设计中，所用的疲劳极限线图是一条曲线分布带，如图 5-5 所示。

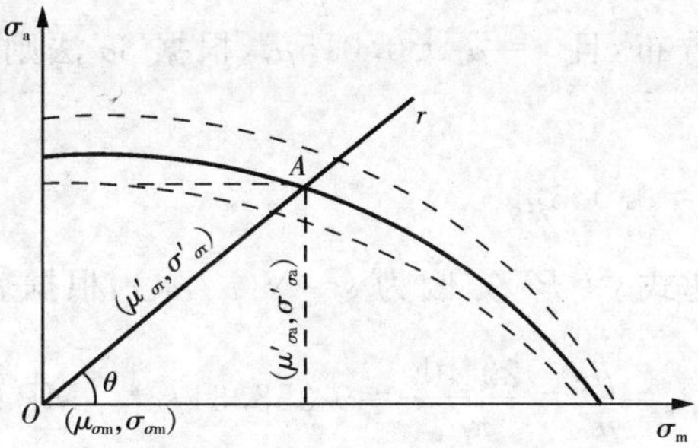

图 5-5　疲劳极限线图

疲劳极限线图的横坐标为平均应力 σ_m，纵坐标为应力幅 σ_a。过坐标原点 O 的射线与疲劳极限的均值图线相交于 A 点，此直线与横坐标的夹角为 θ，显然有

$$\tan\theta=\frac{\sigma_a}{\sigma_m}$$

按平均应力 σ_m、应力幅 σ_a 与循环特征 r 的关系，得

$$\mathrm{tgn}\theta=\frac{1-r}{1+r}$$

可见，过坐标原点 σ 的上射线，表示了一种确定的循环特性 r；直线 OA 的值，是对应循环特性为 r 时的疲劳极限，记作 σ'_r。由几何关系可知

$$\sigma'_r=\sqrt{\sigma_a^2+\sigma_m^2}$$

在可靠性设计中，上式各应力均应视为随机变量，即

$$(\mu'_{\sigma r},\sigma'_{\sigma r})^2=(\mu_{\sigma a},\sigma_{\sigma a})^2+(\mu_{\sigma m},\sigma_{\sigma m})^2$$

根据表 5-2 给出的随机变量函数统计特征值求解公式，可得

$$\mu'_{\sigma r}=\sqrt{\mu_{\sigma a}^2+\mu_{\sigma_m}^2}$$

$$\sigma'_{\sigma r}=\sqrt{\frac{\mu_{\sigma a}^2\sigma_{\sigma a}^2+\mu_{\sigma_m}^2\sigma_{\sigma_m}^2}{\mu_{\sigma a}^2+\mu_{\sigma_m}^2}}$$

这就是对应循环特性为 r 时的疲劳极限的均值 $\mu'_{\sigma r}$ 和标准差 $\sigma'_{\sigma r}$。

各种材料的疲劳强度极限线图，有的可在文献资料中查到，但一般手册中，只给出材料的疲劳强度极限及其标准差。如何应用这些表中给定出的数据绘制出所需材料的疲劳强度极限线图，是疲劳强度可靠性设计首先要解决的问题。

【例 5-5】　已知一受拉圆杆其所受载荷为 $P\sim N(\mu_p,\sigma_p)=(29\ 400,441)$N，制造拉杆的材料为某低合金钢，其抗拉强度为 $h\sim N(\mu_h,\sigma_h)=(1\ 054.48,41.36)$MPa，制造的半径 $r=\mu_r\pm0.015\mu_r$ 也服从正态分布。给定可靠度 $R=0.999$，试设计此圆杆的半径应为多大。

解:设此圆杆半径为 $r \sim N(\mu_r, \sigma_r)$,载荷、材料强度等设计参量均服从正态分布。

(1) 求应力 s 的均值 μ_s 和标准差 σ_s。

制造的半径服从正态分布,且 $r=\mu_r \pm 0.015\mu_r$,根据 3σ 法则,其离散范围取 $\Delta r=\pm 3\sigma_r$,见图 5-5 所示。

由 $3\sigma_r=0.015\mu_r$,得 $\sigma_r=0.005\mu_r$。

列出工作应力 s 的表达式 $s=P/A$,因为 $s \sim N(\mu_s, \sigma_s)$,根据表 5-2,得

$$\mu_s=\frac{\mu_P}{\mu_A}=\frac{29\ 400}{\pi\mu_r^2}=9\ 358.31/\mu_r^2 \quad \text{MPa}$$

$$\begin{aligned}\sigma_s &=\frac{1}{\mu_A^2}\sqrt{\mu_P^2\sigma_A^2+\mu_A^2\sigma_P^2}\\ &=\frac{1}{(\pi\mu_r^2)^2}\sqrt{29\ 400^2\times(2\pi\mu_r\sigma_r)^2+(\pi\mu_r^2)^2\times 441^2}\\ &=168.71/\mu_r^2 \quad \text{MPa}\end{aligned}$$

(2) 将应力和强度代入可靠性系数方程:

$$u=\frac{\mu_h-\mu_s}{\sqrt{\sigma_h^2+\sigma_s^2}}$$

查表 5-3 得给定可靠度 $R=0.999$ 时的可靠性系数值为 $u=3.090\ 23$,将各值代入上式:

$$3.090\ 23=\frac{1\ 054.48-9\ 358.31/\mu_r^2}{\sqrt{41.36^2+(168.71/\mu_r^2)^2}}$$

整理后得

$$1\ 095\ 584\mu_r^4-19\ 736\ 301\mu_r^2+87\ 306\ 022=0$$

解得

$$\mu_r=3.195$$

所以

$$\sigma_r=0.005\mu_r=0.016$$

故

$$r=\mu_r \pm \Delta r=3.195 \pm 0.048$$

本章小结

本章介绍了可靠性设计的流程与方法,主要内容包括可靠性分配、可靠性设计等。可靠性分配是可靠性设计的重要环节,系统的可靠性是由组成系统的各个子系统的可靠性所决定的,针对系统的可靠性设计指标,必须首先分配到各个子系统中去,再进行各个子系统的

可靠性设计。可靠性分配的方法很多，简单系统有等分配法。复杂系统有：按照子系统重要度分配、按照子系统复杂度分配及 AGREE 法等。应力—强度干涉理论是可靠性设计的理论基础，在此基础上，本章研究了应力、强度服从不同分布时的可靠度计算，并选取典型汽车的零部件进行了静强度、疲劳强度可靠性设计的研究。

思考与练习

5-1　由 14 个子系统组成的串联系统，要求系统的可靠度达到 0.95，用等分配法确定各子系统的可靠度。

5-2　一台汽车保修设备由三部分组成，要求总体可靠度达到 $R_s=0.75$，其中已知某部分的可靠度为 0.98，按等分配法确定其余二部分的可靠度。

5-3　有 4 个单元组成的并联系统，要求系统可靠度达到 0.99，求每个单元的可靠度至少达到多少？

5-4　系统有 4 个分系统串联组成，每个分系统的构成单元数 n_i 和重要性因子 W_i 见下表。在要求系统的可靠度为 0.9 时，求各系统失效率的分配值。

分系统	1	2	3	4
构成单元数 n_i	20	30	200	50
主要性因子 W_i	0.7	0.5	0.8	0.2

5-5　某压力机用拉紧螺栓连接，螺栓所受的应力 s 和强度 h 服从对数正态分布，应力的均值和均方差为 $(\bar{s},\sigma_s)=(16.1,1.6)\,N/mm^2$，强度的均值和均方差为 $(\bar{h},\sigma_h)=(19.5,1.5)\,N/mm^2$，试计算螺栓的可靠度。

第六章 汽车可靠性维修

内容提要：本章简要地介绍了近一个世纪以来维修思想的演变；重点讨论了维修性的度量、可修系统的故障过程和数据分析特点；详细介绍了检测和预防性维修周期的确定方法以及维修性分配的目的、意义和方法。

第一节 引 言

一、维修思想的演变

由于技术和经济的原因，绝大多数机器设备都要通过维修来维持或提高其可用度和可靠性。随着需求的增长和技术的进步，机器设备复杂化程度和自动化程度的提高，在过去近一个世纪以来，维修思想发生了深刻变革。

1. 事后维修

截至20世纪40年代左右，由于对机器设备的故障规律缺乏认识，加之当时设备机械化程度不高，大部分设备都比较简单且设计余量很大。同时，停机时间无足轻重，大多数管理人员对预防设备故障并不重视，一般采取“随坏随修”的事后维修思想。这种维修思想的主要特征是随机性太大，维修缺少必要的计划安排。

2. 预防性维修

到了20世纪50年代，人们开展了机械疲劳和磨损机理的研究，对可靠性领域的寿命分布进行了充分研究。这个时期，航空工业开始起步，其对运行期的高可靠性和安全性的要求，促使人们发展了有计划的“以预防为主”的维修思想。这种维修思想是以机械系统的零部件的磨损规律为基础，认为机械系统发生故障主要与机械系统零部件的典型磨损规律曲线有关。因此，直到20世纪60年代，预防性维修思想主要表现为对设备的定期翻修（大修），并普遍认为：不论设备复杂程度如何，都必须定时翻修，翻修间隔期越短、范围与深度越大，就越可靠。但是它很难预防由于随机因素引起的偶发事故，同时也废弃了许多还可继续使用的零部件，而且增加了不必要的拆装次数，造成维修时间和费用的浪费。

3. 生产维修

生产维修是20世纪60～70年代提出的维修思想。这一维修思想突出了维修策略的灵活性，吸收了后勤工程学的内容，注重设备的可靠性设计与维修性设计，提出了维修预防、提高设备可靠性设计水平以及无维修和少维修的设计思想，把设计制造与使用维修连成一体。

4. 视情维修

20 世纪 70 年代以后，设备的自动化、电子化和信息化等技术发展迅速，一方面设备的种类和复杂性增加，相应地要求维修技术越来越专业和复杂；另一方面，技术进步也提供了新的检测分析手段和设备。因此，人们对维修性理论的研究日益深入，对设备故障规律的认识也越来越深化。人们认识到故障模式不是原来的一种而是 6 种，系统越复杂故障模式越接近随机失效占主导的恒定故障率模式。因此，传统的预防性维修有时是不必要的，甚至是有害的，于是提出了按需的“视情维修”方式。视情维修着眼于每台设备的具体技术状况，一反定期维修的思想而采取定期检测，对设备异常运转情况的发展密切追踪监测，仅在必要时才进行修理。以可靠性为中心的维修(RCM)和全员生产维修(TPM)是这一时期发展的两种主要维修分析、优化思想。

5. 绿色维修和再制造工程

20 世纪 90 年代以来，资源环境问题日益引起人们的重视，绿色维修思想就是从这个角度发展起来的。绿色维修是综合环境影响和资源利用效率的现代维修模式。其目标是除了达到、保持和恢复产品规定状态外，还应满足资源和环境保护等可持续发展的要求。绿色维修是可持续发展和清洁生产模式在维修业中的具体体现。

再制造工程的维修是：当一个产品发生故障后，通过合理有效的维修过程，一方面要把产品恢复到正常工作状态；另一方面通过对设备零部件的改造、改装、革新及发明等措施，在实施维修的过程中形成一种“再制造”的效果，获得设备或产品的新性能、新发展。

6. 为了未来投资的维修

1990 年 10 月在德国召开的欧洲国家维修团体联盟第 10 次会议的主题是“维修——为了未来的投资”。这次会议反映了人们对维修的新认识。维修从被动的“故障——修理”，发展为“预计——预防性维修”，后来又提高到企业积极主动地对未来发展进行投资的高度，维修是一种投资，是与固定资产投资同样重要的投资。它不仅标志着维修地位和作用的提高，同时对维修管理也提出了更高的要求。

7. 数字化维修

21 世纪以来，由于信息技术、管理技术、人工智能技术和智能传感技术进一步发展，特别是网络技术发展与普及，维修进入了数字化时代。数字化维修是以数字化机械系统为核心，集数据采集、传递、加工，到最终完成虚拟化维修为一体的过程。其关键技术为维修信息和知识的表达，智能决策支持系统、机械系统的数字化建模技术、维修工艺自动化生成技术等。实现维修的数字化和网络化可以从全球范围进行资源统筹和战略决策，也为远程故障诊断和维修以及个性化维修提供了便利。

二、我国的汽车维修制度

现代维修制度就是依据汽车零部件失效规律，找出各零部件需要维护的周期，定期对车辆进行维护和检查，通过基本维护项目保持汽车正常技术状况，通过检查诊断发现故障部位和变坏的性能参数，有针对性地采取修理措施将故障排除。我国实行的是“以预防为主，定期检测、强制维护、视情修理”的汽车维修制度。

1. 定期检测

根据车辆从事运输的性质、使用条件和强度以及汽车技术等级等，通过现代化的技术手段，定期对车辆实施检测作业，正确判断车辆的技术状况。它包括车辆技术等级评定检测、污染排放监督检测、车辆二级维护及大修竣工质量检测等。检测的项目主要有发动机综合性能、汽车制动性能、前照灯、车轮定位、排放污染物、噪声、车速表、整车外观和汽车底盘测功等。通过检测，及时发现车辆故障隐患，确定二级维护附加作业项目，对二级维护和大修竣工出厂车辆的质量进行评定。另外，结合定期检测还可以进行车辆技术等级评定。

2. 强制维护

目前，我国对营运车辆实行强制维护制度。车辆运行到规定的行驶里程或间隔时间，必须近期进行维护作业，包括车辆日常维护、一级维护、二级维护。车辆维护主要对车辆进行清洁、检查、补给、润滑、紧固和调整等作业，除主要总成发生故障外，一般不实施解体作业。

3. 视情修理

视情修理是以车辆实际技术状况为基础的修理方式。车辆修理的作业范围和深度必须先通过检测诊断后确定。视情修理体现了技术与经济相结合的原则，既能防拖延修理造成车况恶化，又能避免提前修理造成浪费。

第二节　维修的数理基础

维修的数学理论起始于 20 世纪 30～40 年代结构可靠性、疲劳失效和机器维修中替换问题的研究。这一时期发展了维修中的更新和队列理论，特别是威布尔(weibull)分布的提出及指数分布的使用，奠定了包括维修在内的广义可靠性理论的数学基础。经过二次世界大战和 50～60 年代的大规模实践及理论研究，可靠性和维修性从个别人的零星研究变成受到广泛重视的研究课题，其数学理论也渐趋成熟。20 世纪 60 年代《可靠性的数学理论》(Barlow, R. E. and F. Proschan [1965])的出版标志着可靠性作为一门独立学科的诞生。20 世纪 70 年代，由于对核反应堆的安全问题的关注，研究的重点主要集中于故障效果及危害性问题。20 世纪 80 年代，产品的市场竞争日益激烈，可靠性和维修性问题重新引起人们的重视，这一时期人们主要关注是系统的可用度，发展了网络的可靠性理论，并且重视从产品的全寿命费用的角度考虑可靠性和维修性问题。20 世纪 90 年代以来，和企业资源计划和管理相结合的维修决策模型和概念框架设计受到广泛研究，开发了计算机集成维修管理系统和数字化维修系统。

维修的数学方法主要可分为概率方法和统计的方法。本节主要介绍可靠性维修的度量、可修系统的随机过程模型及故障数据分析特点。

一、停机时间

如果系统一旦失效就进入维修程序，那么系统的运行可以看作是一个工作和维修的交替过程。在一个工作和维修周期内，维修过程大体上可分为维修延时、接近、诊断、维修和替换、调整和验证等阶段。

维修延时包括备件延时、资源和设备延时。备件延时是指获得为完成维修所需要备件的时间。所需备件的种类和数量是影响备件延时的主要因素。资源和设备延时是指等待维修所需资源和设备的时间。维修资源和设备包括维修人员、检测设备、维修工具、维修资料和维修场地等。影响维修延时的都是与待修系统无关的外部因素，因此，维修延时不包括在通常所说的反映系统固有维修特性的维修时间之内。

反映系统固有维修性的维修时间大体上可分为接近时间、诊断时间、维修和替换时间、调整和验证时间。接近时间是指为接近维修部位所花费的时间，例如打开机壳等所花费的时间。影响维修时间的因素一是系统的可维修性，这是在设计阶段决定的，包括内置测试设备的使用、模块化和部件的布局、部件的类型、人因工程学、标签和编码、标准化和互换性等；二是维修所需设备多少和先进程度、维修人员的技能和数量、维修级别和维修大纲的清晰性等。

总停机时间包括维修时间和维修延时，见图 6－1 所示。

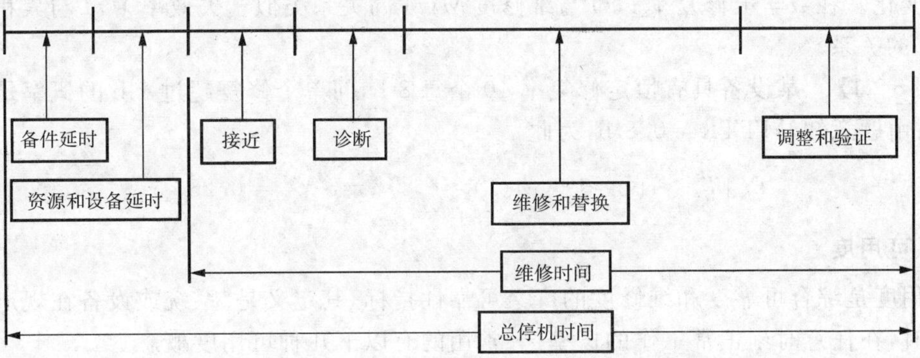

图 6－1 停机时间

二、维修性

产品的可靠度随时间的增加而减少，故障率则随产品的老化而增加。对可修复的系统或设备可以通过维修来防止老化，降低递增的故障率。因此，对于可修复系统除了可靠性之外，还必须考虑维修性。

维修性是指系统在规定的条件下，规定的时间内，按规定的程序和方法进行维修时，保持或恢复其规定功能的能力。维修性是系统的一种质量特性，是系统设计中赋予的使其维修方便、快捷和经济的固有特性。维修性常从维修时间概率统计的角度来度量，常用的有以下几个参量。

1. 维修度

维修度 $M(t)$ 是表征维修难易程度的概率，是维修时间 T_r 的分布函数：

$$M(t)=Pr\{T_r \leqslant t\}=\int_0^{\infty} m(t)\,\mathrm{d}t \qquad (6-1)$$

式中：$m(t)$ 为维修时间 T_r 分布的密度函数。

维修度 $M(t)$ 的含义是：在 $t=0$ 时刻处于故障状态的产品，经过在 $(0,t)$ 期间内修理，到 t 时刻得到修复的概率。

2. 平均维修时间 MTTR

平均维修时间是指可修产品维修时间的均值，即

$$\mathrm{MTTR}=\int_0^{\infty} tm(t)\,\mathrm{d}t \qquad (6-2)$$

3. 修复率

$$\nu(t)=\lim_{\Delta t\to 0}\frac{Pr\{\mathrm{t}\leqslant T_r \leqslant t+\Delta t \mid T_r > t\}}{\Delta t}$$

$$=\lim_{\Delta t\to 0}\frac{M(t+\Delta t)-M(t)}{(1-M(t))\Delta t}$$

$$=\frac{m(t)}{1-M(t)} \tag{6-3}$$

修复率含义是:修理时间已经到达某个时刻 t 但尚未修复的产品,在该时刻后的单位时间内完成修复的概率。也可理解为到时刻 t 尚未修复的产品,在该时刻后单位时间内维修概率的变化。在数学上修复率 $\nu(t)$ 与维修度 $M(t)$ 的关系类似于失效率 $\lambda(t)$ 与累积失效概率 $F(t)$ 的关系。

【例 6-1】 某设备具有恒定修复率 10 个每 8 h,问单个修复超过 1 h 的概率是多少?

解:由题意知,MTTR＝0.8 h,为此

$$Pr\{T_r>1\}=1-M(1)=e^{-1/0.8}=e^{-1.25}=0.2865$$

三、可用度

可用度是综合可靠度和维修度的广义可靠性指标,其定义是“系统或设备在规定的条件下使用时,在任意时刻正常工作的概率”。常用的有以下几种可用度概念。

(1) 在时刻 t 的可用度,即瞬时可用度或点可用度 $A(t)$。

(2) 在时间间隔 $[t_1,t_2]$ 的平均可用度

$$A_{t_2-t_1}=\left(\frac{1}{t_2-t_1}\right)\int_0^{t_2-t_1}A(t)\,dt \tag{6-4}$$

这种平均可用度一般称之为区间可用度或任务可用度。

(3) 稳态可用度

$$A=\lim_{T\to\infty}A(T) \tag{6-5}$$

式中:$A(T)$ 为 $[0,T]$ 区间可用度。

稳态可用度可进一步细分为:

① 固有可用度

$$A_{inh}=\lim_{T\to\infty}A(T)=\frac{MTBF}{MTBF+MTTR} \tag{6-6}$$

MTBF 是平均故障间隔时间,MTTR 是平均修复时间,因此,固有可用度只与系统的失效分布和修复时间分布有关。

【例 6-2】 某设备的故障间隔时间分布为形状参数 s＝0.86,尺度参数 t_{med}＝40 h,修复时间分布为正态分布,正态分布的均值为 3.5 h,方差为 1.8 h,求固有可用度。

解:由题意知,$MTBF=t_{med}e^{s^2/2}=40e^{0.7396/2}=57.9$ 和 MTTR＝3.5

$$A_{imh}=\frac{MTBF}{MTBF=MTTR}=\frac{57.9}{57.9+3.5}=0.943$$

② 可达可用度(Achievedavaila bility)

$$A_a=\frac{MTBM}{MTBM+\overline{M}} \tag{6-7}$$

式中：MTBM 是平均维修间隔时间，即

$$\mathrm{MTBM}=\frac{t_{\mathrm{d}}}{\Lambda(t_{\mathrm{d}})+t_{\mathrm{d}}/T_{\mathrm{pm}}} \tag{6-8}$$

$\overline{M}$ 是平均维修停时，即

$$\overline{M}=\frac{\Lambda(t_{\mathrm{d}})\,\mathrm{MTTR}+(t_{\mathrm{d}}/T_{\mathrm{pm}})\,\mathrm{MPMT}}{\Lambda(t_{\mathrm{d}})+t_{\mathrm{d}}/T_{\mathrm{pm}}} \tag{6-9}$$

式中：t_{d}—— 系统设计寿命；

MPMT—— 平均预防性维修时间；

T_{pm}—— 预防性维修周期；

MTTR—— 平均修复时间；

$\Lambda(t_{\mathrm{d}})$——$(0,t_{\mathrm{d}}]$ 时间内的期望故障数。这里，可以是稳态更新过程或者是小修过程中的平均故障数。

③ 运行可用度(Operationalavailability)

$$A_o=\frac{\mathrm{MTBM}}{\mathrm{MTBM}+\overline{\overline{M}}} \tag{6-10}$$

$\overline{\overline{M}}$ 是由$\overline{M}$ 中 MTTR 替换为 MTR 算得。MTR 是平均维修时间，也就是包括维修延时在内的平均无计划系统停机时间，即

$$\mathrm{MTR}=\mathrm{MTTR}+\mathrm{MDT}+\mathrm{SDT} \tag{6-11}$$

式中：MDT—— 平均资源与设备延时；

SDT—— 平均备件延时。

运行可用度是产品实际运行时真正获得的可用度，在综合考虑维修备件数和维修作业组数有用。从产品设计的角度更关心是固有可用度或可达可用度。

【例 6－3】 失效率 λ 和修复率 ν 均为常数单部件系统，假设其只有工作和维修两种状态，求系统的可用度。

解：设 t 时刻系统的状态为 $x(t)$，$x(t)=1$ 为工作状态，$x(t)=2$ 为维修状态，$P_i(t)=Pr\{x(t)=i\}$，$i=1,2$，则系统是状态空间为$\{1,2\}$ 的马氏过程，状态转移图如图 6－2 所示，状态方程为

$$\frac{\mathrm{d}P_1(t)}{\mathrm{d}t}=-\lambda P_1(t)+\nu P_2(t) \tag{6-12}$$

$$P_1(t)+P_2(t)=1 \tag{6-13}$$

利用初始条件$P_1(0)=1$，解方程组，得

$$P_1(t)=\frac{\nu}{\lambda+\nu}+\frac{\lambda}{\lambda+\nu}\mathrm{e}^{-(\lambda+\nu)t} \tag{6-14}$$

因此，系统的瞬时可用度 $A(t)=P_1(t)$，区间可用度

$$A_{t_2-t_1}=\frac{1}{t_2-t_1}\int_{t_1}^{t_2}\left(\frac{\nu}{\lambda+\nu}+\frac{\lambda}{\lambda+\nu}\mathrm{e}^{-(\lambda+\nu)t}\right)\mathrm{d}t$$

$$=\frac{\nu}{\lambda+\nu}+\frac{\lambda}{(\lambda+\nu)^2(t_2-t_1)}\left[e^{-(\lambda+\nu)t_1}-e^{-(\lambda+\nu)t_2}\right] \quad (6-15)$$

固有可用度

$$A_{\rm inh}=\lim_{t\to\infty}A_{t-0}=\frac{\nu}{\nu+\lambda}=\frac{\rm MTBF}{\rm MTBF+MTTR} \quad (6-16)$$

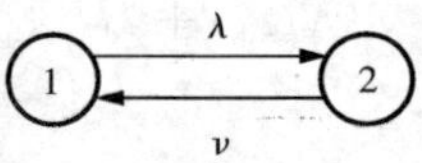

图 6－2　状态转移图

四、可修系统故障数据分析

1. 可修系统故障数据的特点

对于可修系统，研究的对象常常是单个系统随时间运行的性能变化。由于系统是可修的，故障后经过修复重新投入运行。因此，若不考虑修理所花的时间，可以获得的数据是依时间顺序记录下来的系统相邻故障的间隔：

$$x_1, x_2, \cdots, x_n$$

实际感兴趣的问题是由故障数据 $x_1, x_2, \cdots, x_n$ 来评定系统的运行是否随时间的增大而劣化，或得到改善。根据对这个问题的回答，我们才可能采取适当的预防性维修或更换策略。

对一个可修系统来讲，可能由于老化、磨损、疲劳等原因使得相邻的故障间隔时间缩短；或者由于磨合，运行经验的积累，合理的维护、使用和管理，使得相邻的故障间隔变大。因此，在可修系统的数据分析时，通常在概率模型的理论分析中所作的"修复如新"，即相邻故障间隔独立同分布就不一定成立了，而需要进一步探讨处理这类数据的方法。

为了能够反映相邻故障间隔之间的某种相依性，需要建立可修系统随机过程模型。

2. 可修系统的随机过程模型

设一个可修系统从 $t=0$ 开始，相继故障时刻为 $T_1, T_2, \cdots, T_n$，约定 $T_0=0$，假定不计修理时间。记 $X_i=T_i-T_{i-1}, i=1,2,\cdots n$，为故障间隔，如图 6－3 所示。

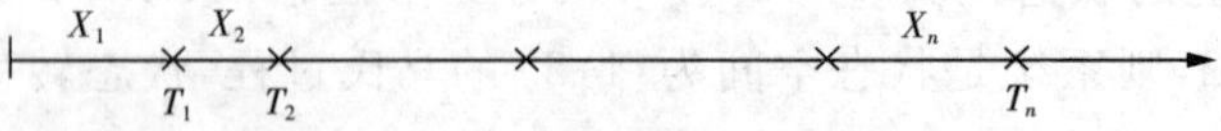

图 6－3　可修系统随时间 t 的进程

(1) 时齐泊松过程模型

对于相邻的故障间隔 $\{X_i, i=1,2,\cdots\}$ 服从指数分布，且系统"修旧如新"，即相继的故障间隔独立同分布的可修系统，可用时齐泊松过程模型来描述。

记 $N(t)=(0,t]$ 中系统故障次数，则称满足下列条件的随机过程 $\{N(t), t\geqslant 0\}$ 为时齐泊松过程：

① $N(0)=0$。

② $N(t)$ 具有独立增量，即对任意 n 及不相交的区间 $(a_i, b_i], i=1,2,\cdots,n, N(b_i)-N(a_i)$ 互相独立，$i=1,2,\cdots,n$。

③ 对任意的 $0 \leqslant t \leqslant s$，$N(s)-N(t)$ 参数为 $\lambda(s-t)$ 的泊松分布，即

$$P\{N(s)-N(t)=k\}=\frac{[\lambda(s-t)]^k}{k!}\exp\{-\lambda(s-t)\},k=0,1,\cdots \quad (6-17)$$

(2) 更新过程模型

对“修旧如新”，即相继的故障间隔独立同分布，但相邻故障间隔不服从指数分布的可修系统，可用更新过程模型描述。

设 $X_1,X_2,\cdots$ 是独立同分布的非负随机变量序列，它们的分布函数为 $F(t)$，均值为 μ，且满足 $P\{X_n=0\}<1$。显然

$$T_n=X_1+X_2+\cdots+X_n,\ n=1,2,\cdots$$

$$P\{T_n \leqslant t\}=F^{(n)}(t),\ n=0,1,2,\cdots \quad (6-18)$$

式中 $F^{(n)}(t)$ 是 $F(t)$ 的 n 重卷积，并有

$$F^{(0)}(t)=\begin{cases}1, t \geqslant 0\\ 0, t<0\end{cases} \quad (6-19)$$

令

$$N(t)=\sup\{n: T_n \leqslant t\} \quad (6-20)$$

$\{N(t),t \geqslant 0\}$ 是一个取值非负整数的随机过程，称之为更新过程。称 T_n 为更新时刻，X_n 为更新寿命。显然，$N(t)$ 表示 $(0,t]$ 时间内的更新次数。因为随机事件 $\{N(t) \geqslant k\}$ 和 $\{T_k \leqslant t\}$ 是等价的，常将部分和 $\{T_n,n \geqslant 0\}$ 也称为更新过程。

由于

$$\{N(t)=k\}=\{T_k \leqslant t < T_{k+1}\},\ k=0,1,2,\cdots \quad (6-21)$$

可得

$$P\{N(t)=k\}=P\{T_k \leqslant t\}-P\{T_{k+1} \leqslant t\}=F^{(k)}(t)-F^{(k+1)}(t),k=0,1,2,\cdots \quad (6-22)$$

记 $\Lambda(t)$ 为 $(0,t]$ 内的平均更新次数。利用式(6-22)，有

$$\Lambda(t)=E(N(t))=\sum_{k=0}^{\infty} kP\{N(t)=k\}=\sum_{k=1}^{\infty} F^{(k)}(t) \quad (6-23)$$

通常称 $\Lambda(t)$ 为更新函数，其导数 $\lambda(t)=\mathrm{d}\Lambda(t)/\mathrm{d}t$ 称为更新密度。$\Lambda(t)$ 的计算常需利用 Laplace-Stieltjes 变换，$\Lambda(t)$ 的 Laplace-Stieltjes 变换为

$$\hat{\Lambda}(s)=\int_0^{\infty} \mathrm{e}^{-st}\mathrm{d}\Lambda(t)=\sum_{k=1}^{\infty}[\hat{F}(s)]^k=\frac{\hat{F}(s)}{1-\hat{F}(s)},s>0 \quad (6-24)$$

若 $F(t)$ 服从指数分布时，则 $\{N(t),t \geqslant 0\}$ 即为时齐泊松过程。

(3) 非时齐泊松过程模型

对非“修旧如新”的可修系统，如故障后进行“小修”，即修理后系统寿命不变，可用非时

齐泊松过程模型描述。

若随机过程$\{N(t), t \geqslant 0\}$满足：

① $N(0)=0$。

② $N(t)$具有独立增量，即对任意n及不相交的区间$(a_i, b_i]$，$i=1,2,\cdots,n$，$N(b_i)-N(a_i)$互相独立，$i=1,2,\cdots,n$。

③ 对任意的$0 \leqslant t < s$，在$(t,s]$时间内的故障数$N(s)-N(t)$是参数为

$$\Lambda(t,s)=\int_t^s \lambda(u)\,\mathrm{d}u \tag{6-25}$$

的泊松分布，即

$$P\{N(s)-N(t)=k\}=\frac{[\Lambda(t,s)]^k}{k!}\exp\{-\Lambda(t,s)\},\ k=0,1,\cdots \tag{6-26}$$

则称随机过程$\{N(t), t \geqslant 0\}$为非时齐泊松过程。这里$\lambda(t)$是一个非负函数，称作故障强度函数；$\Lambda(t,s)$称之为累计强度函数，它表示$(t,s]$时间内的平均故障数。

一般的非时齐泊松过程，相邻故障间隔$X_1, X_2, \cdots$既不独立也不同分布，而且在同样长度的区间上，平均故障数不仅依赖于区间的长度，还依赖于区间的起点。常用的一种非时齐泊松过程模型是威布尔过程模型，即强度函数为

$$\lambda(t)=\lambda\beta t^{\beta-1},\ t \geqslant 0, \lambda, \beta > 0 \tag{6-27}$$

的非时齐泊松过程。

若强度函数$\lambda(t)=$常数，则非时齐泊松过程退化为时齐泊松过程。

3. 可修系统故障数据分析步骤

上面简单介绍了可以用来描述可修系统的3个随机过程模型，现在把对可修系统故障数据进行分析的步骤归纳如图6-4所示。这里的步骤不是绝对的，也可直接检验是否可用时齐泊松过程模型。否则，则可用非时齐泊松过程模型。具体的检验方法和参数估计可参见第三章可靠性增长一节的讨论。

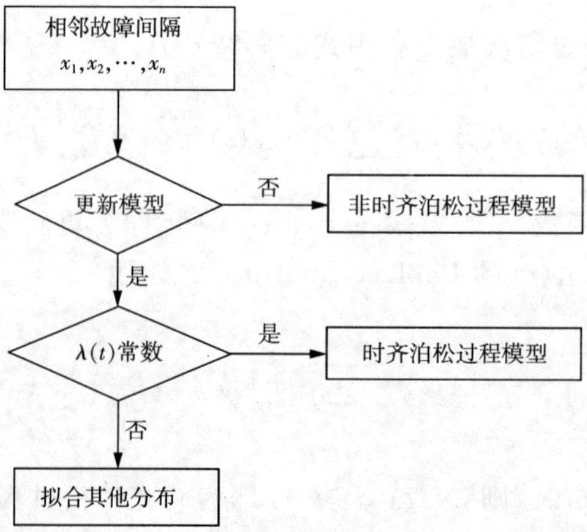

图6-4　可修系统故障数据分析步骤

第三节 检测和维修周期

由于我国实行的是“以预防为主，定期检测、强制维护、视情修理”的汽车维修制度。因此合理地确定检测和维修的周期是进行维修工作要考虑的重要内容。

一、检测周期

检测周期是依据潜在故障造成的故障后果的严重程度，分别按安全性和经济性的要求来确定。

1. 按安全性要求确定检测周期

定期检测的目的是通过对系统进行检测来发现系统中存在的潜在故障，以便预防功能故障的出现，或将故障概率控制在许可的范围之内，确保安全性。检测周期 T_c 必须小于由潜在故障发展到功能故障的时间 T，即 $T_c < T$。一般取 T_c 为 T 的1/4及1/4以上，以便在 T 内做几次检测，以防漏检。

对具有安全性影响的故障，若可接受的故障发生概率为 p_a，一次检测能检测出潜在故障的概率为 p，则在 T 时间内要检测的次数 n 可由下式确定：

$$p_a = (1-p)^n \tag{6-28}$$

或

$$n = \frac{\ln p_a}{\ln(1-p)} \tag{6-29}$$

由此，检测周期为

$$T_c = \frac{T}{n} \tag{6-30}$$

2. 按经济性要求确定检测周期

当系统零部件的功能故障不危及安全性，对系统进行预防性维修所需的费用少于故障损失(包括故障后维修的费用)，且系统中的潜在故障能通过检测被发现，则按最少费用损失的要求来确定检测周期。

通过检测可以及时发现系统的潜在故障，若发现的潜在故障及时排除，那么单位时间检测的次数 n 越大，则系统故障率 λ 就越小，故障率 λ 是 n 的函数，即

$$\lambda(n) = \frac{k}{n} \tag{6-31}$$

式中，k 为比例系数，其意义是单位时间内进行一次检测时的故障率。而检测周期为

$$T_c = \frac{1}{n} \tag{6-32}$$

设系统事后维修的平均费用为 C_f，平均检测费用为 C_c，则单位时间内的总维修费用 C_n 为

$$C_n = C_f\lambda(n) + nC_c \tag{6-33}$$

由 $\mathrm{d}C_n/\mathrm{d}n = 0$，得

$$T_c = \sqrt{\frac{C_c}{kC_f}} \tag{6-34}$$

【例 6-4】 某系统每小时检测一次时的故障率 $\lambda = 0.000\,1/\mathrm{h}$，平均检测费用 $C_c = 2\,00$ 元，故障后平均维修费用 $C_f = 2000$ 元，求其最优检测周期 T_c。

解：按题意可知 $k = 0.000\,1$，于是

$$T_c = \sqrt{\frac{C_c}{KC_f}} = \sqrt{\frac{200}{0.000\,1 \times 2\,000}} = 31.6\ \mathrm{h}$$

二、预防性维修周期

维修的方式可分为系统失效后进行的事后维修和在失效前进行的预防性维修。所谓预防性维修是指当系统使用到规定的时间，就进行修复或替换的一种有计划的维修方式，它是保持系统始终处于正常工作状态的重要措施。系统的预防性维修有定龄替换、成批替换和故障小修 3 种基本策略。

定龄替换策略是指当部件或系统工作到指定的运行年龄或失效时进行替换维修，替换后重新计算年龄，然后类似进行下一次替换。这种策略适合失效替换成本高于有计划替换的成本，且系统失效率是递增的情况。

成批替换策略是指部件或系统在给定的时刻 $kT\ (k = 1, 2, \cdots)$ 作预防性替换，部件在故障时作事后替换，而不管部件或系统的工龄。这类策略便于维修计划管理。

故障小修与成批替换类似，都是在指定的时刻定期作预防性替换，差别在于在部件故障后不进行替换而是进行小修。所谓小修是指修复后故障部件年龄不变，即部件故障率函数随时间的变化规律不因小修而改变。这类策略适用于像汽车整车这样的复杂系统更换个别不重要的零部件的情况。

1. 按安全性要求确定预防性维修周期

对于具有严重安全性及环境故障后果的系统零部件，要求他们在预防性维修周期内达到完全可靠。这时，预防性维修周期也叫安全寿命期。安全寿命 T 的计算公式为

$$T = \frac{\mathrm{MTTF}}{n_f} \tag{6-35}$$

式中：T—— 系统零部件的安全寿命，即确定的定期预防性维修周期；

MTTF—— 系统零部件的平均寿命；

n_f—— 分散系数，一般取 $n_f = 1.5 \sim 2$，具体可根据系统零部件故障严重程度取最大值。

2. 按经济性要求确定预防性维修周期

当系统故障不危及安全时，并且采取预防性维修的费用小于故障损失（包括维修费用）时，可按维修费用最少的要求来确定预防性维修周期。

(1) 按定龄替换策略确定预防性维修周期

假定系统部件寿命分布函数为 $F(t)$，可靠度函数为 $R(t)$，用 C_f 和 C_p 分别表示一次事后

替换和预防性替换的损失，进一步假定更换时间可以忽略不计。根据定龄替换策略，确定最优的预防性维修周期 T，使经长期运行的系统单位时间的期望损失最少。

令C_n 表示，当计划定龄替换周期为 T 时，经长期运行单位时间的期望损失，即

$$C_n = \lim_{T \to \infty} \frac{[0,T]\text{时间内的期望损失}}{T} = \frac{\text{一个周期内的期望损失}}{\text{平均周期长}} \tag{6-36}$$

其中

$$\text{平均周期长} = \int_0^T t\mathrm{d}F(t) + \int_T^{\infty} T\mathrm{d}F(t) = \int_0^T R(t)\,\mathrm{d}t \tag{6-37}$$

$$\text{一个周期内的期望损失} = C_f F(T) + C_p R(T) \tag{6-38}$$

因此

$$C_n = \frac{C_f F(T) + C_p R(T)}{\int_0^T R(t)\,\mathrm{d}t} \tag{6-39}$$

问题归结为求最优的T^*，使C_n 达到最小。一般可由 $\mathrm{d}C_n/\mathrm{d}T = 0$ 来求解，但是一般无解析解，需通过数值计算方法来求解。

(2) 按成批替换策略确定预防性维修周期

类似于定龄部分的讨论，对成批替换，有

$$C_n = \frac{C_f \Lambda(T) + C_p}{T} \tag{6-40}$$

式中，$\Lambda(T)$ 表示$[0,T]$时间内的事后替换的期望次数。

由更新理论，$\Lambda(t)$ 是更新寿命分布为 $F(t)$ 的更新过程中的更新函数，且

$$\Lambda(t) = \sum_{k=1}^{\infty} F^{(k)}(t) \tag{6-41}$$

具体问题中，$\Lambda(t)$ 往往可以用 Laplace-Stieltjes 变换方法来求。更新函数 $\Lambda(t)$ 的导数

$$\lambda(t) = \frac{\mathrm{d}\Lambda(t)}{\mathrm{d}t} \tag{6-42}$$

称为更新密度。

同样地，问题归结为求最优的T^*，使C_n 达到最小。一般可由 $\mathrm{d}C_n/\mathrm{d}T = 0$，等价于

$$T\lambda(T) - \Lambda(T) = \frac{C_p}{C_f} \tag{6-43}$$

来求解，但是一般无解析解，需通过数值计算方法来求解。

(3) 按故障小修策略确定预防性维修周期

假定部件故障过程中的故障强度函数为 $\lambda(t)$，一次小修和预防性更换的损失分别为C_m 和C_p，小修和更换的时间忽略不计。当计划定期替换周期为 T 时，经长期运行单位时间的期望损失

$$C_{\mathrm{n}}=\frac{C_{\mathrm{m}}\Lambda(T)+C_{\mathrm{p}}}{T} \tag{6-44}$$

式中，$\Lambda(T)$ 表示$(0,T]$时间内的平均小修次数。由前面可修过程随机模型的讨论，知

$$\Lambda(T)=\int_0^T\lambda(t)\,\mathrm{d}t \tag{6-45}$$

同样地，问题归结为求最优的T^*，使C_{n} 达到最小。由 $\mathrm{d}C_{\mathrm{n}}/\mathrm{d}T=0$，等价于

$$T\lambda(T)-\Lambda(T)=\frac{C_{\mathrm{p}}}{C_{\mathrm{m}}} \tag{6-46}$$

令式(6-46) 左端为$h(T)$，若$h(\infty)>C_{\mathrm{p}}/C_{\mathrm{m}}$，则存在唯一有限解$T^*$，使单位损失$C_{\mathrm{n}}$ 最小。

3. 按最大可用度要求确定预防性维修周期

可用度指标以可达可用度来表示：

$$A_{\mathrm{a}}=\frac{\mathrm{MTBM}}{\mathrm{MTBM}+\overline{M}}=\frac{T_{\mathrm{u}}}{T_{\mathrm{u}}+T_{\mathrm{d}}} \tag{6-47}$$

式中：MTBM—— 平均维修间隔时间；

$\overline{M}$—— 平均维修停时；

T_{u}—— 一个替换周期内的平均工作时间；

T_{d}—— 一个替换周期内的平均维修停时。

(1) 按定龄替换策略确定预防性维修周期

设T_{p} 为定时替换的平均停机时间，T_{f} 为故障事后替换的平均停机时间，T 为定时替换周期，则在定龄替换策略下，一个替换周期内的平均维修停时T_{d} 为

$$T_{\mathrm{d}}=T_{\mathrm{f}}F(T)+T_{\mathrm{p}}R(T) \tag{6-48}$$

一个周期内的平均工作时间T_{u} 为

$$T_{\mathrm{u}}=TR(T)+\int_0^T t\mathrm{d}F(t)=\int_0^T R(t)\mathrm{d}t \tag{6-49}$$

因此，可达可用度为

$$A_{\mathrm{a}}=\frac{T_{\mathrm{u}}}{T_{\mathrm{u}}+T_{\mathrm{d}}}=\frac{\int_0^T R(t)\mathrm{d}t}{\int_0^T R(t)\mathrm{d}t+T_{\mathrm{f}}F(T)+T_{\mathrm{p}}R(T)} \tag{6-50}$$

令 $\mathrm{d}A_{\mathrm{a}}/\mathrm{d}T=0$，即

$$(T_{\mathrm{f}}f(T)-T_{\mathrm{p}}f(T))\int_0^T R(t)\,\mathrm{d}t-R(T)(T_{\mathrm{p}}R(T)+T_{\mathrm{f}}F(T))=0 \tag{6-51}$$

采用数值解法即可得系统在最大可达可用度下的定龄替换策略的最佳预防性替换周期 T。

(2) 按成批替换策略确定预防性维修周期

设T_{p} 为定时替换的平均停机时间，T_{f} 为故障事后替换的平均停机时间，$\Lambda(t)$ 为可修系

统故障更新过程的更新函数，$\lambda(t)$ 为更新密度，T 为定时替换周期，则在成批替换策略下，一个替换周期内的平均维修停时 T_d 为

$$T_d = T_f \Lambda(T) + T_p \tag{6-52}$$

一个周期内的平均工作时间 T_u 为

$$T_u = T \tag{6-53}$$

因此，可达可用度为

$$A_a = \frac{T_u}{T_u + T_d} = \frac{T}{T + T_f \Lambda(T) + T_p} \tag{6-54}$$

令 $\mathrm{d}A_a/\mathrm{d}T = 0$，即

$$T\lambda(T) - \Lambda(T) = \frac{T_p}{T_f} \tag{6-55}$$

当 T_p、T_f 和 $\lambda(t)$ 已知时，采用数值方法可求得系统在最大可达可用度下，成批替换策略的最佳预防性替换周期 T。

【例 6-5】 系统的寿命分布 $F(t) = 1-(1+t)\mathrm{e}^{-t}$，用 LaplaceK-Stleltjes 变换可求得

$$\Lambda(t) = \frac{t}{2} - \frac{1}{4} + \mathrm{e}^{12t} \tag{6-56}$$

$$\lambda(T) = \frac{1}{2}(1-\mathrm{e}^{-2t}) \tag{6-57}$$

代入式

$$T\lambda(T) - \Lambda(T) = \frac{T_p}{T_f} \tag{6-58}$$

中，可得

$$\frac{1}{4}[1-(1+2T)\mathrm{e}^{-2T}] = \frac{T_p}{T_f} \tag{6-59}$$

由于 $\lambda(t)$ 连续严格单调递增，因此，当 $4T_p < T_f$ 时，存在唯一解 T^*，用图解法或迭代法可求得 T^*。

(3) 按故障小修策略确定预防性维修周期

设 T_p 为定时替换的平均停机时间，T_m 为故障事后替换的平均停机时间，$\Lambda(t)$ 为可修系统故障发生的平均次数，$\lambda(t)$ 为故障强度，T 为定时替换周期，则在故障小修策略下，一个替换周期内的平均维修停时 T_d 为

$$T_d = T_m \Lambda(T) + T_p \tag{6-60}$$

一个周期内的平均工作时间 T_u 为

$$T_u = T \tag{6-61}$$

因此，可达可用度为

$$A_a = \frac{T_u}{T_u + T_d} = \frac{T}{T + T_m \Lambda(T) + T_p} \tag{6-62}$$

令 $dA_a/dT = 0$，即

$$T\lambda(T) - \Lambda(T) = \frac{T_p}{T_m} \tag{6-63}$$

当T_p、T_m 和 $\lambda(t)$ 已知时，采用数值方法可求得系统在最大可达可用度下故障小修策略的最佳预防性替换周期 T。

第四节　维修性分配

维修性是系统的重要特性，在设计阶段维修性的实现将直接影响到系统在工作过程维修活动所需维修技术人员的维修水平、维修工具、维修难易程度及维修费用的高低等。因此，在设计阶段合理地确定系统各组成部分的维修性定量指标就显得至关重要。维修性分配就是将系统的维修性总的定量要求，按特定的分配原则分配给系统各组成部分，而进行的设计、分析工作。维修性分配是系统设计、研制过程中的主要维修性活动之一。

一、维修性分配的目的和意义

维修性定量指标分配的目的：① 明确系统各组成部分的维修性定量要求，并作为系统设计依据，通过设计来实现；② 对于制造和供货商来说，是进行可靠性管理和验收的量化依据。

一般来说，维修性的分配是在系统设计和研制的早期阶段进行，工作内容主要是从总体方案上进行系统的维修性设计与论证工作，所需的费用不多，但决定了系统在进行维修上所需花费的大小。合理的系统维修性分配方案，可以使所设计的系统既经济又达到规定的可靠性、可用度和维修性目标要求。反之，在系统设计中不进行维修性定量指标分配，就会使所设计的系统维修性得不到保证，从而可能造成重大的维修费用损失。

二、维修性指标的确定

维修性指标的确定需要综合考虑可靠性、可用度和维修性，一般有两种确定方法：① 将用户提出来的系统维修性指标要求作为系统维修性的定量指标要求，此时，必须论证所给的系统维修性定量指标的合理性；② 根据给定系统固有可用度或可靠度指标来确定系统的维修性定量指标要求，并论证维修性指标的合理性。

若给定系统的固有可用度A_{inh} 要求，则系统的维修性要求可和系统的可靠性折中确定，即

$$\mathrm{MTTR} = \frac{1 - A_{inh}}{A_{inh}} \mathrm{MTBF} \tag{6-64}$$

式中：MTBF—— 系统的平均工作寿命；

MTTR—— 平均维修时间。

当系统的寿命服从指数分布 $F(t) = 1 - e^{-\lambda t}$ 时，有 $\mathrm{MTBF} = 1/\lambda$，此时，系统的平均维修

时间为

$$\mathrm{MTTR}=\frac{1-A_{\mathrm{inh}}}{\lambda A_{\mathrm{inh}}} \tag{6-65}$$

若给定了系统的可靠度指标要求，则要根据给定的可靠度要求，通过维修性和可用度的平衡来确定系统的维修性定量指标。

三、维修性分配方法

设系统平均维修时间为 MTTR，系统固有可用度为A_{inh}，系统平均修复率为 μ，系统平均故障率为 λ，各部件的平均修复率、平均故障率和平均维修时间为μ_i、λ_i 和MTTR_i。

1. 平均分配法

将系统的维修性指标均等地分配给组成系统的各个部分。对于由 k 个零部件组成的系统，有

$$\mathrm{MTTR}_i=\frac{\mathrm{MTTR}}{k} \tag{6-66}$$

该方法适用于系统各组成部分在复杂程度、故障率及维修难易程度均相差不大的情况或缺乏系统可靠性和维修性信息时，作初步系统维修性分配情况。

2. 按系统组成的复杂度分配法

分配原则是将平均修复时间 MTTR 作为维修性分配指标时，分配给各分系统的平均修复时间MTTR_i 应与其故障率λ_i 成反比。即故障率高的分系统分配的MTTR_i 值应少一些；故障率低的分系统可适当多分配些，以保证整个系统的可用度达到所要求的水平。

当把系统的维修性要求目标分配到系统各功能层次时，可能有下列 3 种情况：

(1) 系统是新设计的，无可借鉴的经验资料。若系统由 k 种分系统组成，系统已完成可靠性分配，则各个分系统的维修性指标按下式分配：

$$\mathrm{MTTR}_i=\frac{\mathrm{MTTR}\sum_{i=1}^{k} n_i\lambda_i}{k\,n_i\lambda_i} \tag{6-67}$$

式中：n_i—— 第 i 个分系统的数量；

k—— 分系统的种类数。

(2) 系统是改进型设计，一部分是新设计的产品，一部分是老产品或借鉴同类产品的资料。若系统由 k 种分系统组成，其中 l 种分系统可借鉴同类产品的资料，$(k-l)$ 种分系统为新设计的系统，则新设计的分系统维修性指标按式(6-68) 分配：

$$\mathrm{MTTR}_j=\frac{\mathrm{MTTR}\sum_{i=1}^{k} n_i\lambda_i-\sum_{i=1}^{l} n_i\lambda_i\,\mathrm{MTTR}_{0,i}}{(k-l)\,n_j\lambda_j} \tag{6-68}$$

式中：MTTR_j—— 新设计的分系统的平均维修时间；

$\mathrm{MTTR}_{0,i}$—— 同类产品分系统的平均维修时间。

(3) 系统的各分系统全部利用经验资料，则各个分系统的维修性指标按式(6-69) 分配：

$$\mathrm{MTTR}_i=\frac{\sum_{i=1}^{k}\mathrm{MTTR}_{0,i}\,n_i\lambda_i}{\sum_{i=1}^{k} n_i\lambda_i} \tag{6-69}$$

若$MTTR_i$小于给定的分系统维修时间，表明系统符合给定的维修性要求；若大于给定的分系统维修性要求，则不符合要求，需要重新设计。

【例6-6】 某系统由A、B、C三个分系统组成，其功能层次如图6-5所示，要求系统的平均维修时间MTTR为0.5 h，各分系统的故障率如表6-1。按以下三种情况进行平均维修时间分配：

① 所有分系统为新设计；

② 分系统B、C有可借鉴的资料，分系统A为新设计；

③ 各分系统均有可借鉴资料。

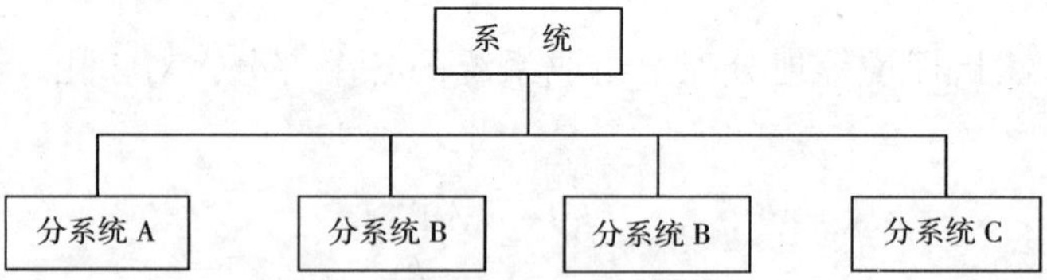

图6-5 系统功能层次示意图

表6-1 分配表

分系统类型	数量 n	故障率 λ	累计故障率 $n\lambda$	MTTR		
				情况①	情况②	情况③
A	1	1.71	1.71	0.27	0.48	0.4
B	2	0.48	0.96	0.47	0.5	0.5
C	1	0.06	0.06	7.6	1.0	1.0
$\sum$			2.73			

解：① 由公式$MTTR_i=\dfrac{MTTR\sum_{i=1}^{k}n_i\lambda_i}{k\,n_i\lambda_i}$，有

$$MTTR_A=\frac{0.5\times 2.73}{3\times 1.71}=0.27\text{ h}$$

$$MTTR_B=\frac{0.5\times 2.73}{2.88}=0.47\text{ h}$$

$$MTTR_C=\frac{0.5\times 2.73}{0.18}=7.6\text{ h}$$

② 给定$MTTR_{0,B}=0.5$ h，$MTTR_{0,C}=1.0$ h

由$MTTR_j=\dfrac{MTTR\sum_{i=1}^{k}n_i\lambda_i-\sum_{i=1}^{l}n_i\lambda_i\,MTTR_{0,i}}{(k-l)\,n_j\lambda_j}$，有

$$MTTR_A=\frac{0.5\times 2.73-(0.5\times 0.96+1.0\times 0.06)}{1.71}=0.48\text{ h}$$

③ 由$MTTR_{0,A}=0.4$，$MTTR_{0,B}=0.5$ h，$MTTR_{0,C}=1.0$ h，有

$$\mathrm{MTTR_A}=\frac{0.4\times1.71+0.5\times0.96+1.0\times0.06}{2.73}=0.45\ \mathrm{h}<0.5\ \mathrm{h}$$

所以分配满足要求。

3. 加权分配法

此法除了考虑分系统的复杂度以外，还要考虑各分系统所可能采用的故障检测、故障隔离和故障修复方法等不同情况来分配指标。如对故障自动监测、自动隔离与人工查找故障的两个分系统，前者可分配较小的MTTR，后者则应分配较大的MTTR。这些因素用各分系统的维修性加权因子k_i来表示，k_i又可细分为若干个具体因子k_{ij}，令

$$k_i=\sum k_{ij} \tag{6-70}$$

k_{ij}一般具有4种因子，即故障监测与故障隔离、可达性、可更换性以及调整因子。表6-2列出了其参考值。必须指出，只有不断积累各种设备的有关数据，才能得到更符合实际情况的维修性因子及其加权因子。

对于串联系统，有

$$\mathrm{MTTR}_i=\frac{k_i\mathrm{MTTR}\sum\lambda_i}{\lambda_i\sum k_i} \tag{6-71}$$

表6-2　4种维修性因子参考值

	项　目	加权因子k_{ij}	说　明
故障检测与隔离因子	自　动	1	全部采用机内自检测设备检测和隔离故障
	半自动	3	人工控制机内检测电路进行故障检测和隔离
	人工监测	5	用机外轻便仪表通过机内设定的测口进行检测
	人　工	10	机内无设定的测口，须人工逐点寻迹检查故障
可达性因子	直　接	1	更换故障单元时无须拆除遮盖物
	简　单	2	能快速拆除遮盖物
	困　难	4	拆除阻挡物和遮盖物须拆装螺钉、螺母等零件
	十分困难	8	除拆装螺钉外，须两人以上搬动遮盖物
可更换因子	插　拔	1	更换单元为插拔件
	卡　扣	2	更换单元为模块，更换时要拆卸卡扣
	螺　钉	4	更换单元要拆装螺钉
	焊　接	6	更换单元时要进行焊接操作
调整因子	不　调	1	更换单元时无须调整
	微　调	3	利用设备内调整元件进行调整
	联　调	5	须与其它电路一起调整

4. 基于固有可用度的维修性分配法

假定系统固有可用度A_{inh}已知，系统零部件的工作寿命和维修时间均呈指数分布。

(1) 同型部件的串联系统

当系统是由 n 个相同部件的串联组成时，其固有可用度：

$$A_{\mathrm{inh}} = \left(1 + \frac{n\lambda}{\mu}\right)^{-1} \tag{6-72}$$

从而，部件的修复率和平均维修时间为

$$\mu = \frac{n\lambda A_{\mathrm{inh}}}{1 - A_{\mathrm{inh}}} \tag{6-73}$$

$$\mathrm{MTTR} = \frac{1}{\mu} \tag{6-74}$$

(2) 不同故障率的串联系统

当串联各部件故障率不相同时，令

$$\xi_i = \frac{\lambda_i}{\mu_i} \tag{6-75}$$

系统固有可用度为

$$A_{\mathrm{inh}} = \left(1 + \sum_{i=1}^{n} \xi_i\right)^{-1} \tag{6-76}$$

以串联系统中第一个部件的系数 ξ_1 为基准，其他部件的系数与基准的比值为

$$k_i = \frac{\xi_i}{\xi_1},\ i = 1, 2, 3, \cdots, n \tag{6-77}$$

代入固有可用度式中，解得

$$\xi_1 = \frac{1 - A_{\mathrm{inh}}}{A_{\mathrm{inh}}} \times \frac{1}{\sum_{i=1}^{n} k_i} \tag{6-78}$$

从而，部件 i 的修复率和平均维修时间为

$$\mu_i = \frac{A_{\mathrm{inh}}}{1 - A_{\mathrm{inh}}} \times \frac{\lambda_i \sum_{i=1}^{n} k_i}{k_i} \tag{6-79}$$

$$\mathrm{MTTR}_i = \frac{1}{\mu_i} \tag{6-80}$$

对于并联和表决系统可类似讨论。

应根据系统不同的研制阶段和掌握的系统维修性数据情况，来选用上述各种维修性分配方法。一般来讲，在方案论证和初步设计阶段，多用前 2 种方法；当系统研制进行到详细设计阶段，采用加权分配法则更为合适。基于可用度的分配法有利于维修性和可靠性的平衡设计。

本章小结

本章简要地介绍了近一个世纪维修思想的演变，重点讨论了维修性的度量、可修系统的故障过程和数据分析特点，详细介绍了检测和预防性维修周期的确定方法以及维修性分配的目的、意义和方法。

维修性的度量是维修性科学分析和设计的基础，其依赖于维修性数据的收集。更新理

论和非齐次泊松过程是可修系统数据处理和维修和检测周期确定的理论基础。预防性维修和检测周期优化的目的，就是以合理的费用来最大限度地保持和提高系统的可用度。

维修性分配是维修性设计的重要环节，系统的维修性是由组成系统的各个子系统的维修性所决定的，针对系统的维修性设计指标，必须首先分配到各个子系统中去，再进行各个子系统的维修性设计。维修性分配的方法很多，有平均分配法、按复杂度分配法、加权分配法和基于可用度分配法等。

思考与练习

6-1　在使用维修中，观察到某车用设备的故障修复时间和修复频次如下表所示：① 试绘制概率密度曲线，根据曲线的形状判断其可能属于何种分布类型，并写出维修密度函数；② 求设备的平均修复时间、中位修复时间和维修度达到 90% 的最大修复时间。

修复时间 /min	10	12	14	16	18	20	22	24	38	36	34	32	30	28	26
修复频次	1	2	3	4	6	10	12	13	1	2	3	6	8	10	12

6-2　由两个单元组成的系统，单元的寿命和故障修复时间服从指数分布，其 MTBF 分别为 100 h 和 150 h，MTTR 分别为 10 h 和 5 h，试计算工作 10 h 的可用度。

6-3　某系统的工作寿命服从威布尔分布，其分布参数为 $\beta=1.535$，$\eta=1\,420$ h；已知预防性维修的平均维修时间为 1.2 h，事后维修的平均维修时间为 4.6 h，若按成批替换策略，试确定预防性维修周期。

6-4　已知某总成的寿命服从威布尔分布，其分布参数为 $\beta=2.1$，$\eta=3\,000$ h：① 若平均预防性维修时间为 8 h 平均事后维修时间为 16 h，试用最大可用度原则，确定最佳的维修间隔期及失效率；② 若预防性维修费用为 800，事后维修费用为 1 400，试确定最佳的维修周期及失效率。

6-5　某系统由 A、B、C 三个分系统组成，要求系统的平均修复时间 MTTR 不大于 0.5 h，各分系统的数量和故障率列于表下，试按以下两种情况对系统的 MTTR 进行分配：① 所有分系统均为新设计的产品；② 分系统有 A、B 可供借鉴的经验资料，分系统 C 为新设计，且 $MTTR_A=0.3$ h，$MTTR_B=0.5$ h。

分系统	数　量	故障率 /h^{-1}
A	1	1.5
B	2	0.5
C	3	0.05

第七章 汽车失效工程分析

内容提要：本章主要介绍失效分析、失效的模式影响及危害度分析(FMECA)、故障树分析(FTA)。

第一节　引　言

在实际设计中经常发生这种情况，即似乎已经采取了充分的预防失效发生的措施，但是在新设计中还会发生一些疏忽或者错误，导致失效发生。为了避免或尽可能减少发生这种情况的可能性，工程中已经提出和应用了一些设计分析方法，以帮助找到关键点，引导资源投入关键问题的预防与解决。

设计分析有时被认为是费钱、冗长而乏味的。在大部分情况下，这种分析可能都表明几乎所有的设计方面都是满足要求的。但是，如果能够在产品开发的早期阶段就发现设计缺陷，进行设计改进所需要花费的成本都相对比较低。而进行晚期更改或者带着问题进行生产会造成大得多的损失。因而，适当进行的设计分析具有很高的成本与效益。良好的计划和准备可以明显缩短设计分析所需要的时间和降低成本。

主要的设计分析技术包括：

(1) 系统可靠性分析与分配(re1iability prediction)。

(2) 应力—强度干涉分析(load-strength review)。

(3) 失效分析(failure analvsis)。

(4) 失效模式、影响及危害度分析(failure modes，effects and criticality analvsis)。

(5) 故障树分析(faulty tree analysis)。

(6) 参数变差分析(parameter variatiOn analysis)。

本章将介绍(3)(4)(5)三种失效分析技术。

第二节　失效分析

一、失效分析的目的与意义

失效分析也称故障分析，是指在失效事件发生之后，分析引起产品失效的原因，并提出对策，以防止失效再发生的技术活动和管理活动。分析失效的原因是失效分析的核心。失效分析的目的在于了解产品失效的真实情况，对失效产品进行系统地分析，鉴别其失效模式、失效机理、失效部位、失效时间及失效影响并进行后果分析。把失效影响和后果分析及时反馈给设计和制造部门，并据此制订改进措施，以防止同类失效再度发生，使产品获得更高的可靠性。

失效分析是可靠性技术的重要组成内容，它是一门涉及多学科的综合技术，应用近代的各种检验分析手段和分析人员正确的逻辑推理方法及经验，对产品开发、生产、使用中发生的失效现象进行分析，找出失效的原因和改进的办法。尤其对于那些后果严重、情况复杂的失效，必须应用失效分析技术加以解决。失效分析工作具有十分重要的意义，主要表现在以下几方面：

(1) 失效分析是提高产品质量与可靠性的重要手段。通过失效分析，找出原因，对症下药，可使问题迅速得到解决。

(2) 失效分析是判定质量责任的科学手段。在处理重大汽车交通事故中，在处理质量纠纷仲裁中，通过失效分析，可提供正确的判断。

(3) 失效分析积累了大量的设计、制造和使用的经验，为汽车技术的进步与发展起了重要的作用。

二、失效分析的方法与步骤

失效分析一般由 3 个步骤构成：搞清失效对象的状态；分析并确定失效原因；做出结论，提出对策。也就是说，对象状态、失效原因和结果是失效分析的三要素。下面从这 3 个方面叙述失效分析的步骤及主要方法。

1. 搞清失效对象的状态

(1) 收集背景数据及使用条件。如失效发生时的环境，汽车载荷、道路、交通状况，使用的油料，操作人员的操作情况，汽车行驶的里程，损坏件出厂日期、厂家，该失效现象过去是否曾经发生过，或该产品是否有类似失效现象及其频率，在失效发生之前是否有征兆，失效造成的后果等。

(2) 对失效零部件进行残骸分析及初步检查。残骸分析的目的是找出失效的先导失效件和它的失效源。保持失效的原始状况，照相记录，绘制示意图。找到所有残骸碎片，并分析失效的根源。如某车后桥齿轮打碎，收集所有残骸，发现断齿残块表面均有明显压痕，同时残块中有被挤压坏的螺钉头，继而找到残余的螺钉头的位置，就能判断后桥齿轮打坏的根源是该固定螺钉的断头造成的。下一步的目标就是仔细分析螺钉断头的原因，而不是去分析轮齿强度是否存在问题。

2. 分析确定失效原因

在掌握了失效现场的调查资料并进行初步分析之后，要应用试验手段、理论分析等方法，确定失效的真正原因。主要的方法有：

(1)残骸的理化性能检验分析，确定失效模式。

① 断口的宏观检查，用肉眼和显微镜。

② 断口的微观检查，用透射电镜或扫描电镜。

③ 化学成分分析。

④ 金相组织分析。

(2)利用同批未失效件进行分析。

① 应用无损探伤检验,检查是否存在同类缺陷与伤痕。

② 检查表面硬度、零件尺寸(厚度、尺寸精度)、表面质量等。

③ 在残骸不能利用时,利用同批零件作化学成分、金相组织的分析。

(3)检查与图纸规定的尺寸、材料及技术条件是否一致。

(4)应力强度计算。在上述检查结果未发现与图纸技术要求不符的情况下,可以重新审核设计,进行强度复核。

(5)利用同批产品进行试验分析。

① 应力测定试验。

② 台架可靠性试验。

③ 做出结论,提出对策

(6)综合上述分析资料,确定失效模式,找出发生失效的诱发因素。

(7)确定是产品、环境还是人为的原因。由于汽车是大批量生产的产品,凡属普遍发生的失效,多数是产品本身存在问题。但对于发现较少的失效,也不能草率下结论,它很可能会继续出现。

(8)确定是设计、制造还是使用的原因。在质量仲裁中要明确是制造厂的责任还是用户的责任。

(9)针对失效原因,提出改进建议。

三、失效的分类

根据失效的原因、性质、机理、程度、产生的速度、发生的时间以及失效产生的后果,将失效进行不同的分类。如表 7-1 所示。

表 7-1 失效的分类及定义

分类原则	故障名称	定义
按失效原因	误用失效	不按规定的条件使用产品而引起的失效
	本质失效	按规定的条件使用产品,由产品固有的弱点引起的失效
	独立失效	不是由其他产品失效引起的失效
	从属失效	由其他产品失效引起的失效
按失效程度	完全失效	产品的性能超过某种界限,以致完全丧失规定功能的失效
	部分失效	产品性能超过某种界限,但没有完全丧失规定功能的失效
按失效可否预测	突然失效	通过事前检测或监控不能预测到的失效
	渐变失效	通过事前检测或监控可以预测到的失效
	突变失效	突然发生完全失效
按失效发生速度	退化失效	渐变而部分发生失效
	间歇失效	产品失效后,不经修复而在限定的时间里,能自行恢复功能的失效

（续表）

分类原则	故障名称	定　义
按失效危害程度	致命失效	可能导致人或物重大损失的失效
	严重失效	可能导致复杂产品完成规定功能能力降低的产品组成单元的失效
	轻度失效	不致引起复杂产品完成规定功能能力降低的产品组成单元的失效
按失效特征值	相关失效	在解释使用结果或计算可靠性特征量的数值时，必须计入的失效
	无关失效	在解释使用结果或计算可靠性特征量的数值时，不应计入的失效
按产品工作期	早期失效	因设计、制造、材料等方面的缺陷，使产品在工作初期发生的失效
	偶然失效	产品在正常使用中，由偶然因素发生的失效
	耗损失效	由于老化、磨损、损耗、疲劳等原因，使产品发生的失效

汽车失效分析中按照失效危害度的分类如表 7－2 所示。

表 7－2　失效危害度及其分类原则

故障类别	分类原则
致命故障	危及行车安全，可能导致车毁、人身伤亡或引起重要总成报废，造成重大经济损失或对周围环境造成重大危害
严重故障	影响行驶安全，可能导致重要总成、零部件损坏或性能显著下降，且不能用随车工具或易损备件在短时间（约 0.5 h）内修复
一般故障	不影响行驶安全，可造成停驶或性能下降，但一般不会导致重要总成、零部件损坏，并可用随车工具或易损备件在短时间（约 0.5 h）内修复
轻微故障	一般不会导致停驶或性能下降，不需要更换零件，用随车工具在 5 min 内能轻易排除

四、失效模式

失效的表现形式，就是失效模式。在可靠性研究中，确定失效模式是进行失效分析的基础，也是可靠性研究的基础。在实际工程中，汽车及其零部件的失效模式并不是固定不变的，失效的模式与它的结构、材料、设计、制造、贮存、使用、维护、保养和工作环境等因素密切相关。由此可见，失效模式具有可变性。

在可靠性研究中，不仅要研究失效零部件本身，而且要研究与其有关的系统。一个零部件只有在系统有效配合下才能发挥应有的功能。但在描述系统的故障模式时，尽量用零部件的故障模式来表征。只有在无法确定零部件故障或难于描述故障模式时，才可以用总成或系统的故障模式来描述。例如，转向沉重、动力性下降、油耗过大、噪音过高及操纵稳定性下降等。

汽车常见的失效模式类型如表 7－3 所示。

表 7－3　汽车常见失效模式分类

失效模式	表现形式	诱发因素
损坏型失效模式	裂痕、裂纹、破裂、裂开、断裂、碎裂、弯坏、扭坏、变形过大、塑性变形、拉伤、卡死、烤蚀、烧坏、击穿、磨料磨损、点蚀、蠕变、剥落、短路、开路、断路及错位等	应力冲击、电冲击、疲劳、磨损、材质问题及腐蚀等
退化型失效模式	老化、变色、变质、表面保护层脱落、侵蚀、腐蚀、正常磨损、积碳及发卡等	自然磨损、老化以及环境诱发等
松脱型失效模式	松旷、松动、脱落及脱焊等	紧固件、焊接件出问题等
失调型失效模式	间隙不适、流量不当、压力不当、电压不符、电流偏值、行程失调及间隙过大或过小等	油、气、电及机械间隙调整不当等
阻漏型失效模式	不畅、堵塞、气阻、渗油、渗水、漏油、漏水、漏气、漏风、漏电及漏雨等	滤气滤油装置失效、密封件失效、气候环境诱发等
功能型失效模式	功能失常、性能不稳、性能下降、性能失效、启动困难、运动引前、运动滞后、运动干涉、转向过度、转向沉重、转向不回位、离合器结合不稳、离合器分离不彻底、离合器分不开、制动跑偏、流动不畅、指示失灵、参数输出不准、失调、抖动、温升过高、漂移、声不响、灯不亮、接触不良及有异响等	有关部分调整不当、操作不当，局部变形、装配问题、设计参数不合理和元器件质量低劣等
其他失效模式	润滑不良、驾驶室闷热、尾气排放超标、断水、缺油及噪声振动大等	使用、维护、保养不当，工作状态失调，传感器失灵，各种原因泄漏等

五、失效机理分析

失效机理是指引起失效的物理、化学或机械变化的内在原因，它依零件的种类、使用环境而异。在可靠性分析研究中，不仅要了解失效的模式，而且要探究失效的机理，找出失效的内在原因，从而不断提高可靠性水平。

1. 材料失效机理分类

材料失效机理主要有以下几类：

(1) 机械应力,如弹性变形、塑性变形、蠕变、断裂、疲劳及滑移等。

(2) 机械磨损,如黏着磨损、磨料磨损、疲劳磨损、微动磨损、摩擦磨损及犁削磨损等。

(3) 状态失衡,如金相结构的变化、应力松弛、成型压力和温度不足(热固型塑料)等。

(4) 化学应力,如腐蚀、氧化、有机物合成的形成和链的反转分裂等。

(5) 电磁应力,如电介质击穿、高幅值电脉冲、电磁场应力及电火花烧蚀等。

(6) 热应力,如热膨胀、热收缩等。

(7) 渗透,如油、汽、水的渗透。

(8) 照射损伤,如红外线、紫外线、射线造成材料或元器件的损伤(或储存信息丢失)。

2. 磨损失效机理及其预防

据统计,75%的汽车零件都是由于磨损而报废的,因此磨损失效是影响汽车零部件可靠性的主要因素。磨损是摩擦副的接触表面发生相对运动,在接触应力作用下,表面发生损伤导致材料流失的过程。显然,磨损现象与磨损的工况条件和摩擦副的特性有关。工况条件是指载荷(加载方式、大小等)、相对运动特性(方式、速度)、工作温度和环境介质(润滑条件、有无腐蚀气氛等)。摩擦副的特性指各自的串联性能、组织结构和接触表面形貌。这些条件的组合决定了材料磨损表面从损伤到流失的形式。

按表面破坏机理和特征,磨损可分为磨料磨损、黏着磨损、表面疲劳磨损、腐蚀磨损和微动磨损等。前3种磨损形式是磨损的基本类型,后2种只是在某些特定条件下才会发生。

减少磨损失效的主要措施有:

(1) 减少磨料磨损。在设计上选择合适的耐磨材料;提高工作表面的硬度和合理的结构设计防止高接触应力;尽可能提高材料的硬度。在使用和维修过程中,设法防止外界磨料进入各总成内部。

(2) 减少黏着磨损。选用不同的金属或互溶性小的金属以及金属与非金属材料组成摩擦副;合适的表面粗糙度以降低微区接触应力;用润滑剂隔离接触表面或表面有化合物的保护膜。

(3) 减少表面疲劳磨损。减少材料的非金属夹杂物含量,尤其是减少脆性夹杂物(如氧化铝、硅酸盐、氮化物等)含量;提高材料的抗断裂强度;合理的零件强化层,使最大剪切应力产生在强化层内;选用黏度较高的润滑油使油液不易渗入裂纹;形状正确,降低表面粗糙度,保证装配精度。

(4) 减少腐蚀磨损。改善介质条件,用合金化法增加材料的耐腐蚀性,或改用单相均质材料或采用表面保护措施;去除残留拉应力等。

(5) 减少微动磨损。一般来说,抗黏着磨损性能好的材料其抗微动磨损性能也好。减少振动总次数和振幅;提高硬度和选择适当的材料配合副;适当的过盈配合;适当的润滑;材料表面硫化处理、磷化处理、表面镀层(镀镉、镀银、镀铜)。

3. 断裂失效机理及其预防

大多数汽车零部件是由金属材料制做的,断裂是金属材料最常见的、危害最严重的一种失效形式。

按照断裂的性质分为塑性断裂、脆性断裂和塑—脆断裂。塑性断裂又分为纤维状断口和剪切断口。

按照断裂机理分为解理断裂、韧窝断裂、准解理断裂、滑移分离、疲劳断裂、环境断裂、蠕变断裂和沿晶断裂。

零件在交变应力作用下，经过较长时间工作而发生的断裂现象称为疲劳断裂。

疲劳断裂失效机理实质上是一个累积损伤过程。整个疲劳断裂过程为：滑移→微观裂纹产生→微观裂纹连接→宏观裂纹扩展→断裂失效。其特点为：

（1）疲劳条件下的破断应力低于材料的抗拉强度 σ_b，而且低于屈服强度 σ_s。

（2）无论塑性材料或是脆性材料制做的零件，在交变应力作用下，一般都在疲劳裂纹扩展到一定程度后发生突然破坏，而且疲劳断裂过程在宏观形貌上没有留下明显的塑性变形。

（3）疲劳破坏的宏观断口有其独特的形貌，典型的宏观疲劳断口分为 3 个区域：疲劳源或称疲劳核心、疲劳裂纹扩展区和瞬时断裂区，如图 7－1 所示。

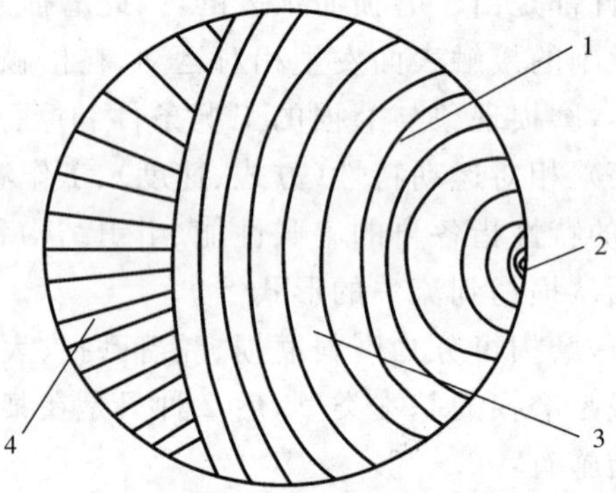

图 7－1　疲劳裂纹宏观断口示意图

1. 前沿线；2. 裂纹策源地；3. 裂纹扩展区；4. 最后断裂区

提高金属零件疲劳抗力的基本途径有：延缓疲劳裂纹萌生时间；降低疲劳裂纹扩展的速率；提高疲劳裂纹门槛值的长度。

4. 腐蚀失效机理及其预防

零件受周围环境介质的化学与电化学作用而引起的损坏，叫做金属的腐蚀失效。汽车上约有 20％的零件因腐蚀而失效。

（1）腐蚀失效的类型及特点

金属腐蚀失效的形式是多种多样的，但是不管哪一种腐蚀，在腐蚀过程中，都有一个化学或电化学反应过程，而且在表面或断口上会留下腐蚀产物。腐蚀是从表面开始（全面或局部）向内部扩展的。金属受腐蚀后造成金属质量损失，使金属有效截面减少或使金属强度大大降低。

按金属与介质的作用性质把腐蚀失效分为：化学腐蚀和电化学腐蚀。

（2）腐蚀失效机理

① 化学腐蚀失效机理

化学腐蚀是金属表面与介质发生化学作用而产生的腐蚀，如金属在干燥空气中的氧化以及金属在不导电介质中的腐蚀等。化学腐蚀过程中没有电流产生，通常在金属表面上形成一层腐蚀产物膜。这层膜的性质决定化学腐蚀速度。如果膜是完整的，强度、塑性都很好，膨胀系数和金属相近，膜与金属黏着力强等，它就有保护金属、减缓腐蚀的作用。如铬和铬的氧化物硬度高，氧化铬膜不易磨掉，发动机活塞镀铬后，耐腐蚀磨损的性能大大提高。

② 电化学腐蚀失效机理

电化学腐蚀是金属表面与介质之间的电化学作用引起的。如铁在水溶液中或在潮湿环境中的腐蚀。若用导线将阳、阴极连接起来，电流便能流到外边。

发动机的气缸套、气缸盖与喷油嘴等处，因燃气中的水蒸汽凝结成的水与燃气中的酸酐等形成酸类而造成低温腐蚀；活塞顶、排气门及其座、排气管等则与高温燃气直接接触易发生高温腐蚀。低温腐蚀主要为电化学腐蚀，高温腐蚀主要为化学腐蚀。

(3) 防止金属腐蚀的措施

防止金属腐蚀的主要措施有：正确选用金属材料并合理设计金属结构；添加缓蚀剂、去除介质中有害成分；隔离有害介质（结构设计上实现隔离或采用表面覆盖层）以及电化学保护法，在汽车上主要用覆盖层保护法。覆盖层有金属性的，如镀铬、镀锡。铬和锡的耐腐蚀性很强，可以保护金属内部。非金属覆盖层用得最广泛的是油漆，其次是塑料、橡胶、沥青、灰泥混凝土及搪瓷玻璃等。有些零件用化学或电化学方法在表面生成一层致密的保护膜，如发蓝（氧化处理）生成一层氧化膜，磷化处理生成一层磷化膜。

5. 变形失效机理及其预防

(1) 零件变形失效的类型及失效机理

零件在使用过程中，由于承载或内部应力的作用，使零件的尺寸和形状改变，致使零件失效的现象称为零件的变形失效。可分为：弹性变形失效、塑性变形失效和蠕变失效。

(2) 零件变形失效影响因素

零件变形失效主要受残余内应力、外载荷、工作温度及修理、装配精度等因素的影响。内应力是指零件内部存在的、与外载荷无关的内应力。残余内应力主要有热应力、相变应力、机加工应力及热处理淬火应力。采用自然时效和人工时效可以使内应力松弛。

零件具体结构决定的、使零件工作时承受不均衡的外载荷，会造成零件局部过载、变形；使用不当造成过大的附加动载荷或安装不当造成附加应力，都会使零件变形。如气缸体上的螺纹孔与缸盖相连接，受工作压力作用，螺纹孔产生凸起变形。

工作温度升高，金属弹性极限降低，内应力松弛加快，会使零件屈服极限降低，零件易产生变形，如气缸体的变形。

修理过程定位基准选择不当或基准变形过大，必然不能保证机加工后的形状和位置精度；修理时操作不当会引起零件变形，如螺栓拧紧力矩不均及拧紧顺序错误等；修理作业如堆焊、焊接、压力加工等工艺都会产生新的内应力和变形。因此在制订修理过程工艺时，应考虑这些问题。

第三节　失效模式、影响及危害度分析

一、概述

失效模式影响及危害度分析（FMECA）是“在系统设计过程中，通过对系统各组成单元潜在的各种故障模式及其对系统功能的影响与产生后果的严重程度进行分析，提出可能采

取的预防改进措施，以提高产品可靠性的一种设计分析方法”。其目的在于事先发现潜在的设计弱点，即弄清系统中的关键零件并将其分级，提出减少零件危害度的措施和设计更改的建议，如重新考虑系统结构、改换材料、采取有储备系统设计方法等。

FMECA是一种在产品设计阶段广泛应用的、系统化的失效分析方法。它分为失效模式与影响(FMEA)和危害度分析(CA)两步，合起来称为FMECA。失效模式(FM)就是失效或故障的形式，失效影响(FE)就是一个部件失效时对整机所产生的影响，失效危害度(FC)就是失效后果的严重程度。根据需要有时只进行失效模式分析(FMA)，有时只进行失效影响分析(FEA)，而危害度分析(FCA)是在FMEA的基础上进行的。

由于FMECA涉及的问题范围很广，只能由十分熟悉产品情况的设计人员经过充分的调查研究以后做出分析，而由专业人员予以协助。FMECA是作为设计决策时的一种依据，由于设计更改愈晚愈被动，FMECA应在设计初期尽早开始，以后随设计的变动而及时修改。

二、失效模式与影响分析

1. 功能FMEA与硬件FMEA

FMEA可按功能分析，也可按硬件分析，也可把功能FMEA和硬件FMEA合并进行。

在两种情况下按功能分析：一是在设计初期，硬件方案尚不具体；二是复杂系统一般只能从最高一级结构开始按功能分析。系统中每一个项目都有一定的设计功能，每一种功能就是一项输出，要逐一列出这些输出，分析它们的失效模式。大系统的FMEA要分级进行，功能分析一般是自上而下进行；但也可以从任一级结构开始自上而下或自下而上进行。

当从原理图、图样或其他设计文件等已经了解硬件单元的细节时按硬件分析。按硬件分析一般是自下而上地进行；但也可以从任一级结构开始自下而上或自上而下进行。

各级FMEA合起来便成为一棵FMEA“树”。

2. FMEA的基本步骤

FMEA的基本步骤如下：

(1) 以设计文件为根据，从功能、环境条件、工作时间及失效定义等各方面全面确定设计对象(即系统)的定义，按递减的重要度分别考虑每一种工作状态(或称工作模式)。

(2) 针对每一种工作状态分别绘制系统功能框图和可靠性框图(系统可靠性模型)。

(3) 确定每一部件与接口应有的工作参数或功能。

(4) 查明一切部件与接口可能的失效模式、发生的原因与后果。

(5) 按可能的最坏后果评定每一失效模式的严重性级别。

(6) 确定每一失效模式的检测方法与补救措施或预防措施。

(7) 提出修改设计或采取其他措施的建议，同时指出设计更改或其他措施对各方面的影响。例如，对使用、维护、后勤保障等各方面的要求。

(8) 写出分析报告，总结设计上无法改正的问题，并说明预防失效或控制失效危险性的必要措施。

3. FMEA的具体表现形式

一般采用专门的表格进行FMEA，具体形式参见表7-4。该表格中共有22项。

表 7-4　FMEA 示例

______系统　　　　　　　　　　潜在失效模式及扣果分析　　　　　　　　FNEA编号 1234 ①

× 子系统　　　　　　　　　　　　（设计 FMEA）　　　　　　　　共 1 页，第 1 页

______部件 01.03/车身密封 ②　　　设计责任　车身工程部 ③　　　编制人　泰特-×64 12-车身工程师 ④

车型年/车辆类型　199×/狮牌　4门/旅行车 ⑤　　关键日期　9×年 03 01 ⑥　　FMEA 日期(编制) 8×03 22（修订）8×07 14 ⑦

核心小组　T.芬德-轿车产品开发部、切利得斯-制造部、J.福特-总装厂　（Dalton,Praser,Henley 总装厂） ⑧

项目 ⑨ 功能	潜在失效模式 ⑩	⑫▶ 潜在失效后果 ⑪	严重度 S	级别	◀⑬ 潜在失效起因/机理 ⑭	频度 O	◀⑮ 现行设计控制预防 ⑯	⑰▶ 现行设计控制探测 ⑯	探测度 D	RPN	◀⑱ 建议措施 ⑲	责任及目标完成日期 ⑳	措施结果㉒ 采取的措施㉑	S	O	D	RPN
左前车门 H8HX-0000-A • 上、下车 • 保护乘员免受天气、噪声、侧碰等的影响 • 车门附件，如后视镜、门锁、门铰链及门窗升降器等的固定支撑 • 为外观项目提供适当的表面 • 喷漆和软内饰	车门内板下部腐蚀	车门寿命降低，导致： • 因漆面长期生锈，使顾客对外观不满 • 使车门内附件功能降低	7		车门内板保护蜡上边缘规定得太低	6		整车耐久性试验 T-118 T-109 T-301	7	294	增加实验室强化腐蚀试验	泰特-车身工程师 8×09 30	根据试验结果(1481 号试验)，上边缘规范增加 125mm	7	2	2	28
			7		蜡层厚度规定不足	4		整车耐久性试验（同上）	7	196	增加实验室强化腐蚀试验，对蜡层厚度进行实验设计（DOE）	结合观察和试验验证蜡的上边缘，泰特-车身工程师 9× 01 15	试验结果(1481 号试验)表明要求的厚度是充分的，实验设计表明规定的厚度变差在 25%范围内可以接受	7	2	2	28
			7		蜡的配方规定得不当	2		理化实验室实验，报告 No.1265	2	28	无						
			7		混入的空气阻止蜡进入边角部分	5		用非功能喷头进行设计辅助调查	8	280	利用正式生产喷蜡设备和规定的蜡，增加小组评价	车身工程部和总装厂 8×11 15	根据试验，在有关区域增设 3 个通气孔	7	1	3	21
			7		车门板之间空间不够，容不下喷头	4		喷头可进入情况的图纸评价	4	112	利用辅助设计模型和喷头，增加小组评价	车身工程部和总装厂 8×09 15	评价表明人口是充分的	7	1	1	7
							示例										

(1) FMEA 编号。用于填写该 FMEA 文件的编号，以便追踪查询。

(2) 系统、子系统或零件的名称及其编号。注明适当的分析级别并填入被分析的系统、子系统或部件的名称及编号。

FMEA 小组必须为他们特定的活动确定系统、子系统或部件的组成。划分系统、子系统和部件的实际界限是任意的并且必须由 FMEA 小组来确定，下面给出了一些说明。

① 系统 FMEA 的范围。一个系统可以看作是由各个子系统组成的，参见图 7－2 所示。这些子系统往往是由不同的小组设计的。典型的汽车系统可能包括：汽车底盘系统、传动系统、内饰系统等。系统 FMEA 的焦点是要确保组成系统的各子系统间的所有接口和交互作用以及该系统与车辆其他系统和顾客的接口都要被考虑到。

② 子系统 FMEA 的范围。一个子系统 FMEA 通常是一个大系统的一个组成部分，参见图 7－2。例如，汽车前悬挂系统是底盘系统的一个组成部分。因此，子系统 FMEA 的焦点就是确保组成子系统的各个部件间的所有接口和交互作用都要被考虑到。

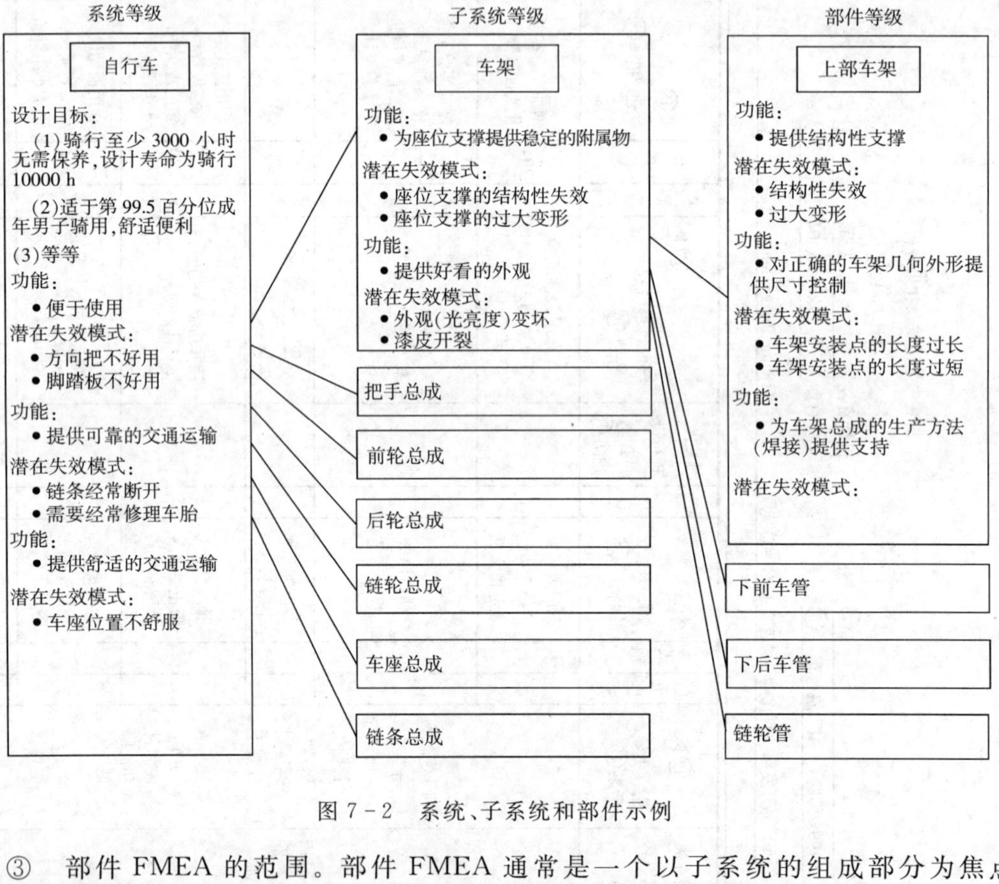

图 7－2　系统、子系统和部件示例

③ 部件 FMEA 的范围。部件 FMEA 通常是一个以子系统的组成部分为焦点的 FMEA，例如，控制臂是前悬挂(底盘系统的一个子系统)的一个部件。

(3) 设计责任人。用于填写整车厂(OEM)、部门和小组的名称，如果知道，还应填入供方名称。

(4) 编制人。用于填写负责编制该 FMEA 文件的工程师的姓名、电话及其所属公司的名称。

(5) 年型/车型。填入预期的车型,它们将使用和/或受到所分析的设计的影响(如果知道的话)。

(6) 关键日期。用于填写 FMEA 初次预定完成日期,该日期不应超过产品设计发布的计划日期。

(7) FMEA 日期。填写编制该 FMEA 文件初稿的日期以及最新修订稿的日期。

(8) 核心小组。列出有权确定和/或执行任务的责任部门以及个人的名称、姓名及电话。建议将所有参加人员的姓名、所属部门、电话及其住址记录在一份表中。

(9) 项目/功能。用于填写被分析对象的名称和编号。用该对象工程图纸上标明的名称及其编号,并指明设计层次(水平)。如果是在初次发布(如在概念阶段)之前,应使用试验性的编号。要求用简明的文字描述被分析对象的功能及其工作环境(例如温度、压力、湿度范围及设计寿命等)。若该对象具有多项功能且有不同的失效模式,应把所有功能全部单独列出。

(10) 潜在失效模式。所谓潜在失效模式是指系统、子系统或零件不能实现设计意图的可能形式。它可能引起更高一级子系统、系统的潜在失效模式(是起因),也可能是低一级的零部件潜在失效模式的影响后果。

对一个特定分析对象的各种功能,应列出每一种功能的每一个潜在失效模式。这里假定这种失效模式可能发生,但并不一定发生。只可能在特定运行环境条件下(例如热、冷、干燥及灰尘等)以及特定的使用条件下(例如腐蚀性环境、不平的路段、仅在城市行驶等)发生的潜在失效模式也应当考虑。

对失效模式的描述应该使用规范化的、专业性的术语,不必与顾客察觉到的现象相同。典型的失效模式可以是但不限于下列模式:裂纹、变形、松动、泄漏、粘结、短路、氧化、断裂、不传递扭矩、打滑、无支撑、支撑不足、刚性啮合、脱离太快、信号不足、信号间断以及无信号等。

(11) 潜在失效后果。潜在失效的后果定义为顾客感受到的失效模式对功能的影响。

要根据顾客可能发现或经历的情况描述失效的后果,要记住此处的顾客可能是内部顾客,也可能是外部最终顾客。如果失效模式可能影响到安全性或与法规不符,要清楚地予以说明。失效的后果应该依据所分析的具体系统、子系统或零部件来说明。还应记住不同级别系统、子系统和零部件之间还存在着系统层次上的关系。例如,一个零件的断裂可能引起总成的振动,从而导致系统间歇性地运行。这种间歇性地运行会引起性能下降,最终导致顾客不满意。所以,需要利用集体的智慧尽可能地预见失效后果。

典型的失效后果可能是但不限于如下情况:噪声、粗糙、工作不正常、不起作用、不良外观、不稳定、异味、工作减弱、间歇运行、热衰变、泄漏以及不符合法规等。

(12) 严重度(S)。严重度是潜在失效模式发生时,对顾客或系统、子系统以及下序零件影响后果的严重程度的评价指标。严重度是在 FMEA 范围内的相对评级。严重度的数值范围是 1～10。要减小严重度级别数值的大小,只有通过修改设计来实现。严重度级别评定的推荐准则见表 7－5。不推荐修改确定为 9 和 10 的严重度数值。严重度数值定级为 1 的失效模式不应该进行进一步的分析。设计小组对评价准则和分级规则应意见一致。

表 7-5 推荐的严重度评价准则

后 果	评价准则:后果的严重度	严重度(S)
无警告的严重危害	这是一种非常严重的失效形式,它是在没有任何失效预兆的情况下影响到行车安全或不符合政府的法规	10
有警告的严重危害	这是一种非常严重的失效形式,它是在有失效预兆的情况下所发生的,并影响到行车安全或不符合政府的法规	9
很高	车辆或系统不能运行,丧失基本功能	8
高	车辆或系统能运行,但性能下降,顾客非常不满意	7
中等	车辆或系统能运行,但舒适性或方便性部件不能工作,顾客感觉不舒服	6
低	车辆或系统能运行,但舒适性或方便性项目性能下降,顾客感觉有些不满意	5
很低	配合、外观或尖响、咔嗒响项目不符合要求,大多数顾客(75%以上)发现有缺陷	4
轻微	配合、外观或尖响、咔嗒响项目不符合要求,50%的顾客发现有缺陷	3
很轻微	配合、外观或尖响、咔嗒响项目不符合要求,但很少有顾客(25%以下)发现有缺陷	2
无	无可辨别的后果	1

(13) 级别。本栏目用于对那些可能需要附加的设计或过程控制的系统、子系统及零件的产品特殊特性的分级(例如关键、重要、主要、重点)。

本栏目还可以用于突出高优先度的失效模式。产品或过程特殊性的符号及其使用取决于特定公司的规定。

(14) 失效的潜在起因/机理。潜在失效起因是指一个设计的薄弱环节,其作用结果就是失效模式。应该尽可能列出每个失效模式的所有可以想到的失效起因和/或机理。应尽可能简明扼要、完整地列出每种失效模式所有可能的失效起因和/或机理,以有助于采取适当的纠正措施。

典型的失效起因可能包括但不限于:规定的材料不对、设计寿命估计不当、应力过大、润滑不足、维修保养说明不当、环境保护不够、计算错误、过热及规定的公差不当等。典型的机理可能包括但不限于:屈服、疲劳、材料不稳定、蠕变、磨损和腐蚀等。

(15) 频度(O)。频度是指某一特定失效起因或机理(已经列于前一栏目中)在设计寿命内出现的可能性。频度级别数仅具有相对意义,是 FMEA 范围内的相对评级,它不一定反映实际出现的可能性。潜在失效起因/机理出现频度的评估分为 1～10 级。推荐的评价准则见表 7-6。通过设计更改来消除或控制一个或更多个失效起因或机理是降低频度数的唯一途径。

表 7-6 推荐的频度(O)评价准则

失效发生的可能性	可能的失效率	频度数(O)
很高:持续性失效	≥100 个(每 1 000 辆车/项目中)	10
	50 个(每 1 000 辆车/项目中)	9
高:经常性的失效	20 个(每 1 000 辆车/项目中)	8
	10 个(每 1 000 辆车/项目中)	7
中等:偶尔发生的失效	5 个(每 1 000 辆车/项目中)	6
	2 个(每 1 000 辆车/项目中)	5
	1 个(每 1 000 辆车/项目中)	4
低:相对很少发生的失效	0.5 个(每 1 000 辆车/项目中)	3
	0.1 个(每 1 000 辆车/项目中)	2
极低:失效不太可能发生	≤0.01 个(每 1 000 辆车/项目中)	1

在确定频度(O)这个估计值时,需要考虑下列问题:

① 类似零部件或子系统的维修档案及维修服务经验怎样?

② 零部件是沿用先前水平的零部件或子系统,还是与其相似的?

③ 相对先前水平的零部件、子系统或系统所作的变化有多显著?

④ 零部件是否与原来的有根本不同?

⑤ 零部件是否是全新的?

⑥ 零部件的用途有无变化?

⑦ 有哪些环境变化?

⑧ 针对该用途是否做了工程分析来估计其预期的频度数?

⑨ 是否采取了预防性控制措施?

(16) 现行设计控制。列出已经完成或承诺要完成的预防措施,设计确认/验证或其他活动,这些活动将保证该设计对于所考虑的失效模式和/或机理来说是适当的。现行的控制方法是指已经用于或正在用于相同或相似设计中的那些方法(例如,道路试验、设计评审、失效—安全特性[安全阀]、计算研究、试验室试验、可行性评审、样件试验和使用试验等)。应该不断致力于设计控制的改进,例如,在试验室创立新的系统试验方法或创立新的系统模拟计算方法等。

可考虑两种类型的设计控制:

① 预防。防止失效的起因/机理或失效模式/后果的出现,或减少其出现的概率。

② 探测。在项目投产以前,探测出失效的起因/机理或失效模式。

如果可能,应该优先采用预防控制。假如预防性控制被融入设计意图并成为其一部分,它可能会影响最初的频度定级。探测度的最初定级将以探测失效起因/机理或探测失效模式的设计控制为基础。

对于设计控制,设计 FMEA 表中设有两栏(即单独的预防控制栏和探测控制栏),以帮助清楚地区分这两种类型的设计控制。这可迅速而直观地明确这两种设计控制均已得到考虑。最好采用这样的两栏表格。

在表 7-4 所示的示例中，小组没有确定任何预防控制。这可能是因为同样或类似的设计没有应用过预防控制。

一旦确定了设计控制，评审所有的预防措施以决定是否有需要变化的频度数。

(17) 探测度(D)。探测度是与设计控制中所列的探测性控制相关联的定级数。探测度是一个在某一 FMEA 范围内的相对评级。探测度的数值范围是 1～10。为了获得一个较低的定级，通常计划的设计控制(如确认和/或验证活动)必须予以改进。推荐的评价准则见表 7-7。

表 7-7　推荐的探测度(D)评价指标

探测性	评价准则:由设计控制可能控测出来的可能性	探测度数(D)
绝对不肯定	设计控制将不能和/或不可能找出潜在的失效原因/机理及后续的失效模式，或根本没有设计控制	10
很极少	设计控制只有很极少的机会能找出潜在的失效原因/机理及后续的失效模式	9
极少	设计控制只有极少的机会能找出潜在的失效原因/机理及后续的失效模式	8
很少	设计控制只有很少的机会能找出潜在的失效原因/机理及后续的失效模式	7
少	设计控制只有较少的机会能找出潜在的失效原因/机理及后续的失效模式	6
中等	设计控制有中等机会能找出潜在的失效原因/机理及后续的失效模式	5
中上	设计控制有中上机会能找出潜在的失效原因/机理及后续的失效模式	4
多	设计控制有较多机会能找出潜在的失效原因/机理及后续的失效模式	3
很多	设计控制有很多机会能找出潜在的失效原因/机理及后续的失效模式	2
几乎肯定	设计控制几乎肯定能找出潜在的失效原因/机理及后续的失效模式	1

(18) 风险顺序数(RPN)。风险顺序数是严重度(S)、频度数(O)和探测度数(D)三者数值的乘积，是对设计风险性的度量，即

$$RPN=(S)\times(O)\times(D) \tag{7-1}$$

RPN 的取值范围是 1～1 000。应对 RPN 排序。如果 RPN 很高，设计人员必须采取措施努力减小该值。在一般的实践中，不论 RPN 值的高低，当严重度数较高(例如 9 或 10)时，就应给予特别注意。

(19) 建议措施。当失效模式按 RPN 排出次序后，应首先对级数最高的、最关键的项目采取纠正措施。任何建议措施的目的都是为了减小出现频次、严重度及探测度中的任何一个或所有的数值。

在一般实践中，不论 RPN 值的高低，当严重度数是 9 或 10 时，必须予以特别注意，以确保现行的设计控制或预防/纠正措施针对了这种风险。在所有的已经确定潜在失效模式的后果可能会给最终用户造成危害的情况下，都应该考虑预防/纠正措施，以便通过消除、减弱或控制起因来避免失效模式的产生。

在对严重度值为 9 或 10 的项目给予特别关注之后，小组再考虑其他的失效模式，其意图在于首先设法降低严重度，其次降低频度，最后降低探测度。

应考虑但不局限于下列措施：

① 修改设计几何尺寸和/或公差。

② 修改材料性能要求。

③ 实验设计(特别是在多个影响因素或有相互作用的情况下)或其他问题解决技术。

④ 修改试验计划。

建议措施的主要目的是通过改进设计来降低风险，提高顾客满意度。

增加设计/验证工作只能减小探测度数，这种工程措施是不太希望采用的。要减小出现频度数只能通过修改设计来消除或控制一个或多个失效模式的起因/机理来实现。只有修改设计才能使严重度数减小。

对某一特定的失效模式/起因/控制的组合，如果工程评价认为无需采用建议措施，则在本栏填写“无”。

(20) 对建议措施的责任。填入对每一项建议措施负责的组织和个人及预计完成的日期。

(21) 采取的措施。当实施一项措施后，填入实际措施的简要说明以及生效日期。

(22) 措施的结果。当明确了纠正措施后，估算并记录纠正后的严重度、出现频度以及探测度的估计数值，计算并记录此时的 RPN。如果没有采取什么纠正措施，将“纠正后的 RPN”栏及对应的取值栏空白即可。

所有纠正后的定级都应进行评审，如果认为有必要采取进一步的措施，还应该重复进行分析。

负责设计的工程师应负责保证所有的建议措施均已实施或妥善落实。FMEA 是一个动态文件，它不仅应体现最新的设计水平，还应体现最新采取的有关措施，包括已开始生产后所发生的设计更改和措施。

4. FMEA 的用途

FMEA 对于大系统的研制有特殊重要的意义，同时对于小系统以及零件也一样有用，不仅适用于硬件，也适用于软件。

(1) 在设计管理上 FMEA 的用途

① 在建立系统可靠性时，要与 FMEA 相结合。FMEA 与产品和线路应力分析相结合，是可靠性预测、分配和评定时的一项原始资料。

② 在设计方案对比选择中，FMEA 是评定设计方案的一种手段。为了制定满足产品目的的要求，最可靠的设计方案需要修改时，FMEA 是修改设计的依据。

③ 在设计评审、质量复查和事故预想等活动中，FMEA 是依据和证明，也是评审和复查的对象。

(2) 在其他方面 FMEA 的用途

① 在安排测试点、制造和质量控制、试验计划和其他有关工作中作为一种依据。

② FMEA 的主要作用在于预防失效，但它在试验、测试和使用中又是一种有效的故障诊断工具，为制定故障检测程序和设计内部诊断装置建立基础。

③ 与试验结果和产品失效报告一起对可靠性验证结果进行定性评定。

④ 是严重度分析之前的第一步,是进行可维修性分析、后勤保障分析及事故预想分析的原始资料。

总之,在系统研制中,FMEA 居于可靠性工作的中心地位。

三、失效危害度分析

失效危害度分析(CA)的目的是按照严重性级别及严重度数字或发生概率的联合影响来对 FMEA 所确定的每一种失效模式进行分级。确定失效模式等级(Ⅰ～Ⅳ),必须进行危害度分析。危害度分析有定性分析和定量分析 2 种,定性分析按发生概率定级,定量分析应计算严重度数字。它们的最后分析结果均以矩阵表示,以便确定采取措施的优先顺序。

1. 定性分析

缺乏失效率数据时用定性分析。这时需要评定发生概率,以此分为以下 5 级:

A 级——常发生。单一失效模式概率大于整个装置总失效概率的 20%。

B 级——较常发生。单一失效模式概率大于总失效概率的 10%,但小于 20%。

C 级——偶尔发生。单一失效模式概率大于总失效概率的 1%,但小于 10%。

D 级——很少发生。单一失效模式概率大于总失效概率的 0.1%,但小于 1%。

E 级——极少发生。单一失效模式概率小于总失效概率的 0.1%。

2. 定量分析

能提供正确的失效率数据时用定量分析。

(1) 失效后果概率

失效后果概率 β 也称损失概率,各种失效模式引起以下损失后果的 β 值,见表 7-8。

表 7-8 失效后果概率

失效后果	β 值
必然损失	1.00
可能损失	$0.1<\beta<1.00$
很少损失	$0<\beta$
无影响	0

(2) 失效模式严重度数字

失效模式严重度数字 C_m 是在一种严重性级别下由失效模式之一所占严重数字的份额,即

$$C_m=\beta\alpha\lambda_p t\times 10^6 \tag{7-2}$$

式中:β—— 失效后果概率;

λ_p—— 元件失效率,$10^{-6}\,h^{-1}$;

t—— 某任务阶段内的工作时间,h;

α—— 失效模式相对频率,即一种失效模式在元件失效率(λ_p)中所占比例,一个元件所有失效模式的 α 相加应等于 1。α 值可由有关手册查得,或根据实际经验确定。

(3) 产品严重度数字

一个产品项目的严重度数字 C_r 是在某一任务阶段内，同一严重性级别下，各失效模式严重度数字 C_m 之和：

$$C_r = \sum_{n=1}^{j} (\beta\alpha\lambda_p t \times 10^6)_n,\ n = 1,2,\cdots,j \tag{7-3}$$

式中：n—— 属于某一严重度的失效模式数；

j—— 产品在该严重度下的最后一个失效模式。

【例 7-1】 若某一产品失效率 $\lambda_p = 7.2\times10^{-6}\,\mathrm{h}^{-1}$，在某一任务阶段，出现两个 Ⅱ 级严重性的失效模式和一个 Ⅳ 级严重性失效模式。这 3 个失效模式的相对频率分别是 $\alpha_1 = 0.3$，$\alpha_2 = 0.2$，$\alpha_3 = 0.5$，失效后果概率 β 均为 0.5，在该阶段工作时间为 1 h。求该产品在此任务阶段，在严重性级别 Ⅱ 下的 C_m 和 C_r。

解：(1) 求 C_m

根据式(7-2) 可求出 Ⅱ 级严重性的第一个失效模式的严重度数字为

$$C_m = \beta\alpha\lambda_p t\times10^6 = 0.5\times0.3\times7.2\times10^{-6}\times1\times10^6 = 1.08$$

Ⅱ 级严重性的第一个失效模式的严重度数字为

$$C_m = \beta\alpha\lambda_p t\times10^6 = 0.5\times0.2\times7.2\times10^{-6}\times10^6 = 0.72$$

(2) 求 C_r

根据式(7-3)，可求出 Ⅱ 级严重性的产品严重度数字为

$$\begin{aligned}C_r &= \sum_{n=1}^{j} (\beta\alpha\lambda_p t\times10^6)_n = \sum_{n=1}^{2} (\beta\alpha\lambda_p t\times10^6)_n \\ &= (\beta\alpha_1\lambda_p t\times10^6) + (\beta\alpha_2\lambda_p t\times10^6) \\ &= (0.5\times7.2\times10^{-6}\times1)(0.3+0.2)\times10^6 = 1.8\end{aligned}$$

失效危害度分析(FCA) 对于维修和后勤方面的分析最有用，因为如果某种失效模式发生概率很高(或危害度数字大)，则有必要研究采取何种措施才能降低对维修和后勤的要求。

第四节　故障树分析

系统可靠性分析的基本目的在于通过系统可靠性模型的建立，了解确定系统可靠性的确切情况，找出薄弱环节，并预测系统可靠性。在此基础上，必要时可据此修改设计，提高系统可靠性，做出符合要求的系统设计方案。系统可靠性分析的两种基本方法是归纳法和演绎法，第二节讲的 FMECA 属于归纳法，本节将要介绍的故障树分析(FTA) 属于演绎法。FMECA 是由下而上确定产品可能失效的一种方式，确定这种失效对系统的影响，首先考虑系统的组成部分。FTA 则是由上而下假设系统失效，分析其可能的原因，它首先考虑全系统。FMECA 和 FTA 是相辅相成的。

FTA是以系统所不希望发生的一个事件(顶事件)作为分析的目标,通过逐层向下推溯所有可能的原因,且每层推溯其直接原因,从而找出系统内可能存在的元件失效、环境影响、人为失误,以及程序处理等硬件和软件因素(各种底事件)与系统失效(顶事件)之间的逻辑关系,并用倒立树状图形表示出来。建立这样一棵故障树后,再定性分析各底事件对顶事件发生影响的组合方式和传播途径,识别可能的系统故障模式,以及定量计算这种影响的轻重程度,算出致使系统失效的概率。

FTA是一种系统化的演绎方法,它尽管比较繁琐,不如FMECA简单且容易推广,但却可以按部就班地演绎下去,很适合于编成程序由计算机完成。本节主要研究建立故障树以及关于故障树基本的定性分析和定量分析等方面问题。

一、建立故障树

1. 建立故障树的常用符号及说明

建立故障树是FTA最关键的一步,如有错漏将直接影响其定性分析和定量分析的结果。建立故障树实质上是找出系统发生故障和导致其故障的诸因素之间的逻辑关系,并将这种关系用特定的图形——故障树表示,这就要求设计、生产和可靠性等工作人员紧密合作。

为了能正确建树,应先了解建树使用的符号,建树所用的符号有三类:事件符号、逻辑门符号及转移符号。根据GB4888－1985《故障树名词术语和符号》的规定,现将故障树常用的符号图形、名称及含义列于表7-9。

表7-9 故障树常用符号表

序号	符号	名称	含义
1	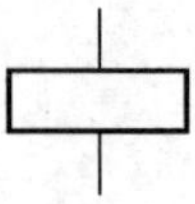	结果事件	它又分为顶事件和中间事件,是由其他事件或事件组合导致的事件。在框内注明故障定义,其下与逻辑门连接,再分解为中间事件或底事件
2	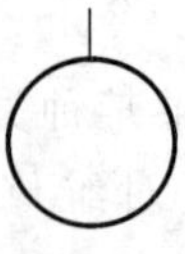	底事件	是基本故障事件(不能再行分解)或毋需再探明的事件,但一般它的故障分布是已知的,是导致其他事件发生的原因事件,位于故障树的底端,是逻辑门的输入事件而不能作为输出
3	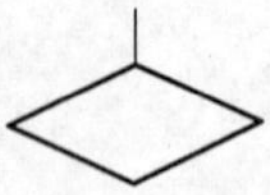	省略事件	又称未展开事件或未探明事件。发生的概率较小,因此对此系统来说不需要进一步分析的事件;或暂时不必或暂时不可能探明其原因的底事件
4	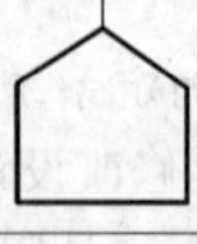	条件事件	是可能出现也可能不出现的故障事件,当给定条件满足时这一事件就成立,否则不成立就删去
5	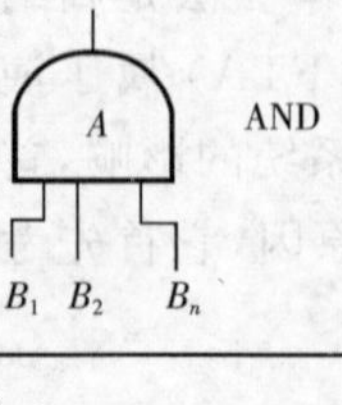	与门 "AND"	仅当输入事件 $B_1, B_2, \cdots, B_n$ 同时全部发生时,输出事件 A 才发生,相应逻辑关系表达式为: $A = B_1 \mid B_2 \mid \cdots \mid B_n$

（续表）

序号	符　号	名　称	含　义
6	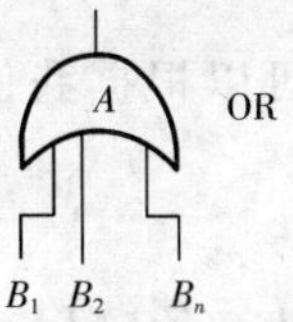	或门“OR”	当输入事件 $B_i(i=1,2,\cdots,n)$ 中至少有一个输入事件发生，输出事件 A 就发生，相应逻辑关系表达式为：$A=B_1\cup B_2\cup\cdots\cup B_n$
7	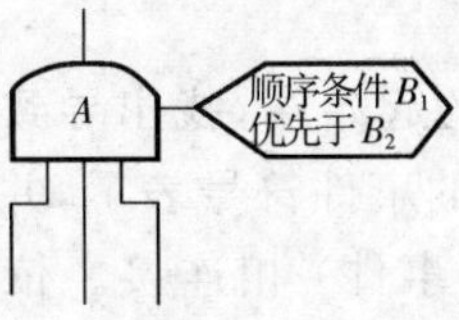	顺序与门	在与门的诸输入事件中，必须按一定顺序（一般自左至右）依次发生，输出事件 A 才发生，在图中右边的六角框中应写明顺序条件，例如 B_1 先于 B_2，…
8	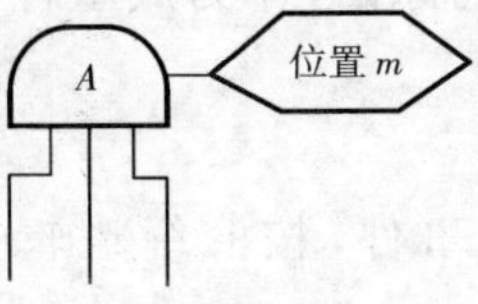	表决与门	仅当 n 个输入事件中至少有任意 m 个事件发生时，输出事件 A 才发生
9	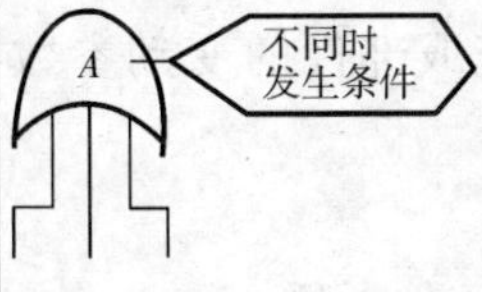	异或门	仅当一个输入事件发生时，输出事件才发生，相应的逻辑关系式为：当输入事件为 B_1，B_2 时， $A=(B_1 \mid \bar{B}_2)Y(\bar{B}_1 \mid B_2)$
10	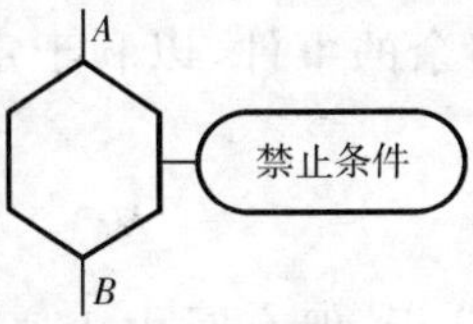	禁门	仅当条件事件发生时，输入事件的发生才能导致输出事件的发生；否则若禁止条件不成立，既使有输入事件发生，也不会有输出事件发生
11		事件的转移	将故障树的某一完整部分（子树）转移到另一处复用，以减少重复并简化故障树
12	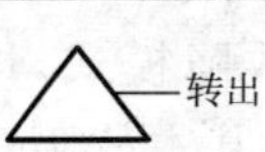	事件的转移	由转入符号（或称转此符号）、转出符号（或称转向符号）加上相应的标号，分别表示从某处转入和转到某处

2. 建立故障树的基本方法

故障树是实际系统故障组合和传递的逻辑关系的正确而抽象的表达，建树是否完善会直接影响定性、定量分析的结果，是关键的一步。因此，建树前应对所分析的系统及其组成部分产生故障的原因、影响以及各种影响因素和它们之间的因果关系有透彻的了解；建树后应当请设计、运行、维修等各方面有经验的技术人员讨论，找出故障树中错误、互相矛盾和遗漏之处，并进行修改。一个复杂系统的建树过程往往需要多次反复、不断深入与完善。

建树方法分人工建树和用计算机自动建树两种，这里我们主要研究人工建树。人工建树就是按照严格的演绎逻辑，从顶事件开始，向下逐级推溯事件的直接原因，直到找出所有底事件为止。所谓底事件，就是故障分布已知的随机故障事件，或不需要、或暂时不能再进一步查找其发生原因的事件。这样"打破砂锅问到底"都达到底事件,最后得到一棵故障树。

建立故障树的基本方法步骤如下:

(1) 正确选取顶事件。顶事件就是最不希望发生的故障状态。它可以根据我们最关心的问题来选取,但是下列几点必须遵守:

① 顶事件发生与否必须有明确定义。

② 顶事件必须能进一步分解,这样才能按顶事件发生的逻辑关系建立故障树。

③ 顶事件能定量度量。

(2) 建立故障树。在确定顶事件之后,则将它作为故障树分析的起始端,找出导致顶事件所有可能的直接原因,作为第一级中间事件。将这些事件用相应的事件符号表示,并用适合于它们之间逻辑关系的逻辑门符号与上一级事件(最上一级为顶事件)相连接。依次类推,逐级向下发展,直至找到引起系统故障的全部毋需再追究下去的原因,作为底事件。这样,就完成了故障树的建立。

在建立故障树的过程中,还应注意以下几点:

(1) 选择建树流程,一般以系统功能为主线来分析所有故障事件,按演绎逻辑贯穿始终。

(2) 处理好系统和部件的边界条件。所谓边界条件就是对系统或部件的变动参数事先做合理的假定。有了边界条件,就确定了故障树建到何处为止。

(3) 故障事件定义要确切,尽量做到惟一解释。

(4) 各事件的逻辑关系和条件必须分析清楚,不许逻辑混乱或条件矛盾。

(5) 建树过程中及建成后,还要注意合理地简化,去掉逻辑上多余的事件,以利于定性、定量分析。

二、故障树的定性分析

应用故障树可以对被研究的复杂系统所产生的故障进行定量分析,但有时由于底事件失效概率不全,不能进行定量分析,此时也会应用其系统的故障树对它失效的情况进行定性分析。因为在两状态(正常和失效)情况下,一切单调关联系统都可用正规故障树来表示,因此,本章进行的故障树的定性和定量分析都是以单调关联系统为研究对象。

所谓定性地评定故障树就是找出导致顶事件发生的所有可能的故障模式,即求出故障树的所有最小割集(简记为 MCS)。根据已求出的最小割集,既使在基本故障事件的概率规律及原始数据不十分清楚的情况下,也能判定系统可靠性最薄弱的环节和比较不同系统(其故障树基本事件情况相似)的可靠性程度。当前工程实践中,故障树的定性分析比其定量计算更具有实用性,特别是考虑到数据不全、不准,人为因素难以定量时尤其如此。

1. 基本概念

(1) 割集

所谓的割集是指能使顶事件发生的一些底事件的集合,当这些底事件同时发生时,顶事件必然发生。

(2) 最小割集

如果割集中的任一底事件不发生时顶事件也不发生,则这样的割集称为最小割集。它是一种包含了最小数目且为最必须的底事件的割集。或者说某一个割集，在任意去掉其中一个底事件后就不是割集了，则这样的割集称为最小割集。

2. 求故障树最小割集的方法

(1) 下行法

这种方法又称 Fussell-Vesely 法，其基本思路是顶事件开始逐级向下，区别不同逻辑关系分别表示。紧接顶事件的若是或门，则把每个输入事件分别列入不同的行；紧接顶事件的若是与门，则把每个输入事件排列同一行。依次从上到下分解，直到不能再分解的基本事件为止，最后经过全面分析比较，剔除非最小割集，求得最小割集。

(2) 上行法

这种算法又称 Semandeses 法，由下而上进行，每做一步都利用集合运算规则进行简化，使得留下的是不互相包含的事件的集合。最后从简化式中找出最小割集。

【例 7-2】　求图 7-3 所示故障树的全部最小割集。

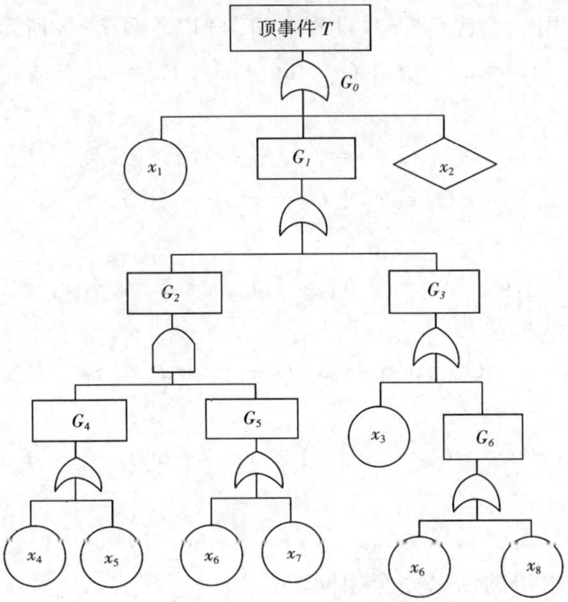

图 7-3　系统故障树

解：① 用“下行法”求解。

第一步：图 7-3 中的顶事件下为与门，因此应将输入：x_1，G_1 和 x_2 排成一列。因为这些输入事件的任何一个发生时顶事件必然发生，所以它们每一个都是一个独立割集元素。

第二步：由于 G_1 下为或门，应将其输入 G_2、G_3 排成一列，并代替 G_1。

第三步：由于 G_2 下为与门，应将其输入 G_4、G_5 排成一行并代替 G_2，因为仅当与门的全部输入都发生时，才会导致在该与门上的相应中间事件的发生。

依此类推，最终第七步得到一个 9 行的列举矩阵，如表 7－10 所示。从而得到 9 个割集：$\{x_1\}$，$\{x_2\}$，$\{x_4,x_6\}$，$\{x_4,x_7\}$，$\{x_5,x_6\}$，$\{x_5,x_7\}$，$\{x_3\}$，$\{x_6\}$，$\{x_8\}$

最后从 9 个割集中找出最小割集共有 7 个：

$\{x_1\}$，$\{x_2\}$，$\{x_4,x_7\}$，$\{x_5,x_7\}$，$\{x_3\}$，$\{x_6\}$，$\{x_8\}$

表 7-10 列举矩阵

步骤	1	2	3	4	5	6	7	割集
	x_1	x_1	x_1	x_1	x_1	x_1	x_1	$\{x_1\}$
	x_2	x_2	x_2	x_2	x_2	x_2	x_2	$\{x_2\}$
	G_1	G_2	G_4, G_5	G_4, x_6	x_4, x_6	x_4, x_6	x_4, x_6	$\{x_4, x_6\}$
		G_3	G_3	G_4, x_7	x_4, x_7	x_4, x_7	x_4, x_7	$\{x_4, x_7\}$
				G_3	x_5, x_6	x_5, x_6	x_5, x_6	$\{x_5, x_6\}$
					x_5, x_7	x_5, x_7	x_5, x_7	$\{x_5, x_7\}$
					G_3	x_3	x_3	$\{x_3\}$
						G_6	x_6	$\{x_6\}$
							x_8	$\{x_8\}$

② 用"上行法"求解。

为简化书写,以下用"+"代替"Y",且省略符号"I"。图 7-3 所示故障树的最下一级为

$$G_4 = x_4 + x_5;\ G_5 = x_6 + x_7;\ G_6 = x_6 + x_8$$

往上一级为

$$G_2 = G_4 G_5 = (x_4 + x_5)(x_6 + x_7)$$

$$G_3 = x_3 + G_6 = x_3 + x_6 + x_8$$

再往上一级为

$$G_1 = G_2 + G_3 = x_4 x_6 + x_4 x_7 + x_5 x_6 + x_5 x_7 + x_3 + x_6 + x_8$$

根据集合运算规则,上式可简化为

$$G_1 = x_4 x_7 + x_5 x_7 + x_3 + x_6 + x_8$$

最上一级为

$$G_0 = x_1 + x_2 + G_1 = x_1 + x_2 + x_4 x_7 + x_5 x_7 + x_3 + x_6 + x_8$$

故得到的最小割集为

$$\{x_1\},\{x_2\},\{x_4, x_7\},\{x_5, x_7\},\{x_3\},\{x_6\},\{x_8\}$$

可见,用两种方法求得的结果完全相同。

3. 应用最小割集对故障树定性分析

最小割集所含基本事件的数目叫做该最小割集的"阶数"。如果各个基本事件发生概率比较小,它们之间的差别相对地不大,那么阶数越低的最小割集的重要性越大,显然只由一个基本事件构成的一阶最小割集是最重要的。阶数越高的最小割集的重要性越小,因为几个小概率事件同时发生的概率是高阶小量。至于基本事件,在不同的最小割集中重复出现的次数越多的基本事件,一般来说其重要性越大。在低阶最小割集中出现的基本事件比在高阶最小割集中的基本事件来得重要。在工程上常略去阶数高于指定值的最小割集来简化定性和定量分析。所以可以用以下原则进行定性分析比较:

(1) 比较小概率失效元件组成的各种系统失效概率时,其故障树所含最小割集的最小阶数越小,系统的失效概率越高;在所含最小割集的最小阶数相同的情况下,该阶数的最小割集的个数越多,系统的失效概率越高。

(2) 比较同一系统中各基本事件的重要性时,按各基本事件在不同阶数的最小割集中

出现的次数来确定其重要性大小。所在最小割集的阶数越小，出现的次数越多，该基本事件的重要性越大。

三、故障树的定量分析

故障树的定量分析主要有两方面内容：一是由输入系统各单元（底事件）的失效概率求出系统的失效概率；二是求出各单元（底事件）的结构重要度、概率重要度和关键重要度，最后根据关键重要度的大小排序找出最佳故障诊断和修理顺序，同时也可作为首先改善相对不大可靠的单元的依据。这里也只研究单调关联系统的定量分析。

1. 由各单元的失效概率求系统的失效概率

该定量分析的任务是利用故障树作为计算模型，在已知底事件发生概率的条件下，求出顶事件（即系统失效）的发生概率，从而对系统的可靠性、安全性及风险作出评估。

（1）与门结构的输出事件发生的概率（并联系统失效概率）

$$P(X)=\bigcap_{i=1}^{n}P(x_i)=\prod_{i=1}^{n}P(x_i) \tag{7-4}$$

式中：X—— 输出事件；

x_i—— 输入事件，$i=1,2,\cdots,n$；

$P(x_i)$—— 输入事件发生的概率。

（2）或门结构的输出事件发生的概率（串联系统失效概率）

$$P(X)=\bigcup_{i=1}^{n}P(x_i)=1-\prod_{i=1}^{n}[1-P(x_i)] \tag{7-5}$$

利用式（7-4）、式（7-5）就可以直接计算出一般故障树的顶事件发生的概率。

2. 求系统各单元的重要度

（1）单元的结构重要度 $I_{st}(j)$

反映单元在故障树结构中重要顺序的量值称为单元的结构重要度。此量值与该单元的发生概率大小无关。$I_{st}(j)=0$ 的单元是与顶事件无关的，应予删除；$I_{st}(j)$ 越接近 1 的单元在结构上越重要，因此设计时应尽量使它可靠些，其计算公式为

$$I_{st}(j)=\frac{1}{2^{n-1}}n_j \tag{7-6}$$

式中：$I_{st}(j)$—— 第 j 单元的结构重要度；

n—— 系统全部单元（底事件）的个数；

n_j—— 将 j 单元分别加入 2^{n-1} 个组合中，使之从非割集变成割集的组合总数。其中 2^{n-1} 个组合由真值表求得。

（2）单元的概率重要度 $I_{pr}(j)$

反映单元概率的变化对系统概率变化影响程度的量值称为单元的概率重要度。当系统中每个单元失效发生与否的概率相等时，单元的概率重要度等于其结构重要度，其计算公式见式（7-7）和式（7-8）：

$$I_{pr}(j)=\frac{\partial Q}{\partial q_j} \tag{7-7}$$

式中：$I_{pr}(j)$—— 第 j 个单元的概率重要度；

Q—— 系统失效概率；

q_j—— 第 j 个单元的失效概率。

因为用上述单元结构重要度计算式(7-6)求其结构重要度非常繁琐，考虑结构重要度是将每个单元失效发生与否看成等可能性的，即 $q_i=\frac{1}{2}(i=1,2,\cdots,n)$，因此可用下列公式计算结构重要度：

$$I_{st}(j)=I_{pr}(j)\mid q_i=\frac{1}{2},v_i \tag{7-8}$$

式中：$q_i=\frac{1}{2}$；

v_i—— 表示系统所有单元的失效概率均为$\frac{1}{2}$。

(3) 单元的关键重要度 $I_{cr}(j)$

系统故障概率变化率和引起其的单元故障概率变化率的比值，称为该单元的关键重要度。这是重要度的最重要指标，因为它不仅可以反映出该单元概率重要度的影响，还可以反映出该单元故障概率改进的难易程度，其计算公式见式(7-9)：

$$I_{cr}(j)=\lim_{\Delta q_j\to 0}\frac{\Delta Q}{Q}/\frac{\Delta q_j}{q_j}=\frac{q_j}{Q}I_{pr}(j) \tag{7-9}$$

式中：$I_{cr}(j)$—— 第 j 个单元的关键重要度。

本章小结

本章包括三方面的内容：失效分析、失效模式影响及危害度分析(FMECA)、故障树分析。

失效分析是提高产品质量与可靠性的重要手段，也是可靠性研究的重要方面。失效分析由三个基本步骤组成：① 搞清失效对象的状态；② 分析确定失效原因；③ 做出结论，提出对策。失效模式是失效的表现形式，在工程中有多种类型的失效模式，通过对这些不同类型的失效模式进行失效机理分析，都可以归结为机械应力、机械磨损、状态失衡、化学应力和电磁应力等，并提出相应的预防措施。

失效模式影响及危害度分析(FMECA)是在系统设计过程中，通过对系统各组成单元潜在的各种故障模式及其对系统功能的影响与产生后果的严重程度进行分析，提出可能采取的预防改进措施，以提高产品可靠性的一种设计分析方法。在阐述了失效模式影响及危害度分析的方法与步骤的基础上，介绍了表格形式的失效模式影响及危害度分析的相关内容。

故障树分析(FTA)是以系统所不希望发生的一个事件(顶事件)作为分析的目标，通过逐层向下推溯所有可能的原因，且每层推溯其直接原因，从而找出系统内可能存在的元件失效、环境影响、人为失误，以及程序处理等硬件和软件因素(各种底事件)与系统失效(顶事件)之间的逻辑关系，并用倒立树状图形表示出来。故障树分析的基础与关键是故障树的建立，建立的故障树必须正确、完备、简练，不能有错误、遗漏、重复，在此基础上，对故障树进行定性与定量分析。

失效模式影响及危害度分析（FMECA）属于归纳法，故障树分析（FTA）属于演绎法。FMECA 是由下而上确定产品可能失效的一种方式，确定这种失效对系统的影响，首先考虑系统的组成部分。FTA 则是由上而下假设系统失效，分析其可能的原因，它首先考虑全系统。FMECA 和 FTA 是相辅相成的。

思考与练习

7-1　试比较 FMECA 与 FTA 的特点及优缺点。

7-2　分别绘制下列系统的故障树图：制动失效；转向失效；发动机拉缸；变速器掉档；轮胎爆破；离合器打滑；离合器分离不彻底；空调失效；发动机不能起动；发动机冷却液开锅；发动机废气排放超标。

7-3　故障树如图 7-4 所示，设各单元的故障率分别为：$C_1 = 0.01$，$C_2 = 0.02$，$C_3 = 0.03$，$C_4 = 0.04$，$C_5 = 0.05$，$C_6 = 0.06$。试求：① 所有最小割集；② 计算顶事件概率。

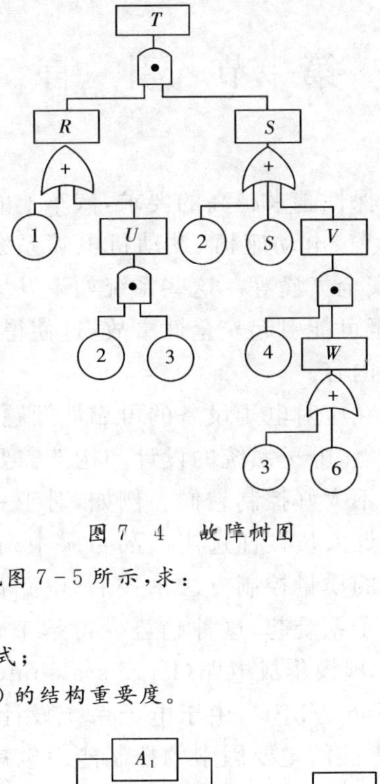

图 7 4　故障树图

7-4　系统可靠性逻辑框图见图 7-5 所示，求：

(1) 相应的故障树；

(2) 故障函数的最小割集表示式；

(3) 每个底事件（单元 A_i 失效）的结构重要度。

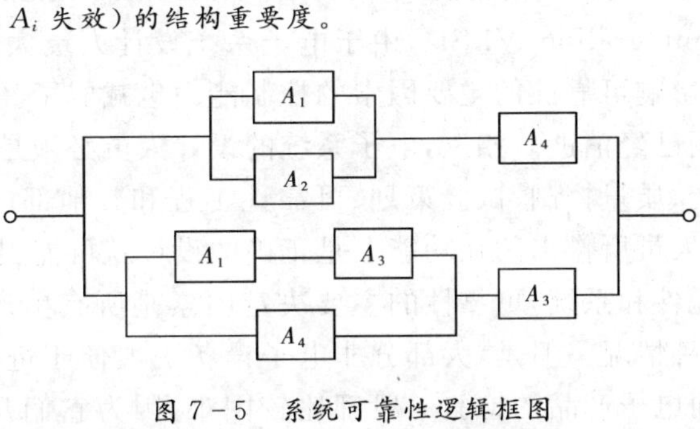

图 7-5　系统可靠性逻辑框图

7-5　简述磨损、疲劳、腐蚀及断裂失效的机理及预防措施。

第八章 汽车电子系统可靠性分析

内容提要：本章主要介绍电子元器件的筛选与选用、电路与系统的可靠性设计、参数优化设计、汽车电子产品质量控制方法以及汽车电子承受的载荷等。

第一节 引 言

随着对安全性、舒适性、环保性越来越高的要求，汽车上的电子/电气系统的应用越来越多，例如汽车音响系统、电动车窗、电动座椅、发动机电喷系统、防抱死制动系统、自动变速器、电控可变力转向系统以及安全气囊等。这些系统如果发生故障，往往会造成比较高的经济损失和基本功能的丧失，甚至可能引起安全性事故，这使得这些系统的可靠性保证成为汽车可靠性工程需要研究的重要内容。

可靠性工程和管理主要是在应对电子设备的可靠性问题中成长起来的。电子系统的可靠性研究与设计有其自身的特点，电子系统的设计和构造需要采用大量相似的元件，但是汽车电子系统设计和制造工程师不太好控制它们。例如，对于一种给定的逻辑功能，可能选择一种特定的集成电路装置。设计人员往往选用产品目录中列出的产品，所采用装置的可靠性主要通过在制造过程中采取的质量控制方法来控制，电路设计人员一般很难控制装置的可靠性。自从开始生产复杂电子系统起，这种趋势变得越来越显著。随着晶体管让位于集成电路(integral circuit，IC)、大规模集成电路(large scale integration，LSI)和很大规模集成电路(vcry large scale integration，VLSI)，由于电子系统设计人员大量选用"黑箱"，即标准集成电路，他们对一些影响可靠性的主要因素的控制能力也减弱了。但是这并不是说，设计人员保证可靠性的作用已经消逝。相反，电子系统的设计人员必须是可靠性团队的一员，这个团队还包括来自生产、质量控制、试验策划、可靠性工程和其他部门的人员。没有这样一种团队工作方式，设计人员所作出的在功能上是正确的设计就可能很不可靠。

对于大部分电子元件和系统，可靠性的主要决定因素是所有生产过程的质量控制。对于非电子产品，也是这种情况。但是，大部分非电子设备一般便于进行检验和试验，足以保证它们可靠地工作。而电子产品的检验一般都比较困难，因为它们几乎都是封装的。事实上，除了对可靠性要求极高的产品进行X射线检验以外，一般不可能对其内部进行检验。电子元件的生产变差会不可避免地对元件母体的分布规律造成影响。大缺陷(例如性能参数超出规范限制)一般可以利用自动或手工检验探测出来。但是,不马上影响性能的缺陷往往是引起电子元件失效的主要原因。而这些缺陷难以可靠地探测出来。

考虑一种典型的电子元件失效机理:导线与电子元件导电材料的焊点有缺陷。在电阻、晶体管或集成电路中都可能出现这种情况。在制造完成以后的试验中以及所有的功能试验中,带有这些薄弱焊点的电子装置可能表现正常。事实上,没有实用的方法来探测这些缺陷。但是,在以后的某个时间,由于机械应力或过热(由于流经这些缺陷焊点的电流产生比较多的热量引起的过热),这些焊点就会失效。几种其他的失效机理也可能造成类似的失效现象,例如在半导体材料中的缺陷和密封件缺陷等。

典型的电子失效机理是缺陷元件的过应力(overstress)失效。对于"好"元件,在规定的时间施加规定的载荷将不会引起失效。尽管每一个缺陷元件都会有一个独特的寿命特性,具体取决于缺陷的性质和所施加的载荷,但还是有可能对电子元件的失效分布规律进行归纳。例如,缺陷焊点的失效时间可能受到所施加的电压、环境温度和机械振动等的影响。其中温度变化是加速其他失效机理(例如在一块硅晶中的缺陷)引起失效的主要原因。在半导体装置中,温度升高会导致更大的电流通过,这种正反馈作用可以导致"热失控"(thermal runaway)。在电子装置中的缺陷可以导致比较高的局部电流密度,当超过缺陷元件可以承受的临界值时就会引起失效。经验表明,对于大部分电子元件,温度和电压是加速失效发生的主要因素。电子元件一般都具有随时间下降的失效率(早期失效),这是因为随着缺陷(薄弱)元件的失效和被排除,在总体中的缺陷元件比例被减小了。与此类似,可修的电子系统通常也表现出随着时间下降的失效率,这是因为缺陷元件失效以后被进行了更换,系统的制造缺陷(例如焊点缺陷)显现以后进行了修理。电子元件或系统很少表现出磨损(wearout)特性(失效率随着时间增大)。

当然,并不能说,所有电子系统的失效都是由缺陷元件造成的。设计人员仍然有责任确保施加到元件上的载荷不超过额定值或降额值,无论是在稳态、瞬态试验还是在工作条件下。由于电子元件的可靠性受温度影响,所以在设计中应该注意采用措施降低温度,特别是局部"热点"(hot spots)的温度。总之,设计人员应该采用各种可靠性设计方法来保证电子产品的可靠性。

电子系统的失效也可能是由于元件中的参数漂移(parameter drift)、焊点缺陷导致的短路、继电器电阻过高、电容器电介质击穿等原因引起,也应该采取措施予以解决。

第二节　元器件的选用与控制

电子系统可靠工作的基础是电子元器件能否可靠地工作。根据第四章理论可知,如果要求由许多元器件组成的串联系统有较高的可靠性,则必须保证所有的元器件都具有非常高的可靠性。例如,一个由 10 万个元器件组成的串联系统,若要求其可靠度为 90%,则所用元器件的可靠度就要求为 0.999999。这样水平的元器件只有通过元器件的可靠性设计、制造和使用中的严格控制才能达到。若不可靠的元器件被装入电子系统,不但电子系统的可靠性不能满足要求,还要付出极大的代价来维修。表 8-1 是国外一个统计资料。

表 8-1　元器件失效造成的损失　（美元）

设备类型	失效阶段			
	元器件购进时	装在印刷板电路上	系统试验时	现场使用时
消费者产品	2	5	5	50
工业用设备	4	25	45	215
军用设备	7	50	120	1000
航天设备	15	75	300	2×10^6

在表 8-1 中介绍了消费者产品、工业用设备、军用设备和航天设备中的元器件，分别在购进时、装在印刷电路板上、系统试验和现场使用时失效造成的经济损失情况。这足以说明为了提高经济效益，在电子系统设计时应格外重视电子元器件的选用与控制。

一、电子元器件的失效

电子设备在工作中，有可能因为元器件的质量问题而造成失效，电子元器件的失效有 4 方面问题。

1. 制造质量问题

电子元器件的制造质量包括本身质量和装配质量两方面。电子元器件由质量问题造成的失效与工作应力无关，就是说，既不是由于工作应力超过了某一定水平，也不是由于工作时间超过了某一定的时间。质量不合格的元器件可以依靠严格的检验予以排除，使设备投入使用后不致出现这类失效。

2. 可靠性问题

电子元器件因可靠性问题失效是一种随机性质的失效。元器件失效率高，表明可靠性低。这种失效与质量问题不同的是元件的失效率取决于应力水平。在低于一定的应力水平时，元件不会失效。少数失效率不合标准的元件可利用筛选予以排除，防止失效率不合标准的元件进入系统。

3. 耗损问题

任何电子元器件工作到一定时间后都要失效或性能下降，这种失效仅取决于工作时间的长短。耗损性的失效，只能通过更换元器件予以排除。

4. 设计问题

在对产品的设计方案进行了认真的应力分析后，发现所选用的元件不合适，或没有进行必要的降额使用，以致元件发生的失效。这种失效可能与工作应力和工作时间两个因素或其中之一有关。解决的办法是要求设计人员正确地选用元件并进行必要的降额使用。

二、典型的失效率曲线

元器件的寿命特性曲线呈浴盆状，见图 8-1 所示，这就是典型的失效率曲线。

1. 早期失效期

这阶段的失效主要由元器件的各种质量缺陷造成。解决办法是对原材料和工艺进行严格的控制，同时进行上机前的元器件筛选，剔除早期失效元件，使其尽可能不投入使用。

2. 偶然失效期

当失效率相对地呈现为一个常数时，这个时期称为偶然失效期。这时失效随机地发生，多数为工作应力引起的失效。应注意这一段曲线的纵坐标高度(失效率)为 MTBF 的倒数;沿横坐标方向的长度则为耗损(老化)寿命或使用寿命。

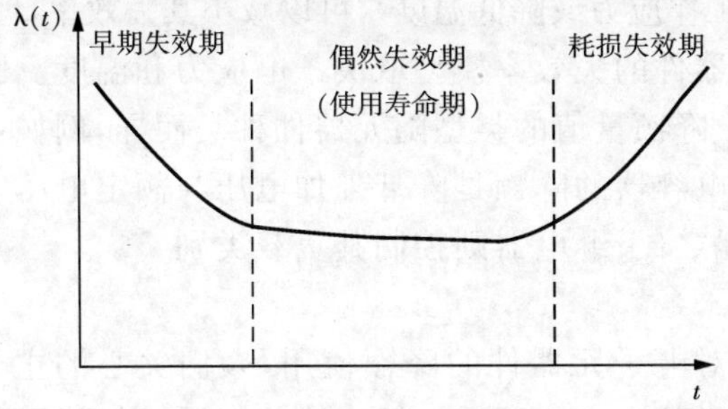

图 8-1 典型失效率曲线

3. 耗损失效期

这阶段的失效是由于不同类型的耗损机理造成的性能退化或老化变质。当产品使用到一定阶段时,意味使用寿命期结束,耗损失效期开始。这时产品失效率是迅速上升的。

电子元器件制造质量、可靠性和耗损方面的失效,从理论上说都可以贯穿于元件的整个寿命期,只是每一时期有一种性质的失效占支配地位。在早期失效期内以质量问题为主;在偶然失效期内以可靠性问题为主;而在耗损失效期内则以耗损问题为主。

图 8-1 寿命特性曲线适合于成批的元件,同时也适合于可修理的产品或可修理的复杂系统。因此了解这个曲线特性很重要,便于正确理解寿命、可靠性或失效的问题。

三、电子元器件的降额使用

1. 降额的基本概念

降额就是使元器件在低于其额定值的应力条件下工作。

元器件的降额使用可进一步提高元器件和设备的可靠性,大部分元器件的失效率随所施加的应力(低于额定值)的降低而降低,例如在有关手册中可查出某类型晶体管的基本失效率(λ_b)与温度(T)和应力比(S)的关系图见图 8-2。从该图可以判断:对于一个 25 ℃为 500 mW

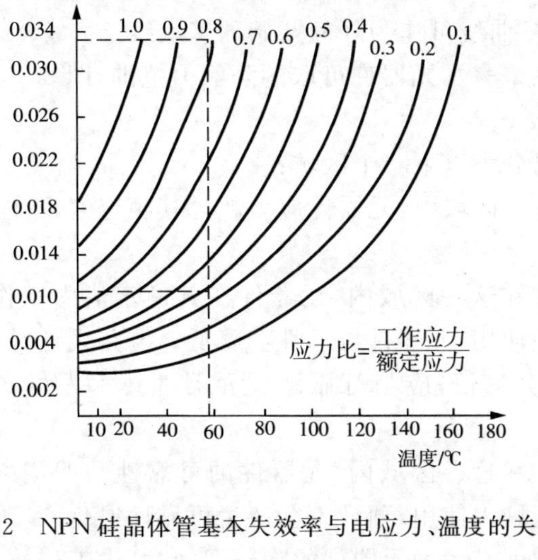

图 8-2 NPN 硅晶体管基本失效率与电应力、温度的关系

的晶体管，在 55 ℃环境下工作，应力比为 80%（400 mW）时 $\lambda_b = 0.033 \times 10^{-6}$/h，应力比为 40%（200 mw）时 $\lambda b = 0.01 \times 10^{-6}$/h，失效率下降到三分之一以下。以上分析足以说明：对元器件进行降额使用（减小工作应力或降低温度），可以减小其失效率，增加其可靠性。

实践证明，大部分元器件的失效率模型取决于电应力和温度。因此，降额也主要是控制这两类应力造成的失效。降额量值的类型随元器件种类而异，例如：电阻器的降额是降低工作功率与额定功率之比；电容器的降额是降低外加电压与额定电压之比；半导体器件的降额是降低其功耗与额定功耗之比；继电器则控制其负载类别。

2. 降额技术

在电子系统设计中，对电子元器件的降额使用，人们关心的主要问题是应从怎样的温度、电应力值开始降额和降额多少才合适。解决这些问题一般使用降额图法或降额因子法。

(1)降额图法一般元器件规范中都附有温度、电应力平面上的降额曲线。对于不同类型的元器件，电应力可以是电压、电流或功率等。图 8－3 所示为半导体器件的典型降额曲线。图中 T_s 为温度减额点（通常为 25 ℃）；T_A 为周围温度；T_c 为管壳温度；T_{max} 为最高结温。显而易见，图 8－3 的降额曲线由两部分组成。与 t 轴平行的 AB 段表示当工作环境温度低于 T_s 时，器件可满载使用；BC 段表示温度高于 T_s 后需要遵循的降额率。温度达到 T_{max} 后，由于管芯已达最高结温，所以允许负荷的值只能为零。

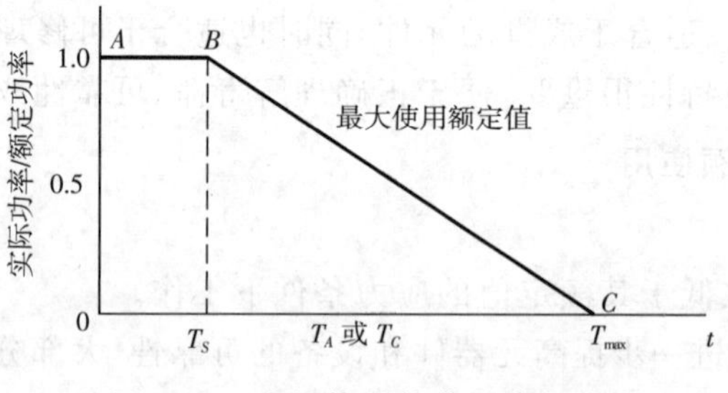

图 8－3　半导体器件典型降额曲线

曲线 ABC 与两坐标轴内的区域为允许工作区，ABC 曲线表示保证元器件正常工作所允许的最大电应力与环境温度之间的函数关系，为提高设备可靠性而进行的降额，必须在曲线 ABC 内的区域，ABC 曲线可作为降额开始的基准线。

我们一般用降额图来表示元器件可取的降额值范围，图 8－4 就是某一种典型的半导体器件的降额图。

在图 8－4 中，可以分为以下 3 个区域：

R 为禁用区。在这一区域内，元器件应力超过其额定值，不能使用。这区域界线就是上面所说的降额曲线。

Q 为有问题区域。在这一区域内，元器件在其额定值内工作，但不能获得足够的可靠性值。在该区域内长期使用，元器件可靠性会降低。电路设计时，尽量不要选用。该区实在避不开时，设计者应十分谨慎，应与可靠性或元器件技术人员磋商，并在设计文件中加以说明。

A 为合格使用区。在这一区域内，元器件的可靠性与费用之比最佳，可提供最佳安全系数。元器件在这一区域内使用，预计不会产生可靠性退化。

在有关技术文献中列有各种元器件的降额图，它可供工程技术人员设计时参考使用。

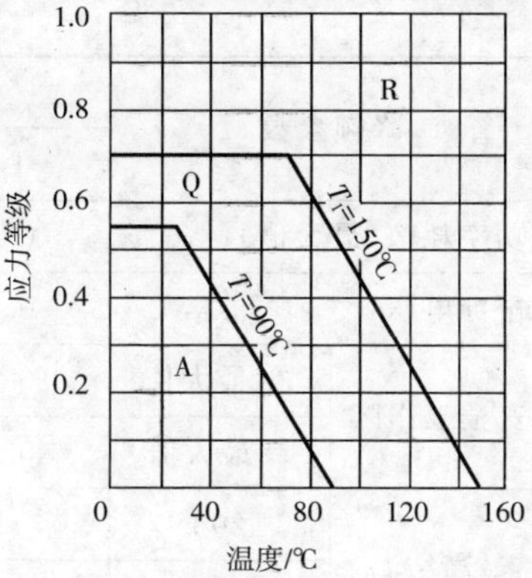

图 8-4　最高结温为 150 ℃的半导体器件降额图

(2)降额因子法

直接利用降额图(或严格的数学模型)来确定降额值,有时还存在一定困难。我们可以每一种元器件的主要应力决定一个降额因子,以此来确定降额值,这是一种方便的方法。表 8-2 提供了各种元器件的降额因子。

表 8-2　元器件降额因子

元器件种类		降额参数	降额等级		
			Ⅰ级	Ⅱ级	Ⅲ级
集成电路	线性电路 双极性或 MOS (中小规模)	电源电压(最大绝对值)	0.70	0.80	0.80
		输入电压(最大绝对值)	0.60	0.70	0.70
		输出电流(最大功能值)	0.70	0.80	0.80
		最高结温/℃	80	95	105
	双极性数字电路 (中小规模)	电源电压容限(标称值)	±3%	±5%	见技术条件
		频率(最大值)	0.80	0.90	0.95
		输出电流(最大值)	0.80	0.90	0.90
		最高结温/℃	85	100	115
	MOS、CMOS 数字电路 (中小规模)	电源电压(最大绝对值)	0.70	0.80	0.80
		频率(电源电压最大值)	0.80	0.80	0.90
		输出电流缓存器触发器	0.80	0.90	0.90
		最高结温/℃	85	100	110
	电压调整器	电源电压(最大绝对值)	0.70	0.80	0.80
		输入电压(最大绝对值)	0.70	0.80	0.80
		输入输出电压差	0.70	0.80	0.80
		输出电流(最大绝对值)	0.70	0.75	0.80
		最高结温/℃	80	95	105

（续表）

元器件种类		降额参数		降额等级 Ⅰ级	Ⅱ级	Ⅲ级
分立半导体器件	双极三极管（NP/N PN/P）	功率耗散（最大值）		0.50	0.65	0.75
		击穿电压		0.60	0.70	0.80
		安全工作区	V_{cc} 最大值	0.70	0.80	0.90
			I_c 最大值	0.60	0.70	0.80
		最高结温 T_{jm}/℃	200	115	140	160
			175	100	125	145
			≤150	$T_{jm}-65$	$T_{jm}-40$	$T_{jm}-20$
	场效应晶体管（P或N沟道）	功率耗散最大值		0.50	0.65	0.75
		击穿电压		0.60	0.70	0.80
		最高结温		$T_{jm}-65$	$T_{jm}-40$	$T_{jm}-20$
	微波三极管	最高结温 T_{jm}/℃		$T_{jm}-65$	$T_{jm}-40$	$T_{jm}-20$
	单结晶体管	功率耗散最大值		0.50	0.65	0.75
		最高工作电压		0.60	0.70	0.80
		最高工作结温℃		$T_{jm}-65$	$T_{jm}-40$	$T_{jm}-20$
	二极管（小信号/开关/整流）	反向电压		0.60	0.70	0.80
		平均正向电流 I_F		0.50	0.65	0.80
		T_{jm}/℃	200	115	140	160
			175	100	125	145
			≤150	$T_{jm}-60$	$T_{jm}-40$	$T_{jm}-20$
	电压调整二极管	功率耗散（最大值）		0.50	0.65	0.80
		最高结温/℃		90	110	130
	基准二极管	最高结温/℃		90	100	130
	微波二极管（肖特基/PIN耿式/变容/隧道/阶跃恢复）	耗散功率		酌情降额		
		最高结温/℃		$T_{jm}-60$	$T_{jm}-40$	$T_{jm}-20$
固定电阻器	合成薄膜、电阻网络、线绕	额定功率		0.50	0.60	0.70
		环境温度 T_A/℃		由负荷特性曲线确定		

（续表）

元器件种类		降额参数	降额等级		
			Ⅰ级	Ⅱ级	Ⅲ级
电位器	合成/薄膜微调	额定功率	0.30	0.45	0.60
		环境温度 T_j/℃	由负荷特性曲线确定		
	精密塑料电位器	额定功率	—	0.50	0.50
		环境温度 T_j/℃	—	由负荷特性曲线确定	
	线绕电位器(密封)	额定功率	0.30	0.45	0.60
		环境温度 T_j/℃	由负荷特性曲线确定		
	非密封功率线绕	额定功率	—	—	0.70
		环境温度 T_j/℃	—	—	由负荷特性曲线确定
	螺旋缠绕电位器	额定功率	—	0.50	0.50
		环境温度 T_j/℃	—	由负荷特性曲线确定	
电容器	热敏电阻器	额定功率	0.50	0.50	0.50
		环境温度 T_A/℃	$T_{AM}-15$	$T_{AM}-15$	$T_{AM}-15$
	薄膜、玻璃、云母、陶瓷	额定直流工作电压	0.50	0.60	0.70
		环境温度 T_A/℃	$T_{AM}-10$	$T_{AM}-10$	$T_{AM}-10$
	铝电解电容器	额定直流工作电压	—	—	0.75
		环境温度 T/℃	—	—	$T_{AM}-26$
	固体钽电解电容器 液体钽电解电容器	额定直流工作电压	0.50	0.60	0.70
		环境温度 T/℃	$T_{AM}-20$	$T_{AM}-20$	$T_{AM}-20$
	活塞式微调电容	额定直流工作电压	0.40	0.50	0.50
		环境温度 T/℃	$T_{AM}-10$	$T_{AM}-10$	$T_{AM}-10$
	圆片式微调电器	额定直流工作电压	0.30	0.50	0.50
		环境温度 T/℃	$T_{AM}-10$	$T_{AM}-10$	$T_{AM}-10$
电感元件	线圈、变压器	工作电流	0.60～0.70	0.60～0.70	0.60～0.70
		瞬态电压/电流	0.90	0.90	0.90
		介质耐压	0.50～0.60	0.50～0.60	0.50～0.60
		额定热点温度 T_R/℃	$T_R-(40～25)$	$T_R-(25～10)$	$T_R-(15～0)$
	扼流圈	工作电压	0.70		

（续表）

元器件种类	降额参数			降额等级		
				Ⅰ级	Ⅱ级	Ⅲ级
继电器	触点电流	小功率开关（＜3A）		0.8～1.0		
		电阻负载		0.50	0.75	0.90
		电感负载	额定感值	0.50	0.75	0.90
			额定阻值	0.35	0.40	0.75
		电容器负载：额定阻值		0.50	0.75	0.90
		电机负载	额定电机值	0.50	0.75	0.90
			额定阻值	0.15	0.20	0.75
	灯丝负载		额定灯泡值	0.50	0.75	0.90
			额定阻值	0.07～0.08	0.10	0.30
	解点功率（水银湿式）			0040	0.50	0.70
	线圈吸合工作电压		最小维持电压 DC/AC 有效值	0.90	0.90	0.90
			额定短时启动最小线圈电压	1.10	1.10	1.10
	线圈释放电压		最大允许值	1.10	1.10	1.10
			最小允许值	0.90	0.90	0.90
	最高额定温度 T_M/℃			T_M-20	T_M-20	T_M-20
	振动限值（最大额定值）			0.60	0.60	0.60
	循环工作次数（额定值）			0.50		
开关	工作电流额定值	小功率开关（＜3A）		0.80～1.00		
		阻性负载：纯阻性		0.50	0.75	0.90
		容性负载时：纯阻性		0.50	0.75	0.90
		感性负载	感性	0.50	0.75	0.90
			阻性	0.35	0.40	0.50
		电机负载	电机	0.50	0.75	0.90
			阻性	0.15	0.20	0.35
		灯丝负载	灯负载	0.50	0.75	0.90
			阻性	0.07～0.08	0.10	0.15
	接点电压额定值			0.40	0.50	0.70
	接点功率额定值			0.40	0.50	0.70

（续表）

元器件种类		降额参数	降额等级		
			Ⅰ级	Ⅱ级	Ⅲ级
连接器		最高工作电压(DX或AC)	0.50	0.70	0.80
		额定最大工作电流	0.50	0.70	0.85
		最高插针温度 T_M/℃	T_M-50	T_M-25	T_M-20
旋转电器		轴承载荷额定值	0.75	0.90	0.90
		最高工作温度 T_r/℃	T_r-40	T_r-20	T_r-15
		最低工作温度/℃	～0	～0	～0
灯泡	白炽灯	工作电压额定值	0.94	0.94	0.94
	氖/氩灯	工作电压额定值	0.94	0.94	0.94

3. 降额的限度和局限性

元器件的降额使用并不是降得越多越好，因为降低元器件电负荷过多，将会增加设备的体积、质量及成本。降额不是在任何情况下都有效，这是因为：

(1)当可靠性已达到要求时，再用降额来继续提高可靠性就多余了。同一设计中的各种元器件可靠性水平要协调，对其中某些元器件大幅度地降额，使其可靠性远高于其他元器件，这种降额是不必要的。

(2)单纯用降额来提高可靠性的能力是有限的。从图 8－2 可看出，无论是温度应力还是电应力，降额到一定程度后，λ_b 的变化就不明显了。这时即使再大幅度地降额，其失效率也只有微小下降。

(3)对于有些元器件过度地降额反而有害。如大功率晶体管在小电流下工作，将大大降低放大系数且参数稳定性也下降。电解电容和实芯电阻，经常让它通过一定的电流要比自然存放或只通过微弱电流好。有的元器件降额容易发生低电平失效，如：聚苯乙烯电容 CL_{10}、涤纶电容 CL_{11} 和漆膜电容 CQ_{10}、CQ_{20} 等。对于电子管的灯丝电压和继电器的线包电流，不仅不能降额反而要控制在额定值以上，否则将直接影响寿命和可靠的接触。

(4)电应力的降额比较容易做到，对温度应力的控制主要靠改进热设计。

(5)采用降额技术来提高可靠性还要讲效益，即降额程度的取值需综合考虑可靠性指标要求及质量、体积、成本的限制。如果单靠降额来提高可靠性，其综合效益不高时，就应采取改进设计，提高元器件强度等手段来提高可靠性。

四、我国电子元器件标准概况

为了保证在电子系统设计时，合理地选用电子元器件，应了解我国生产的电子元器件的情况。

1. 电子元器件失效率等级的划分

对于继电器，以每小时动作 10 次作为失效率的计算单位，写成“1/10 次”或“1/h”，在计算时注意单位统一。继电器分为 3 个级别：

(1)亚五级(Y)　1×10^{-5}/10 次$\leqslant\lambda<3\times10^{-5}$/10 次；

(2)五级(W)　$0.1\times10^{-5}/10$ 次$\leqslant\lambda<1\times10^{-5}/10$ 次；

(3)六级(L)　$0.1\times10^{-6}/10$ 次$\leqslant\lambda<1\times10^{-6}/10$ 次。

以上的失效率是指产品在额定条件下的失效率，即是基本失效率典型值，不是现场失效率。

2. 质量等级

目前，我国电子元器件质量等级分为3类。一类为特军品，二类为普军品，三类为民品。分别有各自的总技术条件和分技术条件。

综上所述，为了正确选用元器件，除了要做线路应力分析(最坏情况分析)以外，还必须确切了解三方面内容：① 使用环境条件；② 失效率模型所包含的因素；③ 现场失效率。元器件的选用与控制是保障电子设备可靠性的一个基础。对元器件的控制，最根本的是生产过程的控制，电子产品研制单位应进行必要的降额使用、筛选和老炼。

第三节　电路与系统的可靠性设计

本节主要研究电路与系统的可靠性设计中经常采用的各种常规设计和分析方法。通常电路设计人员在实际工作中往往只考虑到如何满足所要求的功能和技术指标，而不注意如何去达到高可靠性，因此这里特别提出了设计人员应注意的可靠性方面问题。

一、尽可能采用优选电路的原则

一个良好的设计，应该尽量多采用一些标准化的电路或经过考验可靠性高的电路。如美国就曾经出版过一些标准优选电路手册。对集成电路来说，每个生产单位都应该对过去用过且可靠性高的电路进行总结，如欧洲空间局不断发表一些典型的接口电路和驱动电路等。电路、元器件以至产品都应进行标准化、系列化，使设计人员可根据需要来选择已经定型的产品用于设计中。应采用成熟的新技术，如用高集成度的电路系统，但必须尽量少用新研制、未经定型和考验的产品。

二、尽可能简化的原则

(1)在保证原设计功能指标的情况下，尽可能简化电路设计，即以最简单的电路和最少量的元器件来达到技术指标的要求。

(2)在设计中还应注意加入提高电路稳定性、可靠性、可测试性和可维修性的措施，不应为了简化而省略。

(3)不能为了一点点性能的改进而增加大量元器件，因此方案必须经过严格的论证，性能指标不宜过高，并应以可靠性为一重要指标。

(4)减少元器件数量的同时，亦应压缩其品种和规格，以便易于控制质量、减少备件数量和便于维修。因此品种数与元件总数的比值要尽量降低，例如美SPY－1雷达的品种数与元件数的比值仅为O.25％。

(5)在设计逻辑电路时，过去在简化工作中习惯减少门的数目或减少输入端的数目。而从可靠性的观点看来，在集成度增高时，器件的失效率随电路复杂性的增加而增加不多，因此应尽可能用高可靠及集成度高的电路；而不用分立元件或小规模集成电路，其着眼点应是降低器件的数目(块数)。

(6)由于模拟集成电路的失效率比数字电路高,且又有特性随温度漂移等问题,因而在能用数字电路代替的情况下,尽可能用数字集成电路。但在某些情况下,如要可变的比例常数等,用数字电路有时并不方便,可能需要用较多器件方能实现,这时就有必要定量地进行可靠性的分析和预计,详细地比较及选择最优方案。

(7)选用元器件失效引起电路灾害性后果的概率较少的电路。因此往往降低电路性能,以减小灾害性故障的概率。

下面举例说明电路的简化原则。

【例 8-1】 设有一数字逻辑电路见图 8-5,将其尽可能简化成相同功能的数字逻辑电路。

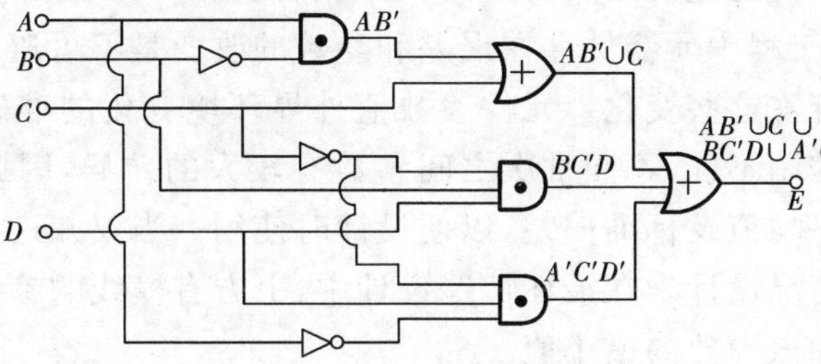

图 8-5　数字逻辑线路

解:(1)列出电路输出(E)与输入(A、B、C、D)的数学关系式

计算每个逻辑门的输出与输入数学关系式,将其标注在每个逻辑门的输出端,由图8-5可知

$$E=AB'\cup C\cup BC'D\cup A'C'D$$

(2)利用布尔代数简化上述关系式

$$\begin{aligned}
E &= AB'\cup C\cup BC'D\cup A'C'D\\
&= AB'\uplus C\uplus BC'D\uplus A'C'D\\
&= AB'+(AB')'C+(AB')'C'BC'D+(AB')'C'(BC'D)'A'C'D\\
&= AB'+[A'+A(B')']C+[A'+A(B')']BC'D+[A'+A(B')'][B'+B(C')'+BC'D']A'C'D\\
&= AB'+A'C+ABC+A'BC'D+ABC'D+A'B'C'D\\
&= AB'+A'C+ABC+ABC'D+A'C'D(B+B')\\
&= AB'+A'(C+C'D)+AB(C+C'D)\\
&= AB'+A'(C+D)+AB(C+D)\\
&= AB'+(A'+AB)(C+D)\\
&= AB'+[A'+A(B')'](C+D)
\end{aligned}$$

(3)画出简化数字逻辑电路

根据上述简化结果,画出简化数字逻辑电路,如图 8-6 所示。

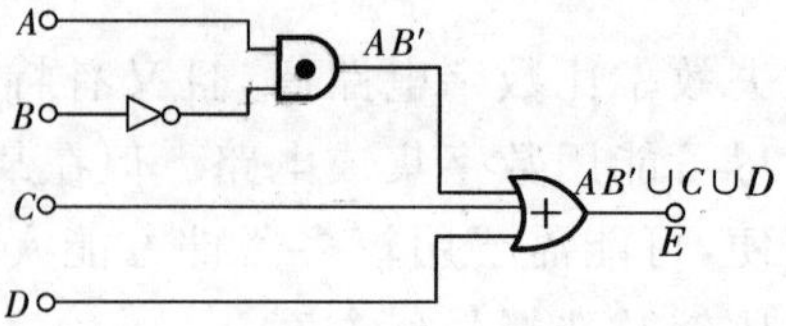

图 8-6 简化数字逻辑线路

三、最坏情况设计

电路的设计通常总是从要完成的功能指标出发，首先达到所要求的增益、频率、频带、灵敏度及其他技术指标。初步设计时先从理想的模型出发，这时不考虑元器件参数的变化，并根据实际情况调整参数，使之能满足所要求的技术指标。下一步就要考虑元器件公差及参数改变的影响。因为在工程中元器件存在误差和参数的改变是不可避免的。所以在电路设计时，要考虑到是否能容许这些变化。元件参数值外界环境变化的准确数据可以从元件手册中查到，但由于质量控制不佳，不同批次之间参数有较大的差异，因此最好能把购到的元件进行抽样实测，取得平均值及标准偏差，以便设计时使用。当仅知道参数变化的最大范围时，我们可以进行最坏情况设计。在最坏情况设计中，上方有横线的参数字母表示该参数的最大值，下方有横线者为该参数的最小值。

【例 8-2】 某反相器电路见图 8-7，该图中电阻有±10%的极限误差，三极管的参数 h_{fe}变化为 20～70，$E_c=5$ V，$V_{bes}=0.8$ V，$V_{ces}=0.3$ V 均不变。试问：如何选择驱动信号 V_s 才能使电路可靠地工作？

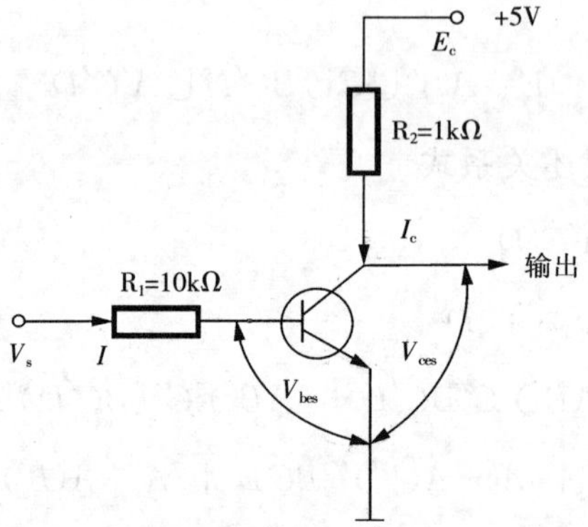

图 8-7 反相器电路

解：由于

$$I_c=\frac{E_c-V_{ces}}{R_2}$$

故有

$$I_b=N\frac{I_c}{h_{fe}}=\frac{N}{h_{fe}}\frac{E_c-V_{ces}}{R_2}$$

上式中 N 为保证可靠地驱动该电路的系数，一般情况取 $N=2$，另外实际电路的驱动

电流

$$I=\frac{V_s-V_{bes}}{R_1}$$

为了可靠地驱动该电路，必须在任何情况下都要求 $I>I_b$。最坏情况设计的目的是要求在最坏情况下，仍能够保证有足够的驱动电流，即：

$$I_{min}>I_{bmax}$$

由 I_b 公式可得

$$\begin{aligned}I_{bmax}&=\frac{N}{\underline{h_{fe}}}\cdot\frac{E_c-V_{ces}}{\underline{R_2}}\\&=\frac{2}{20}\times\frac{5-0.3}{1000-1000\times10\%}\\&=0.000522\text{A}\end{aligned}$$

由 I 公式可得

$$\begin{aligned}I_{min}&=\frac{V_s-V_{bes}}{\overline{R_1}}\\&=\frac{\underline{V_s}-0.8}{10000+10000\times10\%}\\&=\frac{V_s-0.8}{11000}\text{A}\end{aligned}$$

将 I_{min}、I_{bmax} 分别带入得

$$\frac{V_s-0.8}{11000}>0.000522$$

所以

$$\underline{V_s}>0.000522\times11000+0.8=6.542\text{ V}$$

由此可见，如果选 $V_s=7$ V，则可保证该电路能可靠地工作。

最坏情况设计在应用中可能遇到一些困难，例如对数字电路比较合适，因为用参数的极大值及极小值就能说明问题，但在分析线性电路时就会有困难。例如要讨论晶体管放大器的最大功耗时，它发生在 $\overline{V_c}$ 及 $\underline{R_L}$ 处，但偏压电阻则可能为某一中间值，这时应计算多个 R_b 值后才能选出发生最大功耗时的参数。计算量较大，这时最好采用计算机进行辅助设计。

对整个系统进行最坏情况设计时工作量也是很繁重的，因此有时在设计试验调整好以后把整机或整个模件进行边缘性能试验，找出薄弱环节进行改进。

四、电路漂移分析

随着元器件随时间的老化，电路的性能指标也不断下降，当该指标下降到一定程度时，

该电路就失效，我们称它为失效阈值 W_L。一般假设性能指标也是正态分布，因此随时间的漂移，工作成功的概率就是正态分布曲线在失效阈值以上阴影部分的面积，见图 8－8 所示。

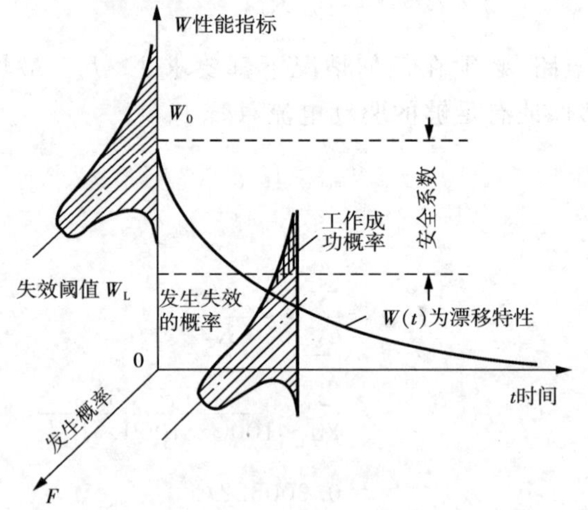

图 8－8 电路性能指标漂移图

为了简化分析，假定性能指标 X 为均匀分布，性能指标失效阈值为 X_L。把性能指标 X 按 $t=0$ 时的 X_0 归一化，那么归一化的性能 $W=\dfrac{X}{X_0}$ 随时间的漂移为 e^{-at^b}，这里 a、b 均为常数，而 $W_0=\dfrac{X_0}{X_0}=1$，归一化后性能阈值为 $W_L=\dfrac{X_L}{X_0}$。由于性能指标 W_L 假设为均匀分布，设其高度为 h，宽度为 $2\Delta W$。以 W（归一化的的性能）、t（时间）和 F（发生频率）为坐标轴画图，见图 8－9 所示。

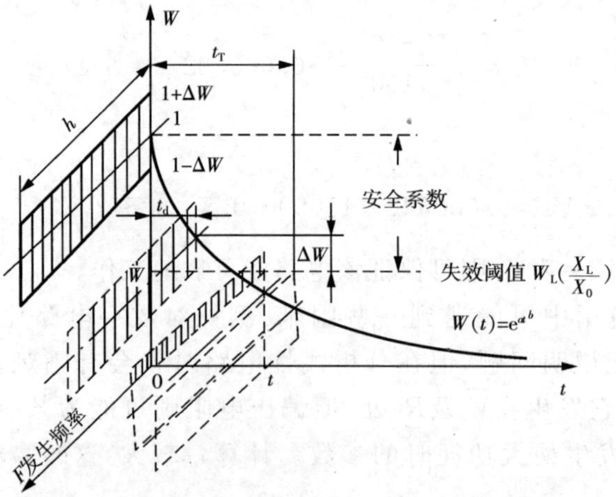

图 8－9 电路性能指标漂移图

因为性能 $W=\dfrac{X}{X_0}$，则有 $\Delta W=\dfrac{\Delta X}{X_0}$。而 W 为均匀分布，根据概率论得 $h\cdot(2\Delta W)=1$，则

$$h=\frac{1}{2\Delta W}=\frac{1}{2\cdot\dfrac{\Delta X}{X_0}}=\frac{X_0}{2\Delta X}$$

同时可得

$$\sigma^2=\frac{(2\Delta W)^2}{12}=\frac{1}{3}(\Delta W)^2=\frac{1}{3}\left(\frac{\Delta X}{X_0}\right)^2$$

即 $\sigma=\sqrt{\frac{1}{3}\left(\frac{\Delta X}{X_0}\right)^2}=0.578\left(\frac{\Delta X}{X_0}\right)$

由于 W 为均匀分布，在矩形下边与 W_L 重合以前，电路绝不会失效，此时电路可靠性 $R_s=1$。从零到 t_d 为无故障时间，而 t_d 可由下式求出：

$$e^{-at_d^b}-\Delta W=e^{-at_d^b}-\frac{\Delta X}{X_0}=W_L=\frac{X_L}{X_0}$$

所以

$$e^{-at_d^b}=\frac{X_L}{X_0}+\frac{\Delta X}{X_0}=\frac{X_L+\Delta X}{X_0}$$

即

$$e^{-at_d^b}=\frac{X_L+\Delta X}{X_0}$$

两边取以 e 为底的对数后，整理得

$$t_d=\sqrt[b]{\frac{1}{a}\ln\left(\frac{X_0}{X_L+\Delta X}\right)}$$

当 W 分布沿 $W(t)=e^{-at^b}$ 曲线向下漂移，且失效阈值 W_L 从矩形中穿过时，电路可能失效，不失效的概率 P_s（即为电路可靠性 R_s）应为矩形在 W_L 线以上部分的面积，故 P_s 由下式求出：

$$\begin{aligned}P_s&=h(e^{-at^b}+\Delta W-W_L)\\&=h\Delta W+h\left(e^{-at^b}-\frac{X_L}{X_0}\right)\\&=\frac{1}{2}+\frac{X_0}{2\Delta X}\left(e^{-at^b}-\frac{X_L}{X_0}\right)\end{aligned}$$

当 W 分布向下漂移到上边与 W_L 重合以后，矩形在 W_L 线以上部分的面积为零，此时电路绝对失效，可靠性 $R_s=0$，矩形上边与 W_L 重合的时间 t_T 可以由下式求出：

$$P_s=\frac{1}{2}+\frac{X_0}{2\Delta X}\left(e^{-at_T^{t}}-\frac{X_L}{X_0}\right)$$

$$P_s=0$$

将上式整理后，得

$$e^{at_T^b}=\frac{X_0}{X_L-\Delta X}$$

两边取以 e 为底对数，得

$$t_T=\sqrt[b]{\frac{1}{a}\ln(\frac{X_0}{X_L-\Delta X})}$$

从上述分析可以得出如下结论：

当 $t\leqslant\sqrt[b]{\frac{1}{a}\ln(\frac{X_0}{X_L+\Delta X})}$ 时，可靠性为 $R_s=1$；

当 $\sqrt[b]{\frac{1}{a}\ln(\frac{X_0}{X_L+\Delta X})}<t<\sqrt[b]{\frac{1}{a}\ln(\frac{X_0}{X_L-\Delta X})}$ 时，可靠性为 $R_s=\frac{1}{2}+\frac{X_0}{2\Delta X}(e^{-at^b}-\frac{X_L}{X_0})$；

当 $t\geqslant\sqrt[b]{\frac{1}{a}\ln(\frac{X_0}{X_L-\Delta X})}$ 时，可靠性为 $R_s=0$。

以上结论是在假定性能为均匀分布，漂移函数为 e^{-at^b} 的情况时推导出来的，对于其他的不同分布和漂移函数也可按此方法进行准导。

五、元器件误差统计分析

各元器件误差的性质实际上可以分成两部分，一部分是非随机性误差，另一部分是随机性的误差。由于各元件的非随机性误差(即系统误差)有正、负，这部分可以通过适当地选择参数进行补偿。而随机性的部分是不能补偿的，它构成整个系统性能指标的随机误差。通过误差分析还可以得出不同元件对系统性能影响的大小，从而对参数准确性的选择提供依据。

设各元件参数 $X_1,X_2,\cdots,X_n$ 是随机变量，且为互相独立，各自服从正态分布，其标准偏差 $\sigma_1,\sigma_2,\cdots,\sigma_n$ 与各自的均值 $m_1,m_2\cdots,m_n$ 相比很小，则电路的性能指标 $y=f(X_l,X_2,\cdots,X_n)$ 的均值仍 m_y 和方差 σ_y^2 可由下式求得：

$$m_y=f(m_1,m_2\cdots,m_n)$$

$$\sigma_y^2=(\frac{\partial f}{\partial X_1})^2|_{x_i=m_i}\cdot\sigma_1^2+(\frac{\partial f}{\partial X_2})^2|_{x_i=m_i}\cdot\sigma_2^2+\ldots+(\frac{\partial f}{\partial X_n})^2|_{x_i=m_i}\cdot\sigma_n^2$$

六、稳定性及过渡过程的分析

众所周知，电子线路中采用负反馈可以大大降低元器件参数变化造成的影响，使线路性能指标(例如增益)稳定，因此，凡是能用负反馈的地方都采用负反馈。但应注意，由于分布电容和电感等寄生参数的存在，往往使放大器在宽频带工作时某些频域出现不应有的振荡，使带有正反馈的振荡器在某些条件下出现停振(不能稳定振荡)。因此，应用自动控制原理进行稳定性分析，采用补偿措施，保证一定的稳定裕度是必要的。

另外，线路在断一通、通一断及性能状态变化的瞬态过程，线路接点参数，如电压、电流、相位及波形等，对元件性能的影响也应加以分析。在许多数字脉冲和时序电路中，往往利用电路中的过渡过程来产生各种波形，利用波形的特性来进行操作。因此波形的准确性，上升、下降时间及延时的准确性往往成为电路正常工作的关键。错误触发、竞争冒险、复位不良、负阻效应以及可控硅效应等问题都是必须避免的。因此必须对电路进行过渡过程及时序分析，其方法在一般电子线路分析的书中均已详述。

七、电子设备的热设计

1. 对电子设备进行热设计的原因

电子设备在其工作过程中，必然伴随着各种形式的能量损耗，这些能耗将转变为热。例如：当电流通过导体、半导体、气体及真空时有能量损耗，处于交变电磁场中的磁性材料有磁滞损耗，导电材料有涡流损耗，绝缘材料有介质损耗，这些能量损耗不可避免地转换成热能。其次电子设备工作的环境温度有时较高，大量的热量可能通过外壳传至内部电子设备。此外，电子设备中机械部件在运动时也会产生摩擦热。在电子设备中，功耗产生的热是主要的，可作为热计算的依据。功耗转换成热能的计算公式为

$$Q=3.6P$$

式中：Q——热量，kJ/h；

P——功耗，W。

随着电子技术的发展，出现了新的元器件，许多元件或电路具有同样功能，虽然其体积和耗散功率均减小，然而由于装配密度增大，使得电子设备的散热问题不但没有减轻，反而更加严重。

由于电子设备由大量电子元器件组成，元器件的可靠性将直接影响电子设备的可靠性，而电子元器件的工作温度与可靠性之间有着密切的关系。制造电子元器件所用材料有一定的温度极限，超过这个极限时，物理性能就发生变化，器件就要失效。在额定温度内，器件也可能由于持续工作而发生故障。图 8－10 表明温度对于电子元器件失效率的重要影响。粗略地说，在一定范围内，温度每增加 10 ℃，失效率就加大一倍。因此，为了保证电子元器件不在高温环境下工作，进行电子设备的热设计是十分必要的。

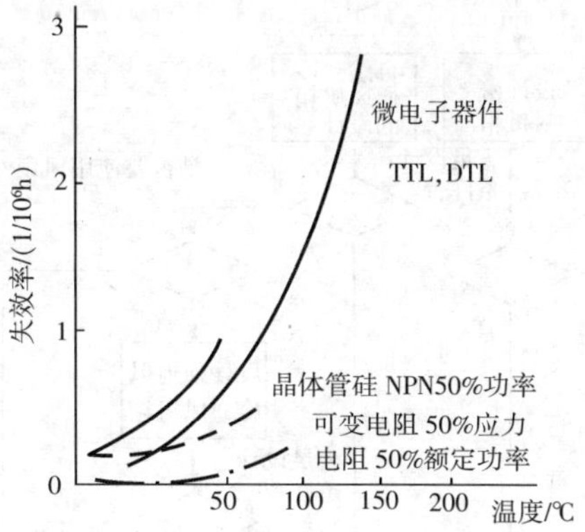

图 8－10　元器件失效率和温度关系曲线

2. 对电子设备进行热设计的要求

电子设备的热设计技术是针对热量的传播方式，研究各种控制热量的办法，以达到减少温升保证电子设备可靠性。具体来说对电子设备进行热设计的要求为：

(1)通过热设计在满足性能要求下尽可能减少仪器内部产生的热量；

(2)通过热设计设法减少热阻；

(3)通过热设计能保证设备和元器件能在较低的温度条件下工作，以便做到减少参数漂移，保持电性能的稳定，从而提高可靠性。

大量实践已证明，对电子设备的热设计进行得好，能明显地提高其可靠性。

3. 对电子设备进行热设计的基本方法

电子设备一方面由于本身固有的规律要发出热量而使温度升高，另一方面受到材料和元器件耐热性的限制，又不允许温升超过一定的范围。设计人员分析研究两者之间的关系，以保证电子设备正常工作，通常处理这种关系的热设计方法有：

(1)提高元件、材料的允许工作温度。为了满足这一条件，应当选用耐热性和热稳定好的元件和材料。例如，在选用锗晶体管不合适时，改用耐热性能较高的硅晶体管；在触点材料中，用铜不合适时用钨或铂银等。

(2)减少设备的发热量。为达此目的应尽量采用小功率的能源和小功率的执行元件。如选用晶体管代替真空管，选用小功率变压器、微型电机和微功耗器件等。在电路设计中应尽量减少发热元器件的数量，选取热负荷时应留有适当的储备量。

(3)用冷却的方法改变环境温度并加快散热速度。例如：利用传导和辐射、风冷(自然对流和强迫通风)、水冷、相变冷却(蒸发冷却)和半导体致冷等。

4. 电子设备热设计程序

(1)首先明确设计条件，一般已知条件有设备的功耗、发热量、设备的允许温升，设备外形尺寸的限制，设备放置的环境条件等。

(2)接着决定设备的冷却方式，可以采用图 8－11 所示的流程。

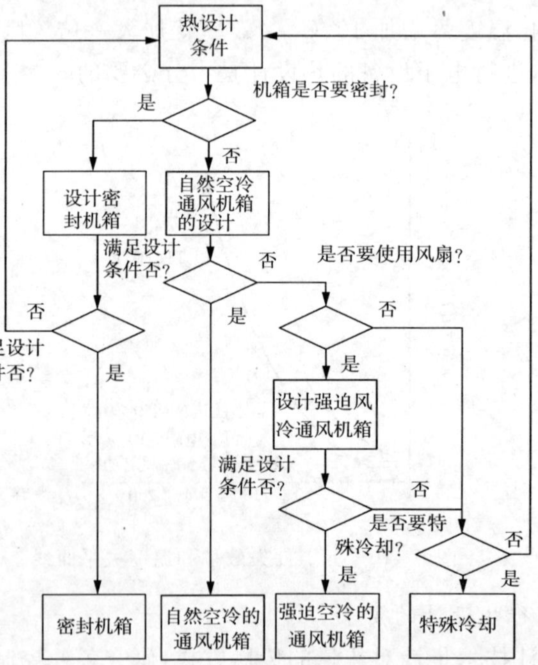

图 8－11　冷却方式设计程序框图

(3)其次，在决定冷却方式以后，就分别对元件、线路、印刷电路板和机箱进行热设计。并从发热的观点来研究它们的实际安装方案，当然亦要结合承受的力学环境统一考虑使设计出的设备既满足热设计要求，又能满足力学环境条件。最后为了检查热设计的情况，给出了“电子设备热设计检查一览表”，如表 8－3，可以较全面地检查在热设计过程中是否遗漏了需考虑的项目。

表 8－3　电子设备热设计检查一览表

<table>
<tr><th rowspan="2">机箱类型
注意事项</th><th rowspan="2">密封机箱</th><th colspan="2">通风机箱</th><th colspan="2">强制空冷</th></tr>
<tr><th>印制板</th><th>机箱</th><th>印制板</th><th>机箱</th></tr>
<tr><td rowspan="2">元件的排列安装</td><td colspan="5">是否分清了热敏感的元件、发热量多的元件；它们的排列、安装是否适当(发热元件不能密集安装，对热敏感的元件要远离发热元件安装)；
发热元件的引线应尽量缩短，印制线应加宽；
接近发热元件的树脂、线材等的耐热是否充分；
由于热而引起的尺寸变化是否做了考虑</td></tr>
<tr><td>发热元件应尽量靠紧机架、机箱安装；
是否有可能将发热量大的元件安装在机箱外侧；
是否需在印制板上敷设金属导热网条</td><td>印制板的排列是否考虑了发热(发热量多的印制板不能紧挨放置)</td><td>机箱的设计是否考虑了发热</td><td colspan="2">发热量大的元件应放在出风口处，对热敏感的元件应放在进风口处</td></tr>
<tr><td>流路的设立</td><td>机箱内是否有引起对立的空间；
空气循环的流通是否充分</td><td>印制板是否垂直安装，排列距离是否合适</td><td>通风口大小是否充分；
通风口位置是否合适；(是否有进出口?)
设备内的流路面积是否充分</td><td colspan="2">空气流路大小是否充分(不能由于元件而使流路阻塞)；
空气不能有阻滞的地方；
是否有空气不通过发热元件，而产生旁路；
保证进出口有一定的高度差，出口处不能有障碍物；
合理地控制和分配气流，使所有元件都得到好处</td></tr>
<tr><td rowspan="2">散热措施</td><td colspan="5">对热量大的元件是否利用了散热器和热管等散热元件?(利用安全否?)</td></tr>
<tr><td>对发热体到机箱的传热路径是否确保；
机箱是否使用了导热好的材料。机箱的表面积是否充分；
提高设备的黑度，在机箱内外涂粗糙黑漆</td><td colspan="2">是否积极利用了烟囱效应</td><td colspan="2">风扇的容积是否充分，种类是否合适；
风扇能否耐住设备的降升；
风扇发生故障时是否有保护措施</td></tr>
</table>

（续表）

注意事项＼机箱类型	密封机箱	通风机箱		强制空冷	
		印制板	机箱	印制板	机箱
其他	是否要考虑日照、防寒、防露。				
				要考虑安装波器(安装是否正确,更换是否方便); 对风扇的噪音采取措施; 防止风扇触手的危险; 风扇更换方便	

八、电磁兼容性和静电损坏

数字微电子系统很易于受到外部或内部的电磁干扰,甚至可能因此而损坏。例如,瞬态电压可以破坏数据或对数据线的定时,甚至可以造成永久性的损坏(例如使导体轨迹熔化)。一般通过仔细进行电磁屏蔽、接地以及隔离技术来保证电磁兼容性(EMC)。

静电损坏可能出现在生产过程中,也可以出现在维修保养中。因此,在制造和保养过程中都应该采取防静电损坏的措施。例如,涉及的人员应该接地,装置和印刷电路板在运输和储存中应该采用防静电包装。

九、冗余

在电子电路设计中可以采用冗余技术来提高可靠性。冗余的采用取决于系统或功能的关键性,并且要考虑尽可能降低复杂性和成本的要求,进行合理折中。但是,由于现代电子元件的成本一般都比较低,采用冗余往往能够以比较低的代价获得可靠性的明显提高。

第四节　参数优化设计

一个电路系统即使是选用最好的元器件来构成,也不一定会被认为是好的电路系统,这是因为它的质量及可靠性可能要高一些,但价格昂贵不能被人们广泛采用。但采用质量等级较低的元器件,经过合理的搭配,构成质量及可靠性与前者相近却廉价的电路系统,这样的电路肯定会受到人们的欢迎。本节我们将进行这种搭配关系的研究,介绍一种电路系统参数优化设计方法——三次设计。

一、三次设计概述

通常系统性能指标可分成两类:一类是性能参数同有关的元器件(零部件)建立不起某种函数关系,只能依靠试验实测来获取系统性能;另一类(如电子电器产品、光学仪器等)是性能参数同有关的元器件具有已知的函数关系,可由计算来获取各种数据。无论哪一类,产品设计过程可由下列 3 个设计阶段组成。

1. 系统设计

系统设计也称第一次设计,即常规设计,由专业技术人员利用专业知识和经验,就系统结构组成进行论证选定，以适应特定的功能要求。如果已经建立起使用性能与有关元器件的函数关系，给定一组元器件(参数)，便可计算出产品的性能数据，进而选定能够满足设计指标要求的元器件参数组合。

2. 参数设计

继系统设计之后，接着进行参数设计，也称第二次设计，这是三次设计最重要的环节。当前普遍采用由计算机辅助分析的正交优选法来进行参数优化。作为参数设计的结果——优良的参数组合，使得在环境条件变化和元器件参数波动的情况下，仍能保持产品的性能具有优良的稳定性。

3. 容许差设计

参数设计只是确定了系统诸因素的最佳中心值，随之应进行容许差设计，也称第三次设计。在此阶段除了使产品性能指标满足容差要求之外，对于影响产品性能指标大的元器件，是采用误差小的高档品去替换低档品，以提高产品质量(从而质量损失下降，经济效益增加)；还是用误差大的低档品去替代高档品，以降低成本，应进行全面规划，综合权衡产品质量、成本和市场销售的关系。参数设计是容差设计的基础。当容差设计中发现难以解决的矛盾时，往往回过头去重做参数设计，甚至修改系统设计，以求得系统在功能、质量和成本诸方面的最佳平衡。

二、质量损失函数概念

1. 质量损失函数的近似表达式

一般，随着产品指标值 y 的变化，相应地由产品质量所决定的使用费用 $Q(y)$ 也随着变化。很多情况下，质量费用函数 $Q(y)$ 的曲线如图 8-12 所示。

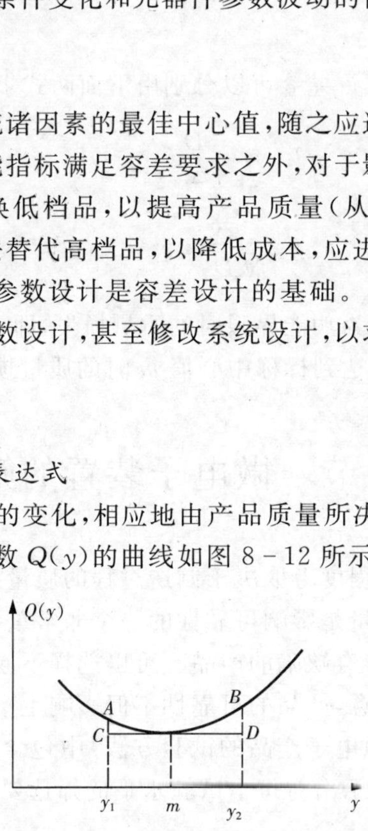

图 8-12 质量费用函数曲线

设 $Q(y)$ 在 $y=m$ 处存在二阶导数，则按泰勒公式有

$$Q(y)=Q(m)+\frac{Q'(m)}{1!}(y-m)+\frac{Q''(m)}{2!}(y-m)^2+\cdots$$

由于 $Q(y)$ 在 $y=m$ 处取极小值，故 $Q'(m)=0$，于是

$$Q(y)\approx Q(m)+K(y-m)^2$$

其中 $K=Q''(m)/2!$ 是不依赖于 y 的常数。

令 $\qquad L(y)=Q(y)-Q(m)$

则 $\qquad L(y)\approx K(y-m)^2$

$L(y)$ 称之为质量损失函数，用它来比较不同 y 值损失大小。

2. 功能界限与容许差

(1)含义与代号

功能界限是指产品性能指标偏离其中心值直到使产品功能完全丧失的范围,它是产品失效的判据,一般用⊿表示。

容许差是产品出厂公差的1/2,是产品合格与否的判据,一般用δ表示。当性能指标 y 符合 $m-\delta\leqslant y\leqslant m+\delta$ 时,产品合格,否则不合格。应注意不合格的产品未必就不能用,还可以降级、返修处理。

(2)有关数学关系式

产品的损失函数 $L(y)$ 与容许差 δ 可以分别由下面两式求得

$$L(y)=\frac{D}{\Delta^2}(y-m)2$$

$$\delta=\sqrt{\frac{A}{D}}\cdot\Delta$$

式中:D——当产品的性能指标为功能界限时的质量损失,即 $D=L(m\pm\Delta)$。

A——使产品的性能指标达到标称中心值 m 时的质量损失。

第五节 微电子装置的筛选

集成电路的可靠性在很大程度上取决于制造过程的质量控制和用于剔除缺陷产品的筛选技术的有效性。由于制造质量是影响可靠性的一个非常重要的因素,因此,在生产中广泛应用了质量筛选方法,以剔除带有缺陷的产品。可以选择不同水平的筛选方法,以在成本和质量之间进行合理折中。要注意,产品的可靠性不但影响生产成本,也影响使用成本。

在 US MIL-STD-883(对微电子产品的试验方法)中包含了对集成电路的筛选方法,有3个基本的筛选水平。表8-4示出对每个试验水平的筛选要求。

表8-4 对微电子装置的筛选要求

筛选方法	适于剔除的缺陷	筛选水平		
		MIL-STD-883		
		A	B	C
在封装以前进行目视检查(放大倍数为30×～200×)	缺陷焊点、杂质、芯片表面缺陷、导线焊点位置	100%	100%	100%
稳定性烘焙	硅片缺陷、金属化(metalization)缺陷,稳定电气参数	100%	100%	100%
温度循环	封装密封件缺陷、缺陷焊点、开裂的低层	100%	100%	100%
泄漏试验	封装密封	100%	100%	100%

（续表）

筛选方法	适于剔除的缺陷	筛选水平 MIL-STD-883		
		A	B	C
电气参数试验（在老化试验以前）	表面和金属化缺陷、焊点缺陷、杂质/微粒	100％	100％	100％
老化试验（168h，125℃，同时施加交流电压）	表面和金属化缺陷、焊点缺陷	100％ 240h	100％ 160h	—
电气试验（在老化以后）	参数漂移	100％	100％	—
X射线检查	粒子（particle）、导线焊点位置	100％	—	—

产品的质量取决于对生产过程实施的控制。筛选不能100％地剔除缺陷产品。因而，其他的质量控制措施也应该同时采取。

筛选对可靠性的影响用参数 π_Q 表示。表8－5示出与各种筛选水平相对应的 π_Q 值。这些数据来自于对大量试验和使用数据的分析，它们表明筛选对保证电子系统的可靠性是非常重要的。在美国和英国，对于军用电子设备，B水平筛选是强制性的。B水平筛选也经常用于高质量的商用和工业设备，特别是当它们在恶劣环境中工作时。在可靠性极端重要的场合，例如宇宙飞船、海底电缆转发器和一些医疗电子设备，采用S水平筛选。

表8－5　微电子装置筛选的有效性和成本

筛选水平（MIL-HDBK-217）	规范	π_Q	典型的相对成本
A	MIL-M-38510，Class S	0.5	8～20
B，B-0	MIL-M-38510，Class B	1.0，2.0	
B-1	MIL-STD-883，Class B	3.0	4～6
C	MIL-M-38510，Class C	8.0	
D	没有专门的筛选	17.5	1

第六节　电子产品质量控制

1. 检测方法

在电子设备生产中一般都有差别比较明显的装配阶段，而每个阶段都有专门的检测设备，这些检测设备对质量成本和可靠性往往具有相当大的影响。用于电子设备生产的自动检测设备（automatic test equipment，ATE）可以分成如下主要类型：

（1）元件检测器（component tester）。例如用于对大规模集成电路进行高速自动检测的设备，也有比较简单的设备。

(2)裸板检测器(bare board tester)。在安装元件以前对裸露的印刷电路板(printed circuit board，PCB)进行检测，看是否存在开路或短路情况。

(3)在电路中(in-circuit，ICT)的检测器。将元件焊在印刷电路板上以后，这种检测器通过探针与检测点接触来检测每个元件。

(4)功能试验台(functional tester)。功能试验台可以用于试验装配起来的印刷电路

板或者更高水平的总成，其基本功能包括供电、实现被试件的规定功能并且测量其输出。功能试验台可能是通用的，也可能是专用的。

几乎所有电子功能试验台都是软件控制的。许多试验台是多功能的，例如现代 PCB 功能试验台经常包含 ICT。自动检测设备(ATE)也包含诊断能力。ICT 用于指明有故障的元件和故障的类型，例如电容器短路、集成电路(IC)逻辑故障等。功能试验台具有可操纵探头，可用于隔离故障位置。更加复杂电路的快速发展，也迫使制造商努力提供能够对现代电子系统进行检测和诊断的 ATE(自动检测设备)。一般来说，如果 ATE 的发展赶不上电子设备的发展，对包含现代集成电路的电子系统的检测将十分困难，且成本高昂。

把数字电路设计得具有良好的可检测性非常重要，所以一般需要提供易于接近的检测点，设置用于检测所有功能或诊断特定失效原因的额外电路。可检测性设计将会对质量成本和将来的维修保养成本具有重要影响。

一般来说，一个缺陷被探测到得越早，进行处理所需要花费的成本就越低。例如，如果一个有缺陷的元件在进行元件检测时被探测到并被拒绝，所造成的成本也就是元件的成本。如果直到进行印刷电路板(PCB)功能试验时才发现这个有缺陷的元件，则进行处理所需要的成本将包括进行诊断和修理的时间、打断生产、重新进行试验和写额外的文件等所涉及的成本。经验指出，在元件检测、PCB 检测、ICT、功能试验及使用等不同阶段发现缺陷，进行处理所需要花费的成本以 10 的倍数变化，即每发现晚一个阶段，成本就增大 10 倍。因而，任何检测战略都应该着眼于尽可能早地探测到和纠正缺陷。

当然任何检测都不可能 100％地探测出缺陷。例如，一个带缺陷的元件可能侥幸通过元件检测和 ICT(电路内检测)，而在功能试验时失效。有时存在这样的争论，即在早期检测阶段发现的缺陷(例如刚好在规范限以外)并不一定引起以后的失效，因而早期检测阶段有点儿过度有效了。但是，这种看法忽视了如下事实，即这种在规范限附近的元件在以后失效的可能性比较大，很可能在产品使用中发生失效，造成高得多的代价。

由于在任何制造阶段都有可能引进缺陷，所以仅依靠早期检测也是不行的。图 8－13 示出一些典型的检测流程安排。在图 8－13a 所示的检测流程中包括所有的检测阶段，即企业执行所有的检测阶段。在图 8－13b 所示的检测流程中，企业依靠其供应商提供经过检测的元件和印刷电路板(PCB)，自己仅进行功能试验(FT)，并且应用 ICT(电路内检测)对不能通过功能试验的印刷电路板(PCB)进行诊断。不同的战略适用于不同的具体情况。

应该不断地监控检测结果，以确保控制和降低成本。随着时间的延长不可避免地会出现变差。分析在较晚阶段发生失效的原因是很重要的，以确定它们是否可以较早地被发现和纠正。引起缺陷的原因应该尽快探测到和予以消除，这就要求具有一个反应快速的数据收集和分析系统。一些 ATE(自动检测设备)包含数据分析功能，有些企业在不同检测站之间建立了数据网络。

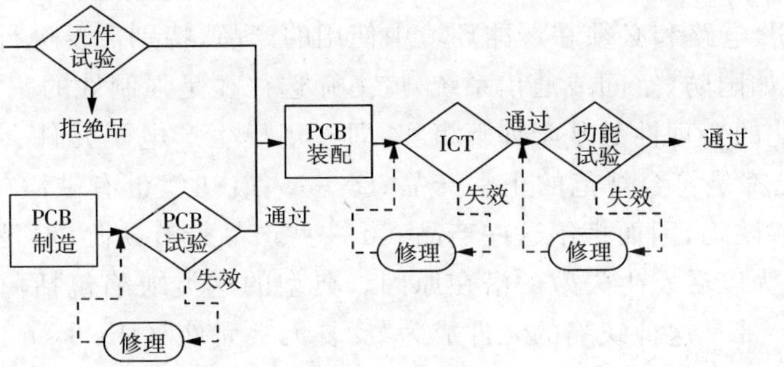

a)企业执行所有检测阶段

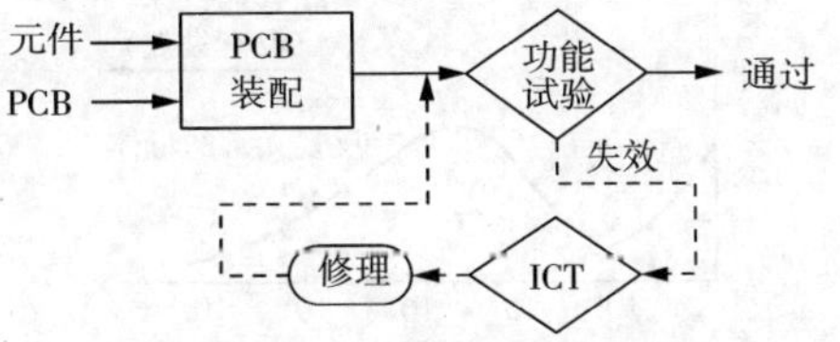

b)企业依靠供应商提供检测的元件和印刷电路板

图 8-13　典型的电子设备检测流程安排

2. 连接点的可靠性

在印刷电路板上的焊点通常数量比较大。对于需要进行长期储存的设备，或者必须在严重振动、温度循环或腐蚀环境中工作的设备，焊点的质量特别关键。

在进行功能试验时几乎总可以探测到所有的开路和短路，但是通过了最初的目视检测和功能试验的焊点可能在使用中由于腐蚀或疲劳而发生开路失效。为了保证焊点的可靠性，主要采用如下措施：

(1)过程控制。对焊料温度、软焊涂料、焊接时间、通量(flux)及 PCB 清洗等进行控制。

(2)元件安装方式。焊点不应该用于提供结构支承，特别是在受到振动或冲击的设备中，也不应用于支承具有比较大质量的零件，如某些电容器。

(3)元件准备。元件的引线必须干净且可以被焊料湿润。敞开放置几天的元件，或者包装起来存放了 6 个月以上的元件需要特别注意，因为引线上可能形成氧化层，其会降低可焊性，特别是在波焊机中(所有焊点都在焊波中经过同样时间)。如果需要，应该对这样元件的引线在装配以前进行清洗和重新镀锡。对所有元件都应该进行抽样，检测其可焊性，并且离进行正式焊接的时间越近越好。

(4)焊点检验。目视检验焊点的方法一般可以检出 80％的不符合目视检验标准的焊点。满足外观要求的焊点也可能是不可靠的。如果采用自动检测开路和短路的方法而不是采用 100％的目视检验，将不会发现以后会发生失效的位于规范限边缘的元件。

3. 应力筛选

应力筛选(stress screening)也称为老化(burn-in)。应力筛选是一个过程，在不损坏正常产品的情况下使将会造成缺陷产品失效的应力加速出现，从而加速缺陷电子元件和总成的失效。元件老化是降低生产质量成本和改进可靠性的有效措施。对于大规模和超大规模集成(LSI和VLSI)电路和必须在严酷环境中使用的产品,特别需要进行应力筛选。对于高可靠性的系统(例如国防、空间或通信系统)应力筛选往往是强制性的。

进行元件老化的合理性是基于如下事实,即大规模生产电子元件会造成三类不同的产品:① 大部分产品都是符合规范的正常产品;② 一些最初就带有缺陷的产品,在检测和试验中可以发现这些缺陷,因而拒绝这些产品;③ 一些产品带有缺陷,但是它们将通过检测和试验,这些缺陷成为以后发生失效的潜在原因。典型的这类缺陷包括薄弱的焊点、杂质、不密封的密封件等。带有这种缺陷的元件成为"反复无常元件"(fFeaks)。图8-14示出上述三类元件的寿命分布规律。进行老化的目的是在生产中能够发现和剔除上述两类缺陷产品,以避免它们在使用中发生失效。

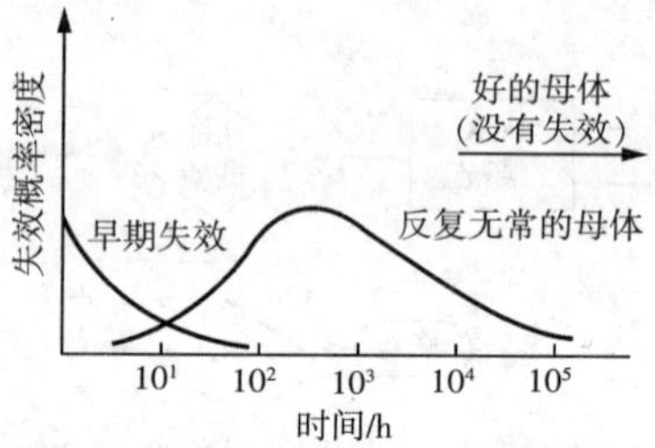

图8-14 三类元件的寿命分布规律示意图

对于集成电路的常用老化条件是在125 ℃的温度下通电168 h,在此过程中同时进行监控。集成电路的老化可以是静态的(反偏压、功率、开关),也可以是动态的,即利用专门的老化驱动电路施加所有载荷模式。与静态老化相比,动态老化更有效,但是成本也更高。对于大规模和超大规模集成电路应该考虑采用动态老化。

典型军用产品的老化时间是168 h,而民用产品的老化时间一般比较短,典型的数据是30~48 h。老化温度也是可以变化的,例如一些军用产品的老化温度为250 ℃。通过分析主要的失效模式和引起它们的能量以及分析老化过程中收集的数据,可以得出最佳的老化条件。

电子设备的老化一般在专门的老化炉中进行,老化炉用于提供需要的环境条件,例如温度等。许多经验都表明,进行50~150 h的设备老化可以有效地发现80%~90%的元件和生产引起的缺陷,例如焊点缺陷、元件漂移、错装及弱元件等,可以使失效率降低到原来的1/2~1/10。设备老化的有效性取决于环境循环的强度和以前进行的质量控制方法的有效性。但是,由于设备老化温度很少超过70 ℃,所以不应该依靠这种方法筛选有缺陷的集成电路。

如果在老化过程中发现的缺陷很少,这可能是由于环境循环的强度不够,也有可能是因为正在老化的产品可靠性已经很高。对于在老化过程中发现的失效都应该进行研究,以确定质量控制方法是否可以更早地(最好能在装配以前)就发现或预防它们。进入老化阶段以后,对于所发现的失效进行处理成本很高,因而应该尽可能避免这种情况。主要的方法就是在生产过程中采用有效的质量控制方法,使得在装配中采用的几乎都是高质量的元件。但是,对于比较复杂的设备或可靠性要求比较高时,通常必须进行设备老化。

设备老化的成本比较高，其应用必须得到认真监控。应该不断地分析老化失效数据，为进行必要的改进提供帮助，例如优化老化的工作条件和持续时间。

在制订生产检测和试验战略时必须考虑元件和设备老化。作为综合质量保证方法的一部分，老化本身的成本，老化对减少使用失效、降低使用成本的影响，老化与其他检测和试验、质量控制方法之间的关系都应该进行仔细评价。这种评价应该基于可靠性要求和在使用中失效时可能造成的成本。老化将确保在产品出厂以前能够探测出制造质量问题，因此可以及时进行纠正，以防它们影响随后生产的产品。在大规模生产的情况下，特别是在大规模生产商用和家庭用设备的情况下，有时为此目的进行样本老化，而不是全数老化。

第七节　汽车电子承受的载荷

安装在汽车上的各种电子元器件所承受的载荷一般包括：①电压；②电流；③温度；④湿度；⑤机械振动和冲击；⑥腐蚀性介质（气体、化学剂）的作用；⑦灰尘、砂子和盐；⑧干扰电压；⑨电磁场和电磁波。

汽车电子元器件所承受的往往是复合载荷，这些载荷一般对零部件和仪器的影响也各不相同，其作用过程和产生的结果也与非电子/电气器件不同。

在对电子/电气器件进行的实验室试验中，通常把上述影响因素分开研究。其中，最重要的环境载荷参数是温度。经验表明，温度的升高会加速失效。

电子元件的失效率与温度的关系可以用 Arrhenius 模型描述：

$$\lambda_b = B \cdot e^{-\frac{E}{kT}}$$

式中：λ_b——失效率；

E——激活能，eV；

k——玻尔兹曼常数（$1.38\times10^{-23}\,\mathrm{J\cdot K^{-1}}$或$8.63\times10^{-5}\,\mathrm{eV\cdot K^{-1}}$）；

T　绝对温度，K；

B——一个与产品有关的常数，即温度 T 的升高会引起失效率 λ 的升高，并且可以利用式进行定量计算。

在上式中，需要确定参量 E。一般这样确定参量 E：分别在两个温度 T_1 和 T_2 下进行加速试验，得到两组试验数据；分别对这两组试验数据进行分析（假定寿命服从指数分布），得到相应的失效率 λ_1 和 λ_2。则

$$\lambda_1 = B \cdot e^{-\frac{E}{kT_1}}$$

$$\lambda_2 = B \cdot e^{-\frac{E}{kT_2}}$$

$$\frac{\lambda_2}{\lambda_1} = \frac{B \cdot e^{-\frac{E}{kT_2}}}{B \cdot e^{-\frac{E}{kT_1}}} = e^{-\frac{E}{kT_2}} e^{\frac{E}{kT_1}} = e^{-\frac{E}{k}(\frac{1}{T_2}-\frac{1}{T_1})}$$

$$-\frac{E}{k}(\frac{1}{T_2}-\frac{1}{T_1}) = \ln(\frac{\lambda_2}{\lambda_1})$$

$$E=-\frac{k}{(\frac{1}{T_2}-\frac{1}{T_1})}\ln(\frac{\lambda_2}{\lambda_1})$$

在已知 E 时，便可以根据在温度 T_1 或 T_2 下进行试验所得到的失效率 λ_1 或 λ_2，计算在任意温度 T 下的失效率 λ。从式可以得到

$$\lambda_2=\lambda_1(\mathrm{e}^{-\frac{E}{kT_2}}\mathrm{e}^{\frac{E}{kT_1}})=\lambda_1\cdot\mathrm{e}^{-\frac{E}{k}(\frac{1}{T}-\frac{1}{T_1})}$$

所以

$$\lambda=\lambda_1\cdot\mathrm{e}^{-\frac{E}{k}(\frac{1}{T}-\frac{1}{T_1})}$$

或

$$\lambda=\lambda_2\cdot\mathrm{e}^{-\frac{E}{k}(\frac{1}{T}-\frac{1}{T_2})}$$

【例 8-3】 对 750 个车用硅晶体管在 150 ℃下进行 1000 h 的存放试验。试验结束时，有 7 个发生失效。已知硅晶体管的激活能 $E=0.65$ eV。试求 40 ℃时的失效率。

解：150 ℃时的失效率为

$$\lambda_2=\frac{7}{750\times1000}=9.33\times10^{-6}(h^{-1})$$

$$T_{t2}=273+150=423\mathrm{K}$$

$$T=273+40=313\mathrm{K}$$

$$\lambda=\lambda_2\cdot\mathrm{e}^{-\frac{E}{k}(\frac{1}{T}-\frac{1}{T_{t2}})}=9.33\times10^{-6}\times\mathrm{e}^{-\frac{0.65}{8.63\times10^{-5}}(\frac{1}{313}-\frac{1}{423})}=1.79\times10^{-8}(h^{-1})$$

由温度决定的强化试验可以用于对元器件和仪器进行预先老化处理(burn-in)。在比较高的温度下经受一段时间的试验以后，可以把发生早期失效的产品剔除掉，使剩下的产品具有恒定的失效率。

在温度变化比较大的工况下，部件和仪器可能会由于热变形产生机械应力，从而引起失效，如发生半导体连接处断裂、外壳密封性变坏等。

潮湿会引起电气部件的变化，这一般是由于水蒸气通过微孔或者扩散进入部件内部、引起物理化学反应所至。这种反应造成的结果是引起泄漏电流、击穿电压降低、绝缘材料膨胀和腐蚀等。潮湿和化学残留物或存积物侵蚀失去保护的电气部件，如导线、接点和焊点等，引起短路、分流和断路。非密封性的外壳会引起仪器内部的湿度提高。其原因在于，壳体内部温度的变化导致吸入潮湿空气，而由于壳体内、外空气流通受到严重阻碍，使得潮气散发速度很慢，从而导致壳体内部的湿度增大。在这种情况下，一个完全敞开的外壳要比一个几乎密封的外壳更好。

机械冲击和振动负荷会造成部件材料疲劳、连接线的断裂或松脱。在实验室中进行机械冲击和振动试验，有助于发现连接件、焊接点和导线的弱点。

本章小结

本章介绍了电子元器件的失效率特点及失效率曲线，电子器件降额使用的概念与技术，在此基础上，阐述了微电子产品筛选方法及水平，电子产品质量控制方法。

电路与系统可靠性设计包括尽可能采用优选电路的原则、尽可能简化原则、最坏情况设计、电路漂移分析、元器件误差统计分析、稳定性及过渡过程的分析、电子设备热设计、电磁兼容性和静电损坏、冗余设计等。

参数优化设计介绍了三次设计理论，即系统设计、参数设计及容许差设计。

通过对汽车电子零部件承受的各种类型载荷的介绍与分析，从而能够使设计者有针对性地采取可靠性设计方法，提高产品的可靠性。

思考与练习

8-1 对一个单管放大器经过测量后得出如下数据：

(1)正常输出信号电压为 2 V；

(2)B_+ 改变影响输出信号，改变是 0.03 V/V；

(3)灯丝电压改变影响输出信号，改变是 0.08 V/V；

(4)B_- 改变引起输出信号，改变是 0.005 V/V。

假定灯丝电压改变＋1 V，B_- 电压改变＋3 V，B_+ 电压改变＋2 V，这里输出信号电压应为多少？

8-2 今有 6 个 2000 Ω 电阻串联，而每个电阻的容差分别为±1%，±2%，±3%，…，±6%，假定每个容差都服从正态分布，那么 6 个电阻串联后的系统容差应是多少？其百分比误差为多少？

8-3 一个甲类放大器的最大输出功率为

$$W=\frac{I_p^2R_1}{2}$$

这里 I_p 为直流屏极电流，R_1 为负载电阻，若电流的容差为±4%，R_1 的容差为±8%，那么总的输出功率容差应为多少？这里假定是正态分布及容差为±3σ。

8-4 某一放大器初始增益为 0.96，已知它是指数的衰减，并服从下式：

$$g(t)=96.0\mathrm{e}^{-0.0012t}$$

t 是以小时计算，找出该放大器有 25%可能性不能工作的时间。如果增益时间的分布在初始时是 96±8 表示，±8 表示±3σ 的值，当 g 为 70 时放大器即不能工作，请找出失效阈值所发生的时间。

8-5 某工厂生产的稳压器输出电压的标称中心值 m＝220 V，功能界限为 Δ＝10 V，设 D＝100 元，A＝10 元。问当该厂生产的一台稳压器输出电压为 225 V 时，该稳压器能否使用？是否可作为合格品出厂？若其不合格也出厂，会给社会带来多大损失？

第九章 可靠性管理基础

内容提要:本章主要介绍可靠性管理的基本概念、目的及意义、主要内容及相关管理办法。

第一节 引 言

可靠性工作包括可靠性工程技术与可靠性管理两个方面。一切可靠性工程技术活动都要由可靠性管理去规划、组织、协调、控制与监督。因比可靠性管理在所有可靠性活动中处于领导和核心地位。

可靠性管理就是在时间和费用允许的基础上,为了生产出满足用户要求的高可靠性水平的产品,在设计、研制、制造、使用和维修的全部过程中,所采取的一切组织、计划、协调、控制与监督等工作。

国外对可靠性管理工作相当重视。20世纪50年代,美国国防部及某些公司就建立了可靠性管理及研究机构。60年代开始重点研究如何改善可靠性管理;如何在公司、研究机构中加强可靠性管理,设置合适的可靠性组织机构、制定可靠性计划;如何在设计、研制、生产及使用等各阶段保证可靠性,确定可靠性或系统有效性与费用的关系;如何更有效地利用可靠性数据;如何培养可靠性专业人员等。美国可靠性管理标准MIL-STD-785《系统与设备的可靠性大纲要求》中的第一句话就是:"军用系统所具有的可靠性,直接取决于所规定的可靠性要求及管理部门在整个寿命周期内对可靠性重视的程度。"国际电工委员会IEC-300文件指出:"可靠性管理是任何工业系统在生产可靠性产品时,有关公司必须采取的方针,即作好可靠性计划、管理和技术规范的研究、采纳及应用,这是保证用户对产品可靠性最低要求所必须的。"

我国在吸收国外先进经验的基础上,针对我国具体情况,正在采取措施加强可靠性管理工作。它主要从两方面进行:一是国家、省、市行政部门的可靠性管理;二是加强企业的可靠性管理。国家行政部门的可靠性管理是通过自上而下的领导和干预以推动我国可靠性工作的开展及不断地深入,它包括政策法规、行政条例、国家与专业标准、管理体制、规划、指标考核、基础研究、计量、检查监督、质量跟踪、国家与行业情报收集与交换、质量认证、安全性认证、生产许可证、评审诊断、创优评比、技术交流及教育培训等。企业可靠性管理包括方针目标、规章制度、企业标准、组织机构、可靠性计划、指标考核、应用研究、设计与评审、质量认定、工序控制、试验监督、质量跟踪、维修服务、全寿命周期费用分析、情报数据收集与应用、技术交流以及教育培训等。

可靠性技术与可靠性管理两者之间必须紧密结合。没有可靠性技术，就谈不上可靠性管理。只有可靠性技术，没有可靠性管理，可靠性技术便不能得到迅速而有效地实施。

第二节　可靠性管理的目标和内容

一、可靠性管理的目标

制定可靠性方针与目标的依据是：用户（或合同）要求；市场需求与市场调研成果；用户信息反馈资料；同行业产品的可靠性水平和可靠性资料；国家规定的技术标准与法规；本单位的资金、技术、设备和引进技术的可能性；上级公司或股东对单位的各项要求或制约因素。

可靠性管理工作的目标应围绕着提高可靠性水平而开展。应杜绝致命故障，防止严重故障，延长保修周期，降低索赔，降低故障率，减少维修，延长预防性维修周期，改善维修性，降低维修时间与费用，不断提高平均寿命或平均故障间隔，减少易损件数量，合理确定产品报废周期，以社会效益和市场竞争能力为主，在确保可靠性目标的前提下降低生产成本。

二、可靠性管理的内容及特点

可靠性管理的内容涉及面甚广，它既与工程设计、生产制造、质量管理等部门有关，也与人事、教育、采购、销售及服务等部门有关。下面介绍可靠性管理的主要内容。

(1)建立可靠性管理机构。可靠性这一新学科涉及许多不同的技术领域，需要各级领导重视并建立相应的可靠性组织机构。国家各部委应设立专门的机构，或责成指定的司、局、处负责抓可靠性管理工作，还应成立相应的可靠性研究机构（如可靠性研究中心）归口抓行业的可靠性管理工作。企业也应设立可靠性管理机构，可由总师办主管，有专人负责。关于可靠性管理机构的设置情况将在后面介绍。

(2)制定可靠性计划。可靠性计划又称可靠性大纲，是开展可靠性工作的纲领性文件。它是产品研制、生产、使用及计划的一个重要组成部分。它包括为使产品达到预定的可靠性指标，在研制、生产、使用等各阶段的任务内容、进度要求、保证条件及为实现计划的组织、技术措施等。

(3)抓好设计的可靠性管理。设计阶段为可靠性奠定基础，制造阶段则保证可靠性实现。产品的可靠性主要是设计阶段赋予的，必须从设计阶段就开始开展可靠性活动。设计阶段的可靠性管理内容主要有：

① 明确设计工作职责，严格贯彻责任制；

② 编制企业“新产品开发程序”及实施细则，采用定量方法来评定产品设计优劣和水平，鼓励和督促设计人员采用新技术，提高产品可靠性；

③ 贯彻上级和企业可靠性标准及文件；

④ 规定设计人员必须采用可靠性设计方法和措施（对某些产品，主管部门可根据需要规定不进行可靠性设计不准投产）；

⑤ 请有关专家对设计进行评审，在费用允许的范围内找出设计方案、可靠性、功能制造、使用性、维修性及安全性等方面存在的潜在问题；

⑥ 新产品的样机鉴定。可靠性试验和管理部门应对样机进行严格的可靠性试验。必要时将样机送用户处去运行、以获得现场使用数据和评价，进而修改和完善设计；

⑦ 为提高老产品的可靠性所进行的设计改进(方法有变更零部件、元器件类型，使用较高可靠性的零部件，降额使用技术，采用并联贮备，工艺上对零部件、元器件严格筛选，对部件或整机进行跑合试验，出厂前排除早期故障等)。

(4)搞好制造阶段的可靠性管理。设计和制造共同决定了产品出厂时的固有可靠性。设计所决定的可靠性如果在制造阶段不采取管理措施，没有先进的技术、设备和工艺来保证，就会引起可靠性退化，降低产品可靠性。制造阶段可靠性管理的基本目的是掌握、评价和控制在加工、装配、搬运、保管和运输过程中可能影响可靠性的因素，以保证达到设计要求的可靠性。制造阶段可靠性管理的主要内容有：

① 企业应建立一套完整的质量和可靠性保证体系，如组织机构、岗位责任制、质量记录等以保证质量和可靠性目标的实现；

② 审查全部技术文件，采用先进的设备和工艺；

③ 建立严格的材料、零部件及元器件的入厂检验制度；

④ 对主要的外购件、外协件供应厂家必须进行质量评审，有评审制度和管理办法；

⑤ 建立严格的试验、检验、筛选及调试制度，确保产品的质量和可靠性；

⑥ 有完备的可靠性技术文件，文件应包括产品的技术标准、对原材料及外购件的要求、完整的仪器设备装校规程、检验规程、工艺质量保证体系、使用说明书等；

⑦ 推行新工艺，对能保证产品高质量、高可靠性的工艺应实行标准化；

⑧ 建立严格的工具、量具、卡具及测试仪器的管理制度；

⑨ 加强包装、保管、运输的管理；

⑩ 对工作人员进行严格的培训，进行理论与操作的考核，合格者才可上机工作。

(5)搞好使用维修的可靠性管理。如前所述，设计为可靠性奠定基础，制造保证可靠性实现，而使用维修则是维持可靠性水平。设计和制造所赋予的产品固有可靠性，在运输、储存、使用及维修过程中会由于各种因素发生退化，而使产品的使用可靠性下降。只有搞好使用维修的可靠性管理，才能保证产品较长期的稳定运行，维持出厂时的可靠性水平，延长产品的有效寿命。使用维修管理的内容有以下几点：

① 建立维修组织，明确岗位分工，开展维修人员的技术培训及业务考评；

② 以故障分析及维修规律为基础，针对不同的产品确定不同的维修方针，即什么情况采用预防维修，什么情况采用事后维修、视情维修等；

③ 制订维修计划，包括维修周期的确定、维修过程、维修人员配备、备品备件及维修费用等方面的计划；

④ 制定维修方法，它包括建立维修规章制度、维修标准及检查验收办法；

⑤ 搞好使用维修信息反馈工作，它包括作好维修记录进行故障分析、数据分析，为改进设计提供科学信息。

(6)搞好可靠性增长管理。可靠性增长是研究随着产品的设计、研制、生产等各阶段工作的逐步进行，产品的可靠性特征量逐步提高的过程及规律。搞好可靠性增长管理，才能把握产品质量和可靠性指标在不同阶段的水平和增长速度，并预测可能达到的目标。

(7)进行可靠性认证。可靠性认证是对可靠性有要求的产品质量进行认证的重要组成部分。它是由生产方、使用方以外的第三方对生产方的可靠性组织、管理及产品的技术文件进行审查,对产品进行可靠性试验,以确定产品是否已达到所要求的可靠性水平。

(8)制定、推行、贯彻可靠性标准和规范,组织编写可靠性工程手册等技术文件。

(9)建立可靠性和维修性数据库。企业应建立自己产品的数据库,行业应建立可靠性数据中心,国家各部委应建立可靠性数据交换网。

(10)开展可靠性工程技术的教育与培训。在现代工业生产中,可靠性是产品质量的核心。若想生产出高可靠性的产品,必须从产品的开发、设计、试制、生产到使用维修的全寿命周期内应用可靠性技术,推行可靠性管理。而可靠性技术及可靠性管理均强调人的因素,没有大批可靠性技术和管理的人才是不可能研制和生产出高可靠性产品的,也谈不上可靠性管理。因此,开展可靠性教育,培养大批可靠性专业人才是十分重要的。为此高等工科院校目前所面临的任务是使学生学习一定的可靠性工程基础知识,培养掌握可靠性学科的专业人才。要大力开展短期培训工作,对企业经理、厂长、总工程师、设计师、工艺师、质量检验工程师、管理工程师以及质量检验员、外协人员、产品加工、组装、试验人员、用户的运行人员及保养维修人员等都应进行不同层次的可靠性技术和管理方面的教育与培训。

可靠性管理有如下几个特点:

(1)可靠性管理十分强调人的因素,各级领导要重视,企业全体人员要密切配合。

(2)产品全寿命周期内的可靠性活动是一个整体,必须全面计划、统筹安排、相互协调、各尽其职。厂方与用户、企业内不同的部门、制造厂及协作厂等应统一思想,统一目标,为提高产品可靠性共同努力。

(3)可靠性管理不但注重产品的静态特性,还应注重产品的动态特性,即产品的性能参数随时间变化的规律,注意产品全寿命周期内各种质量指标,包括可靠性指标的变化特点。

(4)以失效分析为基础,以统计分析为手段,不断地进行产品的失效分析、现场及试验数据的统计分析、技术情报的交流及信息反馈,为提高产品的可靠性提供科学依据。

(5)采用事前评价、预测、试验等先行分析方法,利用数据中心进行情报的集中管理,促进技术储备和利用。

三、可靠性管理与质量管理

质量管理是为保证与提高产品质量所进行的调查、计划、组织、协调、控制、检验、咨询、诊断、处理及信息反馈等各项活动的总称。而可靠性管理是在时间和费用允许的基础上,为生产出满足用户要求的高可靠性产品,在设计、研制、制造、使用和维修的全部过程中所采取的一切组织、计划、协调和控制等工作。两者之间有共同点,也有区别。如果从企业活动的观点来看,可靠性管理与质量管理的最终目标是一致的,都是竭尽全力生产出高质量和高可靠性的产品以满足消费者的要求。可靠性是产品质量的一个重要组成部分,无视可靠性,产品质量就不会高;质量管理体系中存在不符合可靠性管理目标的内容,这种质量管理也是不健全、不完善的。

事实上,国外所推行的质量管理(QC)也是在不断地发展和完善的。在质量管理基础上发展起来的全面质量管理(TQC)以及在 TQC 基础之上发展起来的质量保证(QA)都包含有可靠性管理的内容。在 QA 的质量定义中,明确包括了可靠性指标,即质量=狭义的质量+可靠性。质量保证的任务基本上有四点:①满足用户要求的质量特性;②防止不合格品出厂;③保证产品的寿命和可靠性;④预防故障发生的对策。这和可靠性管理的目标基本上是一致的。从20世纪70年代起，日本就将可靠性和质量保证融合在一起，将可靠性作为质量保证的一个重要组成部分，在质量保证的每个阶段中，都加强了可靠性环节。国外可靠性与质量管理的关系基本有两种形式：一种是两者融合在一起，将可靠性作为质量保证的扩充；另一种是可靠性与QA并行存在。不少企业设有可靠性中心、可靠性委员会等机构以保证生产出高可靠性的产品。

从另一个角度分析，可靠性管理与质量管理还是有区别的。一般来说质量管理着眼于产品的制造，它注意产品所选用的原材料，注意制造工艺的波动和加工零件的质量波动等制造因素。因此质量管理是以生产过程为中心，控制产品的性能指标达到设计标准。最后以出厂合格率进行评定。参加质量管理主要是产品的制造及检验部门。它所关心的是产品出厂时的质量即$t=0$时刻的质量。

可靠性管理则着眼于产品的寿命、时间品质，关心产品在使用条件下的故障率、平均寿命等可靠性指标。它是通过试验和现场使用数据信息发现、反馈故障信息，以事前设计、分析为中心对故障进行预测和预防，保证可靠性指标的实现。如果以产品制成的时间为起点，可靠性管理则关心$t>0$时的产品质量，即产品在规定的条件下使用时所表现出的时间品质。因而，参加可靠性管理活动的部门包括设计、制造、试验、使用、维修及服务等部门，强调全过程的管理。

我国目前在企业中也推行TQC，按理说这和可靠性管理是一致的，但实际上我国目前推行的TQC主要精力还是放在以生产过程为重点的管理上，主要还是靠产品检验把关，考核产品出厂前的质量。因此要提高产品的可靠性，除了要健全和加强现有的质量管理系统外，还要建立可靠性管理体系，将可靠性纳入产品质量指标中加以管理。

第三节　可靠性管理组织机构与人员职责

为了有效地推动可靠性工作，把各项指标落到实处，必须建立可靠性工作的领导和管理机构，统一领导与组织可靠性管理大纲的制定与实施。国家需要建立国家级的有权威的可靠性管理机构，统一领导制定规划与各项方针政策，工业部和省市级也应有相应的管理机构与职能机构，使得可靠性工作做到“五统一”和“五保证”，即统一认识、统一目标、统一计划、统一指挥、统一行动，落实组织保证、经费保证、制度保证、技术保证、物质保证，从而充分调动各方面的人力、物力资源和人的积极性。

一、企业可靠性管理机构编制原则与注意事项

机构编制的一般原则有：

(1)建立可靠性管理机构时，从机构的规模、机构的设置、人员的挑选及规定权限等方面，都应能保证其有效地履行自己的职责。

(2)可靠性管理机构与其他的生产、经营、质量、标准化及销售等管理机构要有机地配合，进行综合、有效的工作，经常密切联系、互通信息和协调工作。

(3)可靠性管理机构要有较高的业务能力和技术水平，其成员不仅具有监督和评价可靠性活动的权力，还应有计划、管理、指导以及参与实施可靠性活动的能力和水平。

建立可靠性管理机构的注意事项：

(1)先开展可靠性活动，后建立可靠性管理机构。

(2)先建立临时机构，后成立正式机构。

(3)可靠性管理机构可以是一级管理，也可以是二级管理。无论建立什么样的管理机构，都要有利于生产线上可靠性活动的开展。

(4)可靠性管理机构的形式和职责不是一成不变的，应根据各种条件的变化作相应的调整和改进。

(5)可靠性管理机构必须放在企业的上层，直属最高领导管辖，以使得到最高领导的理解和支持。

二、企业可靠性管理机构组成模式

企业建立可靠性机构，可以根据本企业的特点，参照图 9－1、图 9－2 和图 9－3 的组织机构形式建立起符合本企业发展所需要的可靠性组织机构，图中带箭头的实线表示管理关系，虚线表示指导关系。应该明确，企业的可靠性机构的组织形式是多种多样的，不会也不可能有一个统一的或者说是最佳的组织形式。企业应根据自己的性质、特点，规模、经营品种及管理水平等条件，随着企业的不断发展和对可靠性认识的不断加深及可靠性工作的不断深入，以及管理水平的不断提高，建立一个与之相适应的组织机构。并且从无到有，由小到大，由粗到细，不断发展，不断完善起来。对某一个企业来说，能够适应企业发展的需要，能够有效地促进和保证本企业可靠性工作持久地开展起来，能够有效地推动和保证本企业产品质量与可靠性水平不断提高的可靠性机构，就是所谓理想的或最好的可靠性组织机构。当然这种机构不是一成不变的，始终是处在既是相对稳定，又要及时调整和不断完善的过程中。本书推荐的 3 种组织机构形式中，其中图 9－1 是针对公司或大厂提出的，而图 9－2、图 9－3 是针对中小工厂和研究所提出的。推荐的管理体制是从我国当前的实际出发的，至于图中关键部门的职责则参见下文。

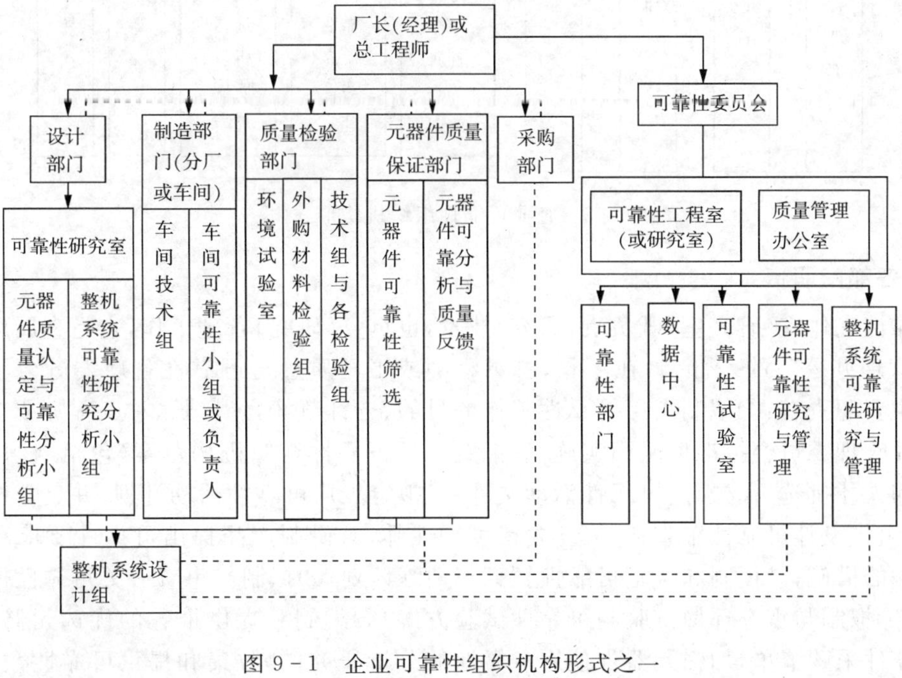

图 9－1 企业可靠性组织机构形式之一

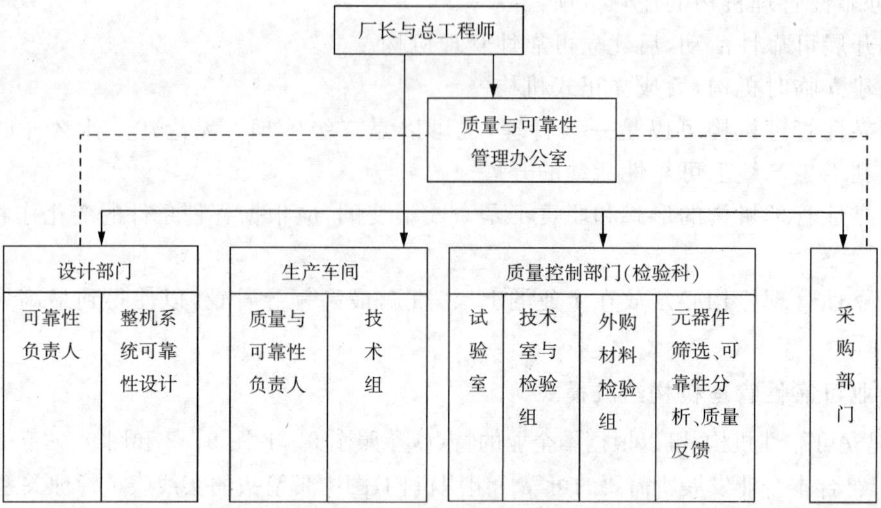

图 9-2　企业可靠性组织机构形式之二

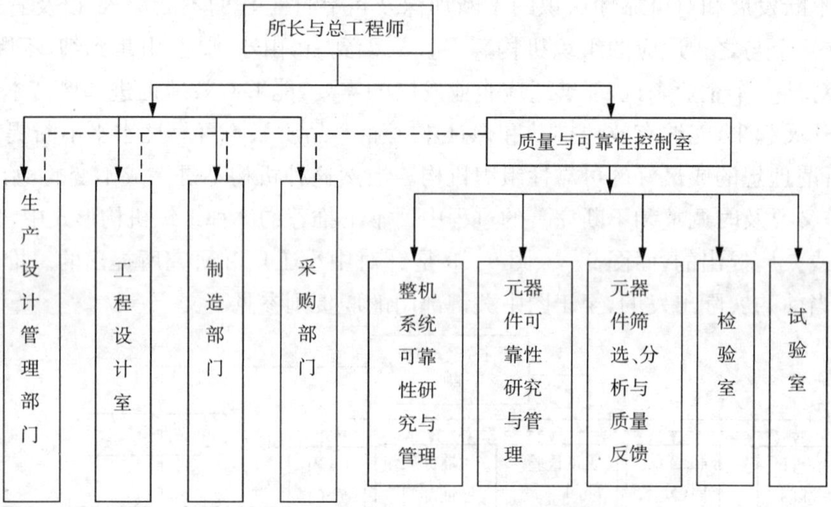

图 9-3　企业可靠性组织机构形式之三

三、各部门职责

可靠性工作室(研究室)既负责(研究)技术，也负责(研究)管理工作，它是直属厂长领导的质量管理办公室的一部门，在厂长、总工程师或工厂质量与可靠性管理委员会领导下工作。其主要职责有：①拟制工厂可靠性工作的目的、方针草案，经厂长、总工程师或工厂质量与可靠性管理委员会批准后全面实施；②拟定工厂可靠性组织机构草案(包括组织形式、人员编制和人才挑选)；③拟定可靠性活动文件；④拟定工厂可靠性活动计划，并负责检查监督实施；⑤组织设计可靠性审查；⑥设立主持可靠性师，对研制产品提出可靠性要求和实施可靠性技术的措施；⑦拟制和实施可靠性教育与训练计划；⑧拟制与审查有关可靠性标准和技术规范；⑨拟制与审查环境试验与可靠性试验方案；⑩编制和提供推荐的优选元器件手册，认可元器件采购清单，加强元器件使用可靠性的分析研究；⑪收集和提供可靠性数据分析、调查和结果；⑫协调各部门可靠性工作；⑬加强可靠性技术与管理的交流；⑭对可靠性试验室提出建议和实施管理；⑮定期向厂长、总工程师或工厂质量与可靠性管理委员会汇报工作，及时完成各项任务。

厂长、总工程师或可靠性委员会领导全厂可靠性工作。其主要职责有：①审查和批准全厂可靠性活动目标方针；②审查和批准可靠性组织的编制、职责和权限；③审定和配置可靠性工作人员；④筹集资金和审查经费的使用情况；⑤主持制订或审批可靠性活动的基本文件；⑥批准各车间、科室，工程或产品的可靠性计划，并定期审查其实施结果。

设计部门可靠性研究室(组)的权限和职责：①执行上级下达的可靠性设计任务和计划，拟制本部门的可靠性计划(草案)；②负责本部门的可靠性教育；③负责本部门工程项目或研制产品的总体可靠性设计。例如，确定可靠性指标，确定总体可靠性方案和进行可靠性指标的论证，拟制产品可靠性设计任务书，对产品可靠性设计进行审查等；④审查产品外购件清单，对重要的设计文件和图纸进行会签；⑤拟制产品可靠性试验方案；⑥ 协助解决产品生产中出现的可靠性技术问题；⑦对整机系统进行可靠性分析；⑧拟制有关的可靠性标准和技术规范草案；⑨参加可靠性技术与管理的交流活动；⑩编制和提供适合于本部门工程项目或研制产品需要的优选元器件手册和失效率数据手册；⑪对元器件进行质量认定；⑫进行元器件的可靠性分析；⑬参加可靠性设计评审活动；⑭完成上级交办的可靠性任务；⑮定期向上级领导汇报工作等。

可靠性试验室的职责有：①执行可靠性工程师拟制的可靠性试验方案，负责计划和实施可靠性试验；②在可靠性工程室或设计部门设计工程师和可靠性工程师的指导下，进行失效分析与处理，提出试验结果的分析与试验报告；③对试验室试验设备的管理和建议等。

元器件质量保证部门的职责有：①制定元器件采购规范；②制定元器件试验规范(验收试验和筛选试验)；③元器件试验及数据处理；④提供优选与标准元器件资料；⑤协助选择元器件；⑥元器件失效分析；⑦参加元器件使用中的应力分析；⑧元器件数据交换；⑨进行元器件的质量反馈；⑩参加元器件可靠性技术与管理的交流活动；⑪对元器件运输、贮存技术进行监督；⑫对元器件厂家生产能力、质量保证能力、生产技术水平等进行调查，必要时实行可靠性技术监督。

质量检验部门的职责有：①执行设备工作时间日记制度；②对外购产品进行验收，并提出能否进货的报告；③对本厂生产产品进行检验与可靠性保证试验；④对元器件、部件或设备做质量保证试验及破坏试验，并提出报告；⑤定期对试验设备进行校准；⑥对本厂产品能否出厂提出报告和结论；⑦对产品进行质量分析；⑧进行产品现场使用情况的质量访问和维修；⑨进行质量分析，对设计部门提出反馈意见或改进措施建议；⑩参加质量标准与规范的制定和讨论。

制造车间(车间可靠性小组或负责人)职责有：①执行上级技术部门下达的可靠性任务和计划，拟制本部门的可靠性工作规划并组织实施；②加强质量与可靠性管理，保证产品的制造质量；③加强对工人的质量与可靠性教育；④参加制造过程中质量与可靠性问题的分析活动；⑤定期向上级机关报告工作等。

采购部门的职责有：①严格按照外购件清单的要求，保质保量地进行采购；②严格执行采购制度，择优采购，确保外购件的质量与可靠性；③会同技术部门制定元器件代用制度，并严格执行；④发现制造厂的技术质量或可靠性问题，及时向技术部门报告；⑤向元器件厂提供本厂使用情况报告；⑥参与外购元器件的质量与可靠性分析活动，参与向元器件厂商进行质量反馈等。

第四节　可靠性控制计划

可靠性控制计划是产品研制生产计划的一部分，应该统一计划调度。制订可靠性控制计划时需要考虑的主要因素有：

（1）所要求的系统可靠性水平高低（要求越高，工作安排越细）。

（2）在系统寿命周期内所处的阶段。

（3）技术类别和同类产品的可靠性状况（不同类产品具体要求不同）。

（4）对系统研制计划的其他约束条件，如进度和资金等。

可靠性控制计划根据产品寿命周期的不同阶段而制订。整个产品的寿命周期可分为3个阶段：研制期、生产期和使用期。研制期本身又可分为3个阶段：方案研究、方案验证、工程研制。

一、研制阶段的可靠性控制

（1）方案研究阶段。为了实现总技术要求所规定的基本方案设想，提出并对若干种可能的方案进行对比分析，这时就可开始制订一部分外购件与外协件控制计划，安排部分设计评审，进行一部分可靠性分配和预测，部分功能FMEA，部分应力分析，制订部分元件控制计划，开始制订关键项目清单，开始制订维修方案，如：检修周期、维修范围、故障诊断程序、修理后的检测程序、维修技术水平及可维修性设计等。

（2）方案验证阶段。对几种可能采用的方案进行深入地分析研究，使方案细化，并进行一些必要的试验件的试验和分析，最后确定一种方案进行工程研制。在这一阶段可以开始建立一部分失效反馈、分析和改正制度，更全面地进行可靠性分配和应力分析，开始做一部分环境试验、环境应力筛选、增长试验，并对先行部件做鉴定试验。

（3）工程研制阶段。设计、制造、试验并鉴定整个系统和主要的辅助设备。这一阶段最后要做出正式样件或实际产品（系统），进行模拟使用试验或实际使用试验。这一阶段的可靠性控制工作对产品可靠性的影响最大。

二、生产阶段的可靠性控制

在产品生产阶段应做好以下可靠性管理工作：

（1）制订质量控制计划，即标准的质量控制工作，包括防止可靠性水平下降的方法，入厂检验，工序试验和成品试验程序，环境应力筛选和对工艺流程、拒收率和检验效率的监控等。

（2）外协件控制。

（3）定期全面检查产品生产情况。

（4）失效反馈、分析与改正制度。

（5）关键项目控制。

（6）对设计更改项目应进行FMECA、应力分析等。

（7）验收试验。

(8)可靠性鉴定试验,测定失效率或 MTBF。

三、使用阶段的可靠性工作

在产品使用阶段应该从以下 5 方面做好可靠性管理工作:

(1)数据的收集与分析。故障记录和故障原因的诊断。注意确定哪些是可以从设计上或生产上改正的失效模式。

(2)备件的预测与管理。保证有备件替换损坏的部件。注意,一方面减少库存,另一方面要求维修时间不超出预定时间,备件可集中管理。

(3)人员培训。培训操作和维修人员操纵设备(产品)和进行故障诊断。

(4)使用与维修文件的管理。保证所有操作人员和修理人员能及时得到最新的符合设备实际情况的使用与维修文件。

(5)工具与测试设备的供应。确定维修所需的工具与测试设备,并将其放置在合适的地点,保证能在需要时使用。

另外,在许多情况下,产品的研制生产是按使用方和生产方签订的合同进行的。这时订货方可以采取的控制可靠性的办法有:与生产方共同研究确定各项可靠性要求;在开始研制之前要求生产方提出可靠性大纲和计划;审查生产方的可靠性大纲并监督其执行情况;参加设计评审;要求做可靠性验证;制定奖惩制度等。

第五节　可靠性增长管理

一、可靠性增长

可靠性增长是近年来发展起来的评价产品可靠性的一种新方法。它能动态地分析和评价系统或产品的可靠性。一般来说,产品的研制过程要经过反复地试验—改进—再试验—再改进的过程。在这个过程中,通过可靠性试验发现故障,然后进行故障分析,采取措施改进设计。这种逐步减少故障的比率、试验—改进过程的循环,可以使所研制的产品可靠性水平逐步提高,这个提高过程称为可靠性增长。图 9-4 描述了产品研制、生产阶段的可靠性增长过程。

由图 9-4 可知,早期研制阶段一台新样机所达到的可靠性大大地低于设计要求的可靠性,其原因是存在着初期设计缺陷、工程缺陷及制造中的各种工艺缺陷。因此,在产品设计、研制过程中考察可靠性增长,才能把握产品质量和可靠性指标在不同研制阶段的水平和增长速度,预测可能达到的目标,以便对研制、生产和管理作出合理的安排。

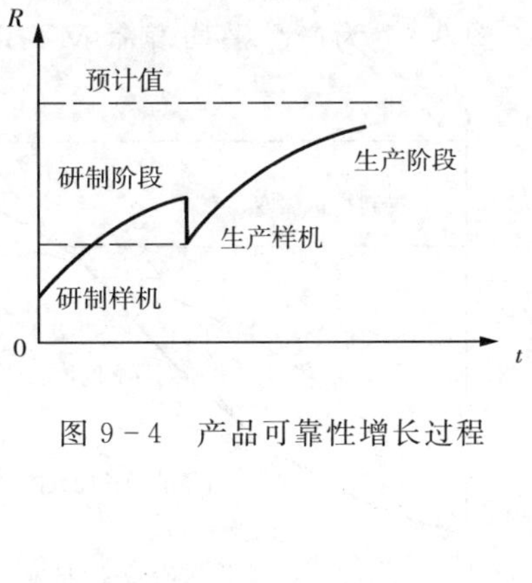

图 9-4　产品可靠性增长过程

二、研究可靠性增长的目的

由图 9-4 可知,不同的研制阶段,产品的可靠性水平也不同。要想在不同的时刻确切地给产品可靠性评价并预测之后可能达到的水平,以指导新产品的研制、生产和管理,就要研究可靠性增长。研究可靠性增长的主要目的有以下几点：

(1)不断地动态评价和分析产品的可靠性水平。

(2)有助于作出产品研制期间的计划，增强产品的质量管理。

(3)可作为设计、研制和生产过程中的一种监控手段，以控制研制进度。

产品的可靠性增长主要受 3 个因素影响：

(1)对产品的故障检测和分析。

(2)对已发现的问题进行反馈和改进设计。

(3)对改进后的设计重新试验。

产品可靠性增长速率取决于上述三者的速度，可通过建立增长模型和绘制增长曲线来控制整个增长过程。图 9-5 为可靠性监测程序及可靠性增长示意图。

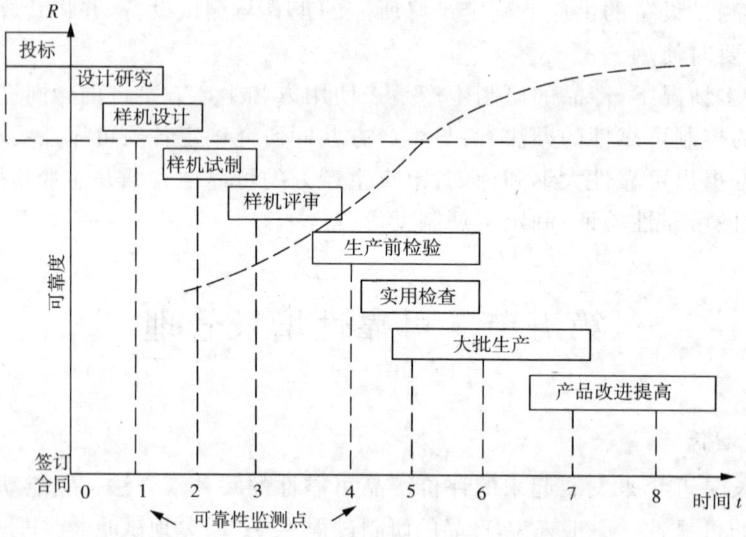

图 9-5　可靠性监测程序及可靠性增长示意图

可靠性增长趋势主要有两种类型，如图 9-6 所示，图中横坐标为研制时间或累积试验时间。图 9-7 为产品平均寿命 MTBF 和失效率 $\lambda(t)$ 增长(改进)曲线。

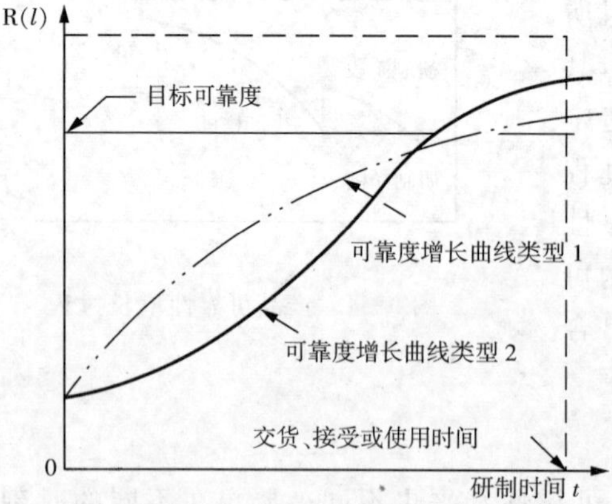

图 9-6　可靠性增长曲线的两种主要类型

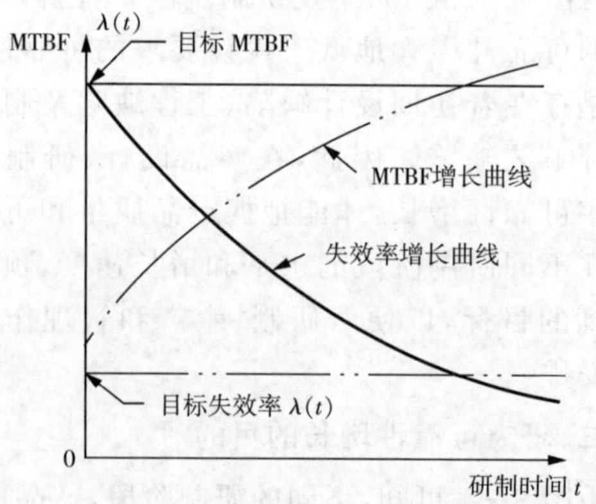

图 9-7　MTBF 和 $\lambda(t)$ 增长曲线

三、可靠性增长模型

可靠性增长有许多模型，代表着在研制过程中系统可靠性不断提高的规律。如果在研制工作开始之前，就已知针对系统设计和研制效果的某种可靠性增长的数学模型，那么就能确定符合可靠性要求所需的研制工作量，并能确定这种设计是否适合。实际上，大多数情况下，在研制程序开始之前，可靠性增长曲线的准确形状是不知道的，往往先假定这一曲线是属于某一种类型可靠性增长曲线。这样，这种分析就成为从研制试验数据来估计未知参数的统计问题了。随着研制工作的进展，所获得的数据增多，可对这些估计量不断地进行修正。因此，可靠性增长模型是一种有效的分析工具，其作用归纳起来有以下几点：

(1)用来分析和控制所研制的产品随时间而发生的可靠性变化。

(2)用来确定研制产品所需的时间。

(3)用来监测研制计划及预测达到可靠性目标所要求时间的进展情况。

常用的可靠性增长模型主要有丹尼(Duane)增长模型和冈伯茨(Gompertz)增长模型。

1. 丹尼(Duane)增长模型

这种模型广泛地应用于可靠性计划、可靠性增长监视中。一般来说，当产品的 MTBF 增长和 λ(t)改进曲线如图 9－7 所示时，就可以采用丹尼模型。丹尼模型的数学表达式：

$$\hat{\lambda}_0=\frac{\tau}{t}=at^{-\beta} \qquad (9-1)$$

式中：$\hat{\lambda}_0$——平均累积失效率的估计值(次/小时)；

t——总累积试验时间或研制时间(小时)；

τ——在 t 时间内的失效次数；

a——情况系数，由产品的复杂性、设计目标等决定；a 是在 $t=1$ 或在试验开始时的累积失效率，是在设计及研制过程开始时，设备的预计失效率，$a>0$；

β——可靠性增长率，表示产品可靠性增长速率，$0<\beta<1$。

与式(9－1)相应的累积 MTBF 的增长模型为

$$\hat{m}_0=\text{MTBF}=\frac{1}{\hat{\lambda}_0}=bt^{\beta} \qquad (9-2)$$

式中，$b=\dfrac{1}{a}$。

分别对式(9－1)和式(9－2)两边取对数得

$$\lg\hat{\lambda}_0=\lg a-\beta\lg t$$

$$\lg\hat{m}_0=\lg b+\beta\lg t$$

由此可知，在双对数坐标纸上可得出斜率分别为 β 和 $-\beta$ 的直线。这说明累积试验时间 t 的对数与累积失效率或累积 MTBF 的对数成线性关系。图 9－8 是丹尼可靠性增长模型图。

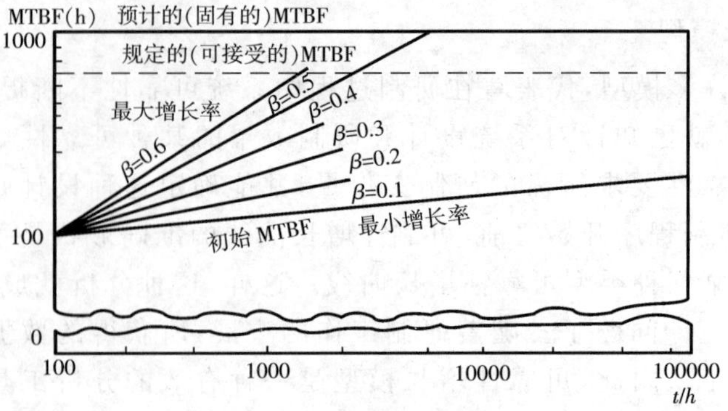

图 9-8　丹尼可靠性增长模型图

由图 9-8 可知，在制定系统可靠性增长研制试验方案时需要确定以下 3 个因素：

(1)预期可靠性，表明系统研制结束时达到的可靠性。

(2)初始可靠性，表明研制系统可靠性的初始值。初始值的估计值可根据以往同类系统的数据确定。初始值的高低对总研制试验时间有很大影响，初始值较高时，可缩短研制时间。

(3)可靠性增长率 β，β 是增长曲线斜率，它受研制试验过程中发现、分析、纠正故障的快慢及管理的完善程度影响。通常 β 值约为 0.1～0.6。$\beta=0.1$～0.2 时指对可靠性改进只是一般注意，只对重大故障采取措施。$\beta=0.3$～0.4 时指预先注意了可靠性改进工作，采取试验方法，可靠性管理良好。$\beta=0.4$～0.5 时指针对有限的故障，采取加速寿命试验的办法，改进措施得力，管理完善。

由图 9-8 还可以看出，达到预期可靠性的累积研制时间，受可靠性增长率的影响很大。β 越大，则达到预期可靠性的累积研制时间越短。大量实践表明，许多机械电子产品在研制阶段 t 与 $\hat{\lambda}_0$ 或 MTBF 的关系能很好地符合丹尼模型。

2. 冈伯茨(Gompertz)增长模型

经验表明，当某产品的可靠性增长趋势为非线性变化时，如图 9-6 所示，冈伯茨(Gompertz)模型是一个很有用的增长模型，其数学表达式如下：

$$R(t)=aA^{c^t}$$

式中：$R(t)$——研制时间为 t 时的可靠度；

a——当 $t\to\infty$时可靠度的上限值，$0<a\leqslant1$；

aA——当 $t=0$ 时，$R(t)$的初始水平，$0<A<1$；

c——增长系数。当 c 值小时，$R(t)$增长得快且早；当 c 值大时，$R(t)$增长得慢；$0<c<1$。

有关丹尼模型及冈伯茨模型的参数估计，增长曲线绘制及增长监测等问题读者可参阅有关资料。

第六节　可靠性评审与认证

一、可靠性评审

通常设计一种新产品，往往要进行设计评审。所谓设计评审，是指在设计阶段邀请有关专家对产品或系统设计方案是否达到预期的要求进行审查、评议并提出改进建议，以使设计趋于完善的一种方法。

可靠性设计评审的目的在于早期找出并消除潜在的故障因素，早期采取弥补措施以确保产品的可靠性。开展可靠性设计评审，一般可缩短设计周期，降低设计成本，提高设计质量和设计人员的素质，给企业带来巨大经济效益。

1. 可靠性设计评审的组织工作

为提高可靠性设计评审的效果，应认真做好组织工作。应先制定评审方针及符合产品特点与企业素质的评审条例，其次选聘评审人员、建立评审小组。评审人员一般包括直接参与该项设计的专业人员，如设计、工艺、质量管理、试验、采购、包装及运输等部门的专业人员，企业外部有关专家以及用户代表等，由他们组成评审小组。

评审人员应明确评审工作的基本要求，评审小组通常应履行下列职责：评审组长应负责召集与主持评审会议，发表评审报告；可靠性人员应对可靠性指标的实现程度作出评价和建议；质量管理人员应对产品的质量管理、检验、试验等方面的问题，提出批评与建议；工艺人员应对结构工艺性、工艺装配的功能、生产周期、生产费用等方面做出评价与建议；采购人员应对材料、外购件的质量、规格及价格等方面作出评价与建议；包装发运人员应对包装设计、运输过程的技术条件规定，作出评价与建议；用户代表应对产品可靠性水平是否满足要求，作出评价并提出必要的新要求。

2. 可靠性设计评审的基本内容与程序

可靠性设计评审的内容与程序依企业不同、产品不同而不同。例如有的采用 3 步程序：①初步设计评审；②中间设计评审；③最终设计评审。有的采用如下的 3 步程序：①构思设计评审；②单项设计评审；③产品（或系统）整体设计评审。还有的采取 4 步程序：①总体设计方案评审；②样机评审；③小批试制评审；④鉴定评审等等。

对于一般机械产品的可靠性设计评审来说，可采取 4 步评审方法，即在总体设计方案完成后进行第 1 次评审，可称总体设计方案评审；在样机试制与装配调试后进行第 2 次评审，可称为样机评审；在小批试制后，进行第 3 次评审，可称为小批试制评审；在批量生产之后，进行第 4 次评审，可称鉴定评审。

总体设计方案评审，主要是评审总体设计所定的可靠性目标及结构、标准等是否符合用户要求，总体布置是否先进、合理、可行。因此，应着重结构的可靠性、安全性、可行性、工艺性及标准化等项目。

样机评审，主要评审样机是否达到了可靠性指标，为改进可靠性设计提供依据。因为样机的试制、装配、调试及台架性能测验等是对零部件可靠性水平的反馈、检验与验证。所以应着重评审试制图纸文件和分析样机台架性能试验数据。

小批试制评审，主要是对产品的设计作出全面的技术、经济的定型评审，作出可否转入成批生产的结论。所以应着重评审全套产品图纸及技术文件，台架性能检测，可靠性寿命试验结果。

鉴定评审是对可靠性设计工作审查与验收的全面评审。由于小批试制评审是设计定型评审，所以这一步着重生产定型评审，主要审定制造设备、工艺是否能满足产品可靠性的要求及经济效益如何等。

为积累经验，便于评审，企业、设计单位可根据产品实际情况编制设计评审表。表 9－1 是典型的设计评审项目，供参考。

表 9-1 典型的设计评审项目

序 号	评审项目
1	设计是否满足了功能要求；
2	设计是否满足了可靠性要求；
3	设计是否考虑了致命性的故障模式；
4	对零部件的可靠性是否有要求；
5	对维修性指标是否有要求；
6	对零部件的失效模式是否有明确的判据；
7	是否确定了保证可靠性的抽样试验方案；
8	能否使高可靠性零部件标准化；
9	是否明确哪些是可靠性低的零部件；
10	能否明确各零部件的故障率；
11	在现有技术水平下零部件存在的问题；
12	零部件的寿命、保管期和检查更换方式；
13	哪些是致命性零件；
14	是否明确何时应进行维护保养及如何进行维护、保养；
15	是否有故障显示装置；
16	对振动、冲击、散热、防腐蚀等的考虑；
17	是否消除了试验时已发现的设计不妥之处；
18	是否知道故障模式及其程度；
19	是否考虑了机械电器零部件的干扰效应；
20	是否采用了冗余设计；
21	是否进行了维修性设计，维修工作量如何；
22	维修工具、备件和说明书是否齐全；
23	能否用目测或使用检测工具发现异常情况；
24	检测点是否设置在易分辨、易接近的地方；
25	是否使用了过载显示器、报警装置；
26	有关故障分析、可靠性试验的数据与报告；
27	安全性如何；
28	经济性如何；
29	产品的外型设计如何。

二、质量与可靠性认证

质量与可靠性认证是可靠性管理工作的一项重要内容，必须抓好。

1. 质量与可靠性认证基本概念

质量与可靠性认证是指一个国家设立的公正的权威机构，以国内和国际统一技术标准为依据，按照质量与可靠性认证程序对生产厂的生产技术、管理水平、产品质量及可靠性进行评定，证明产品符合有关技术标准，以保证提高产品质量和可靠性，促进国际贸易。其特点如下：

(1)认证机构是一个公正的、站在第三者立场上的权威机构，它不受生产厂和用户的直接影响，能公正地处理认证业务，能够监督生产厂的质量，起一种仲裁的作用。因此，用户信赖经过认证合格的产品质量和可靠性。

(2)质量与可靠性认证，不仅要求对产品进行认证，作大量的认证试验，更重要的是把认证企业及其生产线的生产技术及管理水平作为实施认证的先决条件。

(3)认证制度规定了质量维持程序，可有效地保证出厂产品的质量、可靠性。

质量与可靠性认证制度比质量评比制度、商标制度及检验制度优越得多。国外经验证明，它是一种先进的科学管理制度，是人们通过长期实践摸索形成的，即能保证产品质量和可靠性，又能经济、合理、适时地为生产使用部门提供准确的质量、可靠性数据和成功的经验。目前，世界上在国际电工委员会成员国内已设立了世界性的质量认证体系，即国际电工委员会电子元器件质量评定体系(1ECQ)。

为促进我国电子元器件的国际贸易创造条件，我国于 1981 年 4 月成立了中国电子元器件质量认证委员会，并成立了国际质量认证制度所要求的 4 个机构：

(1)国家代表机构

国家代表机构为中国电子元器件质量认证委员会，它是由国家标准总局授权，由国际电工委员会中国国家委员会认可的机构，负责管理中国电子元器件的质量认证工作。认证委员会由政府部门负责人和有关部门的专家组成，其常务部门设在机械电子工业部质量司。

(2)标准化机构

该机构设在中国电子技术标准化研究所，其职责是制定和发行质量认证所采用的标准及有关文件。

(3)监督检查机构

该机构设在中国电子产品可靠性与环境试验研究所，其职能是监督实施认证章程的所有程序，并就合格证明书在国内使用情况予以监督。

(4)计量检定机构

该机构设在机械电子工业部科技司计量标准处，其任务是对国家监督检查机构及试验中(包括指定的试验单位)使用的仪器、计量标准按规定的周期进行检定。

1987 年 5 月法兰克福 IECQ-ICC 会议上通过了我国为 IECQ 的正式成员国。这样，经我国监督检查机构检验合格符合 IEC 标准要求的电子元器件，在出口到其他国家时，可不必再检验而被认为符合 IEC 标准要求。

2. 质量与可靠性认证试验

通常，电子元器件的质量、可靠性认证试验内容包括两部分，即质量认证与失效率认证。质量认证是按照产品的技术条件要求来考核、检验是否达到要求。其中包括产品的性能指标、环境要求及寿命要求等。对于无可靠性指标的产品，只有质量认证试验而无失效率认证要求；对于有可靠性指标的产品，须经过质量认证合格后，才能进行失效率认证试验。

失效率认证试验一般包括定级试验、维持试验、升级试验及批量一致性试验等。

定级试验是确定元器件的等级、置信度。

失效率等级维持试验是为了验证已认证的失效率等级是否能继续保持的一种例行性检验。等级不同其检验周期也不同。一般来说,失效率等级较低的检验周期短些,失效率等级较高的检验周期长些。

失效率升级试验是指生产厂家通过定级试验、维持试验之后,如果因加工工艺等因素,使可靠性水平有了提高,可以申请升级。这时对定级试验合格的产品,应进行升级试验。升级试验合格,应按产品标准规定的维持周期进行该等级的维持试验;若升级试验不合格,应重新进行定级试验,确定其失效率等级。

批量一致性检验是确认批量失效率的检验,试件应随机地从每一检验批量中抽取。在实际形成批量中的每一型号、数值、种类及等级等应在试样中按检验批量同样比例表示出来。

本章小结

本章主要介绍了可靠性管理的基本概念、可靠性管理机构的设置以及可靠性管理的主要内容,依照可靠性管理的目标和方针,指出了各个管理阶段的主要工作。

思考与练习

9-1　什么是可靠性管理?可靠性管理的目的与意义是什么?

9-2　可靠性管理的主要内容是什么?有何特点?

9-3　可靠性管理与质量管理的关系。

9-4　什么是可靠性增长?研究可靠性增长意义是什么?

9-5　什么是可靠性评审?

9-6　什么是质量与可靠性认证?

9-7　我国的企业内可靠性管理机构应如何设置?

9-8　可靠性管理机构中各部门的职责是什么?

参考文献

[1] 茆诗松．概率论与数理统计教程．北京:高等教育出版社,2004

[2] 茆诗松．可靠性统计．北京:高等教育出版社，2008

[3] Ross S M. 随机过程．何声武译．北京:中国统计出版社,1997

[4] 何国伟．可靠性试验技术．北京:国防工业出版社,1995

[5] 张志华．加速寿命试验及其统计分析．北京:北京工业大学出版,2002

[6] 王少萍．工程可靠性．北京:北京航天航空大学出版社,2000

[7] 金碧辉．系统可靠性工程．北京:国防大学出版社,2004

[8] 盐见弘．可靠性工程基础．彭乃学,译．北京:科学出版社,1982

[9] Charles E. 可靠性与维修性工程概论．北京:清华大学出版社,2008

[10] Duane J T. Learning curve approach to reliability monitoring. IEEE Transactions on Aerospace 2,1994,(2):563－566

[11] 王 启,王文博．常用机械零部件可靠性设计．北京:机械工业出版社,1996

[12] 陈继平．可靠性工程基础．沈阳:东北工学院出版社,1991

[13] 刘 品．可靠性工程基础．北京:中国计量出版社,1995

[14] 肖德辉．可靠性工程．北京:宇航出版社,1985

[15] 浦维达．汽车可靠性工程．北京:机械工业出版社,1998

[16] 庄 夔．电子机械可靠性与维修性．哈尔滨:黑龙江科学技术出版社,1990

[17] 梅启智．系统可靠性工程基础．北京:科学出版社,1987

[18] 王霄锋．汽车可靠性工程基础．北京:清华大学出版社,2007

[19] 明平顺,李晓霞．汽车可靠性技术．北京:人民交通出版社,2004

[20] 刘惟信．机械可靠性设计．北京:清华大学出版社,1996

[21] 王秉刚．汽车可靠性工程方法．北京:机械工业出版社,1991

[22] 陈世录,刘瑞元．多项分布的数学期望、协方差阵、特征函数及母函数[J]．青海师范大学学报(自然科学版),2002,(2)

[23] 李学京．置信分布的贝塔分布近似及其在可靠性统计中的应用[J]．强度与环境，2007,34(2)

[24] Morris H Degroot. 贝塔分布、多项分布与二元正态分布[J]. 邵阳高专学报,1994,7(2)

[25] http://hi. baidu. com/msingle/blog/item/36bb24df31f2bb1b4954033b. html

[26] 顾　瑛．可靠性工程数学．北京:电子工业出版社,2004

[27] 邱仕义．电力设备可靠性维修．北京:中国电力出版社,2004

[28] 徐　安．汽车维护与可靠性．北京:人民交通出版社,1996

[29] 陈继平．可靠性工程基础．沈阳:东北工学院出版社,1991

[30] 浦维达．汽车可靠性工程．北京:机械工业出版社,1998

[31] 卢昆祥．可靠性管理知识讲座第二讲—可靠性管理机构与职责[J]. 电子与自动化仪表信息,1989,(4)

[32] 武汉工学院,吉林工业大学编．汽车可靠性设计．机械工业出版社,1990